普通高等教育“十三五”规划教材·高速铁路系列
全国行业紧缺人才、关键岗位从业人员培训推荐教材

高速铁路客运服务礼仪

（修订本）

主　编：张英姿
副主编：王聪颖　兰云飞
何　萍

北京交通大学出版社
·北京·

内容简介

本书对高速铁路客运服务礼仪知识进行了系统介绍，包括七个项目，分别为客运服务礼仪基础认知、高速铁路车站客运服务礼仪、动车组乘务服务礼仪、涉外礼仪、铁路路风管理、非正常情况下的客运服务礼仪、常用客运服务技巧。本书内容精练，图文并茂，适合作为应用型本科院校，高职高专院校、中职中专学校的课堂教学用书，也可作为企业培训教材。

图书在版编目（CIP）数据

高速铁路客运服务礼仪 / 张英姿主编 .—北京：北京交通大学出版社，2017.9（2020.8 重印）

ISBN 978 - 7 - 5121 - 3364 - 8

Ⅰ.①高…　Ⅱ.①张…　Ⅲ.①高速铁路-铁路运输-客运服务-乘务人员-礼仪　Ⅳ.①U293.3

中国版本图书馆 CIP 数据核字（2017）第 228557 号

高速铁路客运服务礼仪

GAOSU TIELU KEYUN FUWU LIYI

策划编辑：刘辉　　　责任编辑：刘辉

出版发行：北京交通大学出版社　　电话：010 - 51686414　　http：//www.bjtup.com.cn

地　　址：北京市海淀区高梁桥斜街 44 号　　邮编：100044

印 刷 者：艺堂印刷（天津）有限公司

经　　销：全国新华书店

开　　本：185 mm×260 mm　　印张：12.5　　字数：317 千字

版　　次：2020 年 1 月第 1 版第 1 次修订　　2020 年 8 月第 7 次印刷

书　　号：ISBN 978 - 7 - 5121 - 3364 - 8 /U · 276

印　　数：15501 ~ 20500 册　　定价：39.80 元

本书如有质量问题，请向北京交通大学出版社质监组反映。对您的意见和批评，我们表示欢迎和感谢。

投诉电话：010 - 51686043，51686008；传真：010 - 62225406；E-mail：press@bjtu.edu.cn。

M⁺Book 版图书 使用说明

如何安装

打开微信中的“扫一扫”，或是使用其他二维码扫描软件（例如 QQ、UC 浏览器里面的“扫一扫”等），然后将二维码图案放在取景框内，即可自动扫描。

扫描成功后，您可以根据自己手机的系统点击下载相应版本，如果页面无法自动跳转，请在浏览器中打开该页再继续下载。

下载完毕后，单击“安装”将应用程序安装在手机上。（建议您在 Wi-Fi 环境下载。）

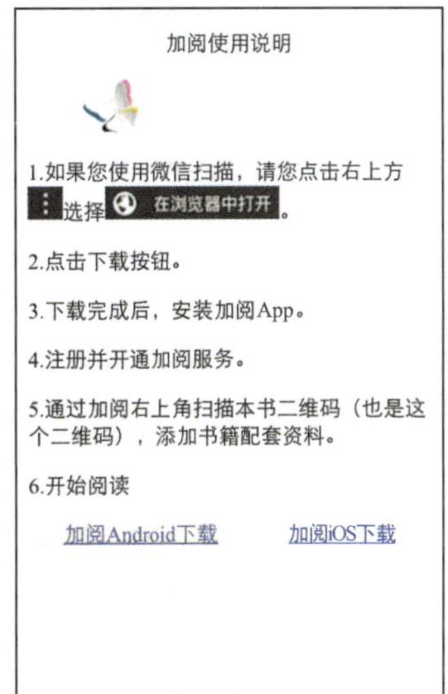

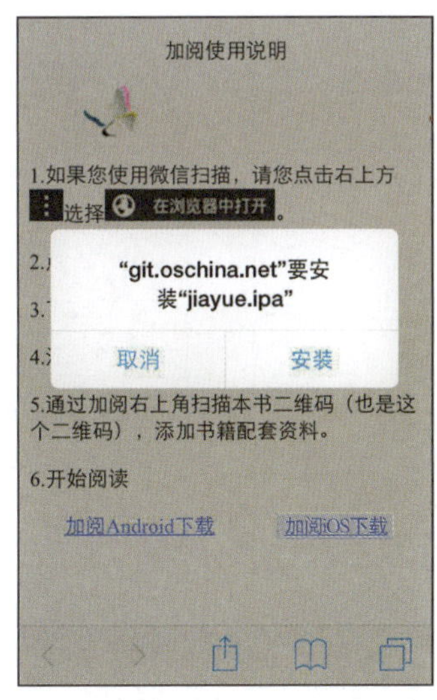

如何使用

安装成功后，应用程序的图标会出现在您的手机上。

点击图标，进入应用界面“我的书架”。点击页面右上角的“+”，再次扫描之前的二维码即可添加本书相关资源。

如何下载资源

点击添加后的“图书”，进入阅读界面。点击“下载”即可下载图书相关资源。点击右上角的绿色箭头，可查看同步状态。资源下载完毕后点击“阅读”即可阅读相关内容。点击图书附件下方各图标同步后即可观看图书附带的视频、动画、3D 模型等多媒体资源。

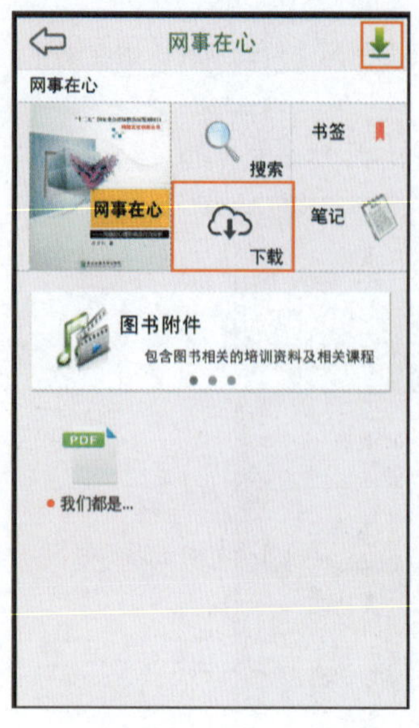

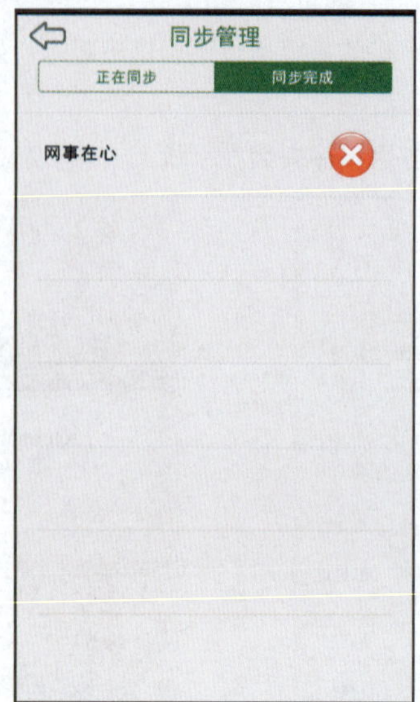

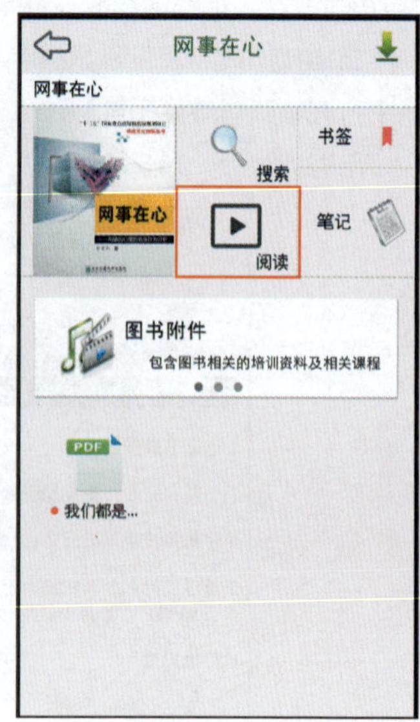

如何搜索

点击放大镜图标，进入搜索界面，点击“图”（或“表”）切换您想搜索的资源类型，在输入框内输入您要搜索的资源名称。例如您要找到“表 3-1”对应的资源，就将输入框的状态切换至“表”，然后在输入框输入“3-1”，点击“确认”即可得到相应资源。

凡在纸质图书中标有“放大镜”标识的图、表都可以使用搜索功能来进行检索。

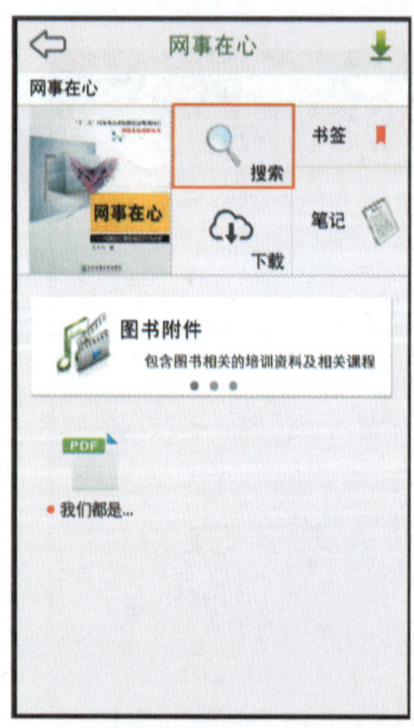

前言

为适应高速铁路发展对高技能人才的需求，我们编写了这本项目化教学用书。

本书坚持继承与创新相结合、理论与实践相结合的原则，充分体现了近年来高速铁路新技术、新设备、新理论的运用。

本书由黑龙江交通职业技术学院张英姿担任主编，黑龙江交通职业技术学院王聪颖、兰云飞，无锡南洋职业技术学院何萍担任副主编。本书编写分工如下：项目一、项目二由王聪颖编写，项目三、项目五由张英姿编写，项目四、项目七由兰云飞编写，项目六由何萍编写。

由于编写人员的水平有限，对于各种问题的分析和处理难免有不足之处，敬请广大读者批评指正。

如需本书相关教学资源可从出版社网站（http：//www.bjtup.com.cn）下载，或与出版社编辑刘辉联系（cbslh@jg.bjtu.edu.cn，QQ39116920）。

编者

2020 年 1 月

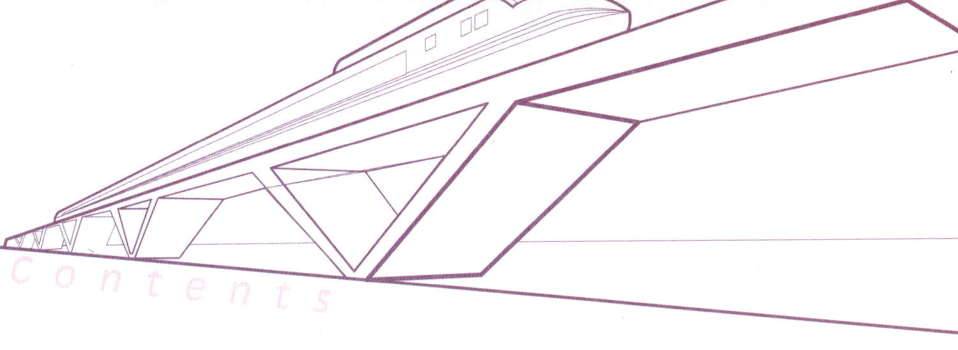

目录

Contents

项目一

客运服务礼仪基础认知

教学目标

礼仪是人们文明程度和道德修养的一种外在表现形式，是人际交往的通行证。我国是礼仪之邦，我国传统礼仪起源于原始社会，经过不断发展，逐步形成了现代礼仪规范。高速铁路客运服务人员只有具备了基本的礼仪素养，才能树立良好的精神风貌，落实旅客至上的服务理念。

知识目标

(1) 礼仪的起源；
(2) 礼仪的不同发展阶段；
(3) 礼仪的内涵和分类；
(4) 客运服务礼仪的含义；
(5) 礼仪的作用；
(6) 形象礼仪的重要性；
(7) 仪容、仪表、仪态礼仪的具体要求；
(8) 客运服务规范用语；
(9) 高速铁路客运服务理念；
(10) 高速铁路客运服务心理。

技能目标

(1) 总结礼仪的起源和发展；
(2) 明确礼仪的分类和适用范围；
(3) 树立仪容美的意识；
(4) 学会运用优美的站姿、坐姿、走姿、蹲姿、手势等礼仪为旅客服务；
(5) 能够在不同情境下使用行业文明用语；
(6) 在客运服务中做到语音适当、语气温和、语调适中；
(7) 将高铁客运的服务理念融入工作中；
(8) 在了解旅客心理的基础上，具备良好的客运服务心理素养。

任务一　礼仪的概述

任务描述：

要掌握礼仪的基本内涵，首先要了解礼仪的起源和发展。礼仪在日常生活、工作中经常提到，但是很多人不能准确地说出什么是礼仪，也并不了解日常生活、工作中需要什么样的礼仪，本任务将对以上内容进行介绍。

一、礼仪的起源与发展

（一）礼仪的起源

礼仪的起源，可以从理论和仪式两方面来论述。

从理论层面看，礼的产生，是人类协调主客观矛盾的需要，是维护正常的“人伦秩序”的需要。人类想要生存和发展，就必须与大自然抗争，需要以群居的形式相互依存，人类的群居性使得人与人之间既相互依赖又相互制约。在群体生活中，男女有别，老少有异，人们逐步积累和自然约定出一系列“秩序”，这些秩序既有人伦秩序，也包括被所有成员共同认定和维护的社会秩序，这些秩序形成了最初的礼。

从仪式层面看，礼产生于原始宗教的祭祀活动。礼最初以祭天、敬神为主要内容。这些祭祀活动逐步建立了相应的规范和制度，形成了祭祀礼仪。随着人类对自然与社会各种关系认识的逐步深入，仅以祭祀天地、鬼神、祖先为礼，已经不能满足人类日益发展的精神需要，也无法调节日益复杂的现实关系。人们开始将事神致福活动中的一系列行为，从内容到形式扩展到各种人际交往活动中，从最初的祭祀之礼扩展到社会各个领域的各种各样的礼仪。

（二）我国礼仪的发展历程

礼仪自产生以来不断发生着变革。相关学者研究认为我国礼仪的发展可以分为五个阶段。

1. 礼仪的起源时期：夏朝以前

礼仪起源于原始社会。在原始社会中晚期出现了早期礼仪。整个原始社会是礼仪的萌芽时期，礼仪较为简单和虔诚，还不具有严格的阶级性。

这个阶段的礼仪的内容包括：制定了明确血缘关系的婚嫁礼仪；区别部族内部尊卑的礼制；为祭天敬神而确定的一些祭典仪式；制定了一些在人们的相互交往中表示礼节和表

示恭敬的动作。

2. 礼仪的形成时期：夏、商、西周

人类进入奴隶社会，统治阶级为了巩固自己的统治地位，把原始的礼仪发展成符合奴隶社会政治需要的礼制，礼被打上了阶级的烙印。

在这个阶段，我国第一次形成了比较完整的国家礼仪制度。一些影响深远的古代礼制典籍撰修于这一时期，如周代的《周礼》等，这些作品是我国最早的礼仪学专著。这些著作的出现标志着我国古代礼仪已初步进入了系统、完备的阶段，礼仪从单纯祭祀天地、鬼神、祖先的形式，发展为全面制约人们行为的社会规范体系。

3. 礼仪的变革时期：春秋战国时期

春秋战国时期，我国思想界出现了百家争鸣的局面。以孔子、孟子、荀子为代表的诸子百家对礼教进行了研究，系统阐述了礼仪的起源、本质和功能，第一次对社会等级秩序的划分及其意义在理论上进行了论述。

孔子对礼仪非常重视，他要求人们用礼的规范来约束自己的行为，要做到“非礼勿视，非礼勿听，非礼勿言，非礼勿动”。他把“礼”看成是治国、安邦、平定天下的基础。他认为“不学礼，无以立”“质胜文则野，文胜质则史”“文质彬彬，然后君子”，强调人与人之间要有同情心，要相互关心，彼此尊重。

孟子把“礼”解释为对尊长和宾客的严肃而有礼貌，即“恭敬之心，人皆有之”，并把“礼”看作是人的“善性”的发端之一。

荀子把“礼”作为人生哲学思想的核心，把“礼”看作是做人的根本目的和最高理想，即“礼者，人道之极也”。他认为“礼”既是目标、理想，又是行为过程，强调“人无礼则不生，事无礼则不成，国无礼则不宁。”

管仲把“礼”看作是人生的指导思想和维持国家的第一支柱，认为礼关系到国家的生死存亡。

4. 礼仪的强化时期：秦汉到清末

在我国长达两千多年的封建社会里，尽管在不同的朝代，礼仪具有不同的政治、经济、文化特征，但却有一个共同点，这就是礼仪一直为统治阶级所利用，是维护封建社会等级秩序的工具。

这一时期，礼仪的重要特点是尊君抑臣、尊夫抑妇、尊父抑子、尊神抑人。纵观封建社会的礼仪，其内容大致涉及国家政治的礼制和家庭的伦理两类。这一时期的礼仪构成中华传统礼仪的主体。

5. 现代礼仪的发展

辛亥革命以后，受西方资产阶级“自由、平等、民主、博爱”等思想的影响，我国的传统礼仪规范、制度受到强烈冲击。新文化运动对腐朽、落后的礼教进行了抨击。符合时代要求的礼仪被继承、完善、流传，而那些繁文缛节逐渐被抛弃，同时我国接受了一些国际上通用的礼仪形式。新的礼仪标准、价值观念得到了推广和传播。中华人民共和国成立后，特别是改革开放以来，随着我国与世界的交往日趋频繁，西方一些现代的礼仪、礼节陆续传入我国，西方礼仪同我国的传统礼仪一起融入社会生活的各个方面，构成了我国现代礼仪的基本框架。当前，我国的许多礼仪从内容到形式都在不断变革，现代礼仪的发展进入了全新的发展阶段。

（三）我国古代礼仪的传承及特点

中华民族的礼仪传统源远流长。我国是举世闻名的文明古国之一，以“礼仪之邦”著

称于世。

礼立于敬而源于祭。“礼”起源于原始社会中氏族公社举行的宗教祭祀活动。早在夏朝，我国就已经形成了一些对后世具有影响的礼仪规范，原始的政治礼仪、敬神礼仪、婚姻礼仪、宗教礼仪在这一时期已经产生。

商代的礼仪明确规定了人与人之间的社会关系。

周代的“礼”有许多方面是后代“礼”的渊源。

奴隶社会的礼仪旨在不断地强化人们的尊卑意识，以维护统治阶级的利益，巩固其统治地位。当然，不能否认，奴隶社会的部分礼仪典籍，特别是《周礼》，对后世治国安邦、施政教化，以及规范人们的行为等方面，起到了不可估量的作用。

进入封建社会，礼仪进入了一个发展、变革的新时期。孔子就曾提出：“不学礼，无以立。”孔子选取了其认为必须学习的礼制十七篇，编辑成《礼》，《礼》成为整个封建社会礼仪的规范并流传至今。

《史记·孔子世家》中记载：“孔子以诗、书、礼、乐教，弟子盖三千焉，身通六艺者七十有二人。”

孟子说：“辞让之心，礼之端也。”在这里“端”是“萌芽”“因素”的意思。

战国时期的荀子认为：“人无礼则不生，事无礼则不成，国无礼则不宁。”他强调“礼”是一种可实践的行为，是人类清醒理智的历史产物，是社会用来维护政治秩序和规范人伦的客观需要。他认为对“礼”的认识和实践的程度，是衡量贤慧与不肖及高低贵贱的尺度。他认为：“礼者，人道之极也。然而不法礼。不足礼，谓之无方之民；法礼，足礼，谓之有方之士。”

封建社会的早期，礼仪的明显特征是将人们的行为纳入封建道德的轨道，形成了以儒家学说为主导的正统的封建礼教。奴隶社会的尊君观念在这一时期被演绎为“君权神授”的完整体系，即“惟天子受命于天，天下受命于天子”“天不变，道亦不变”，这种“道”被具体化为“三纲五常”。按照儒家学派的说法，天地万物皆由阴阳合成，“阳”总是处于主导地位，而“阴”则总是处于服从地位。君、父、夫是“阳”，臣、子、妻是“阴”，“阴”要永远服从于“阳”，所以必须“君为臣纲”“父为子纲”“夫为妻纲”。“五常”即仁、义、礼、智、信，是五种封建伦理道德准则。

封建礼仪中的“君权神授”神化了帝王的权力；而“三纲五常”则妨碍了人的个性的自由发展，阻挠了人的平等交往。礼仪发展至此，已成为了禁锢人们思想自由的精神枷锁。

宋代将封建礼仪推向了一个新的高峰，出现了以程颢、程颐和朱熹为代表的“程朱理学”的天理理论。这种理论认为，自然界天地万物无不体现天理，而人性的本质就是天理的体现。

“家礼”的兴盛是宋代礼仪的又一特点。道德和行为规范是这一时期封建礼教强调的中心，“三从四德”成为这一时期妇女的道德礼仪标准。“三从”即在家从父、出嫁从夫、夫死从子；“四德”是指“妇德”（即一切言行要符合忠、孝、节、义）、“妇言”（即说话要小心谨慎）、“妇容”（即容貌打扮整齐美观）、“妇功”（即要把侍奉公婆和丈夫当作最重要的事情来做）。按照当时封建统治者的设想，只要人人在家尽“孝”，在社会尽“忠”，每个妇女对丈夫尽“节”，那么封建社会各阶级就会“和谐相处”，封建统治就会长治久安。

明、清二朝延续了宋代以来的封建礼仪并有所发展，家庭礼制进一步严明，将人的行为限制到“非礼勿视，非礼勿听，非礼勿言，非礼勿动”的范畴，从而使封建礼仪达到“登峰造极”的地步。封建社会的社交礼仪模拟场景如图 1–1 所示。

(a) 礼让

(b) 鞠躬

图 1–1 封建社会的社交礼仪模拟场景

二、礼仪的内涵和分类

1. 礼仪的概念

礼仪是人们在社会交往中受历史传统、风俗习惯、宗教信仰、时代潮流等因素的影响而形成的，既为人们所认同，又为人们所遵守，是以建立和谐关系为目的的各种符合礼的精神及要求的行为准则和规范的总和。

礼仪经过不断发展，成为人类维系社会正常生活而共同遵守的道德规范并以风俗、习惯和传统等方式固定下来。对一个人来说，礼仪是一个人的思想道德水平、文化修养、交际能力的外在表现，对一个社会来说，礼仪是一个国家社会文明程度、道德风尚和生活习惯的反映。礼仪包括“礼”和“仪”两部分。

“礼”是最高的自然法则，是自然的总秩序、总规律。春秋时期著名政治家子产说：“夫礼，天之经也，地之义也，民之行也。”（《左传 · 昭公二十五年》）“礼”是中国文化之表征，与政治、法律、宗教、哲学、乃至文学、艺术等结为一个整体，是中国文化的根本特征与标志。“礼”也是在道德层面上对其他人的尊重，孔子曰：“礼者，敬人也。”

“仪”有两层含义，一是指容貌举止，如《诗经 · 大雅 · 烝民》中写道，“令仪令色，小心翼翼”；二是指法度、标准，如《国语 · 周语下》中写道，“度之于轨仪”，《淮南子 · 修务训》中写道，“设仪立度，可以为法则”，这里的“仪”是指治理国家的法度。

2. 礼仪的内涵

从广义上讲，礼仪是人们在社会交往活动中形成的行为规范与准则，是礼节、礼貌、仪表、仪式等的总称，其涉及社会、道德、习俗、宗教等方面，是个人道德、修养程度及社会整体文明的一种外在表现形式。

从狭义上讲，礼仪指的是国家、政府机构或人民团体、企业机构在正式活动和一定环境中采取的行为、语言等规范；是在较大或较隆重的正式场合，为表示对接待对象的尊重所举行的合乎社交规范和道德规范的仪式；是社会交往中在礼遇规格、礼宾次序等方面应遵循的礼貌、礼节要求，一般通过集体的规范仪式和程序行为来体现。

从内容上来看，礼仪是由主体、客体、媒体、环境四项基本要素所构成的。

礼仪的主体，指的是礼仪活动的组织和实施者。当礼仪活动规模较小、较为简单时，其主体通常是个人。当礼仪活动规模较大、较为复杂时，其主体通常是组织。没有礼仪主体，礼仪活动就不可能进行，礼仪也就无从谈起。

礼仪的客体，指的是礼仪的对象，即礼仪活动的指向者和承受者。礼仪的客体可以是人，也可以是物；可以是物质的，也可以是精神的；可以是具体的，也可以是抽象的；可以是有形的，也可以是无形的。礼仪的客体与礼仪的主体二者之间既对立，又依存，而且在一定条件下相互转化。

礼仪的媒体，指的是礼仪活动所依托的媒介。它实际上是礼仪内容与礼仪形式的统一。任何礼仪都必须具有礼仪媒体，没有媒体的礼仪是不可能存在的。礼仪的媒体，具体由人体礼仪媒体、物体礼仪媒体、事体礼仪媒体等构成。在具体的礼仪操作过程中，这些不同的礼仪媒体往往是交叉、配合使用的。

礼仪的环境，指的是礼仪活动得以进行的特定的时空条件。一般而言，礼仪的环境可以分为礼仪的自然环境与礼仪的社会环境。礼仪的环境，经常制约着礼仪的实施。不仅实施何种礼仪受到礼仪环境的影响，而且具体的礼仪实施方法也受到礼仪环境的影响。

3. 礼仪的分类

礼仪存在于人们日常生活、工作中的各个方面，礼仪无处不在。根据礼仪的运用环境不同，可将礼仪分为以下几类。

1) 个人礼仪

人是礼仪的行为主体，所以讲礼仪首先应该从个人礼仪开始。个人礼仪包括言谈举止、仪表服饰等多方面的礼仪要求。个人的形体礼仪、仪态礼仪、仪表礼仪、修养等均属于个人礼仪范畴。

2) 生活礼仪

生活礼仪包括生活中的各类情况所须遵循的礼仪。例如：见面交谈礼仪、介绍宴请礼仪、校园礼仪、聚会礼仪、饮食礼仪、送礼礼仪、探病礼仪、结婚礼仪、祝寿礼仪、节庆礼仪、殡葬礼仪等。

3) 社交礼仪

社交礼仪更为繁杂，通常包括见面与介绍礼仪，拜访与接待礼仪，交谈与交往礼仪，宴请与馈赠礼仪，舞会与沙龙礼仪等。

4) 服务礼仪

服务礼仪是指各类服务行业的从业人员，在自己的工作岗位上所应遵守的礼仪。如高铁客运服务礼仪、酒店服务礼仪、航空服务礼仪等。

5) 公务礼仪

公务礼仪是具体工作产生的礼仪，如办公室礼仪、交接礼仪、会议礼仪、公文礼仪、公务礼仪、迎送礼仪等。

6) 商务礼仪

商务礼仪是指商务活动中的礼仪，包括柜台待客礼仪、商业洽谈礼仪、推销礼仪、商务文书礼仪、公关礼仪，等等。

7) 其他礼仪

其他礼仪如习俗礼仪、民族礼仪、宗教礼仪、涉外礼仪等。

不同的社会交往要求运用不同类型的礼仪行为，有些情况下，不同类型的礼仪行为可相互借鉴，但更多时候却要避免相互混淆。在礼仪的学习及运用过程中，要学会灵活掌握、因地制宜。例如，高速铁路客运服务人员与金融投资产品销售人员的服务礼仪，在面对服务对象提供相关服务的过程中，对礼仪运用的要求就相差甚远。

4. 高速铁路客运服务礼仪

高速铁路客运服务礼仪是指高速铁路客运服务人员在高速铁路车站、动车组服务工作中向旅客表示敬意的仪式和礼节，是高速铁路客运服务礼仪、礼貌、规范的总称，是高速铁路客运服务人员必须遵循的服务规范和岗位要求。

高速铁路客运服务礼仪是铁路客运服务工作中不可缺少的一部分，它渗透到客运工作的各个方面，贯穿于客运服务的始终。塑造现代铁路礼仪风范，不仅是高速铁路客运服务人员的工作需要，也是塑造良好铁路企业形象的需要。

高速铁路客运服务礼仪示例如图 1–2 所示。

(a) 迎客

(b) 敬礼

图 1–2　高速铁路客运服务礼仪示例

三、礼仪的功能

我国作为文明古国和礼仪之邦，礼仪的观念贯穿古今，礼仪在人们生活、工作、社交中始终起着至关重要的作用。礼仪的功能如下。

1. 礼仪具有教育功能

礼仪是人类社会进步的产物，是文化的重要组成部分。礼仪蕴含着丰富的文化内涵，体现着社会的要求与时代的精神。礼仪通过评价、劝阻、示范等教育形式纠正人们不正确的行为，指导人们按礼仪规范的要求去协调人际关系，维护社会正常秩序。有道德才能高尚，有礼仪才能文明，对国民进行礼仪教育，可以有效地促进国民综合素质的提高。

2. 礼仪具有沟通功能

礼仪行为是一种信息性很强的行为，每一种礼仪行为都表达一种甚至多种信息。在人际交往中，交往双方只有按照礼仪的要求，才能更有效地向交往对象表达自己的尊敬、善意和友好，人际交往才可以顺利地进行和延续。热情的问候、友善的目光、亲切的微笑、文雅的谈吐、得体的举止等，不仅能唤起人们的沟通欲望，建立起好感和信任，而且可以促成交流的成功，进而有助于事业的发展。

3. 礼仪具有协调功能

在人际交往中，不论体现的是何种关系，维系人际之间沟通与交往的礼仪，都承担着十分重要的“润滑剂”作用。礼仪的原则和规范，约束着人们的动机，指导着人们立身处世的行为方式。如果交往的双方都能够按照礼仪的规范约束自己的言行，不仅可以避免某些不必要的感情对立与矛盾冲突，还有助于建立和加强人与人之间相互尊重、友好合作的关系，使人际关系更加和谐，社会秩序更加有序。

4. 礼仪具有塑造功能

礼仪可以塑造形象，这种形象塑造包括个人形象塑造和组织形象塑造两方面。礼仪讲究和谐，重视内在美和外在美的统一。礼仪在行为美学方面指导着人们不断地充实和完善自我并潜移默化地熏陶着人们的心灵。礼仪让人们的谈吐变得越来越文明，人们的举止仪态变得越来越优雅并符合大众的审美原则，体现出时代的特色和精神风貌。

礼仪对古人个人形象的塑造如图 1–3 所示。

(a) 站

(b) 坐

图 1–3　礼仪对古人个人形象的塑造

5. 礼仪具有维护功能

礼仪作为社会行为规范，对人们的行为有很强的约束力。在维护社会秩序方面，礼仪起着法律所起不到的作用。社会的发展与稳定，家庭的和谐与安宁，邻里的和谐，同事之间的信任与合作，都依赖于人们共同遵守礼仪的规范与要求。社会上讲礼仪的人越多，社会便会更加和谐与稳定。

四、现代礼仪的特征与应遵循的原则

现代礼仪是指人们在现代社会交往中共同遵守的行为准则和规范。它既可以单指表示敬意而隆重举行的某种仪式，又可以泛指人们在社会交往中的礼节、礼貌等。

随着社会的发展，礼仪已经由维护封建统治的古代礼仪，逐步演变为规范人们的行为、举止，强调人的尊严，强调人与人之间建设性的互助合作，强调公共领域与私人领域的边界，强调职业伦理对职业行为的规范等的现代礼仪。

（一）现代礼仪的特征

1. 国际性

随着近代工业的迅速兴起，商品经济、交通、通信事业日益发达，人际交往日趋频繁，人们更需要用“礼节”来调节和增进彼此间的关系，礼仪成了人们社会生活中不可或缺的东西。讲究礼节、注意礼貌、遵守一定的礼仪规范，已成为现代社会生活的一项重要标志。现代社会已经在讲文明、懂礼貌、相互尊重原则的基础上形成了完善的礼节形式。

2. 民族性

礼仪作为约定俗成的行为规范，有明显的民族差异性。无论从礼仪的起源还是从礼仪的内涵来看，不同的地域、不同的民族、不同的文化等都会造成礼仪的差异性，也就是礼仪的民族性。正是由于礼仪的民族性，才显示出各自民族不同的文化、不同的宗教观念、不同的习俗等，同时，也正是由于礼仪的民族性，才使得礼仪文化丰富多样、精彩纷呈。

3. 继承性

礼仪一旦形成，通常会长期沿袭、经久不衰，这是由礼仪的性质决定的。礼仪不是凭空出现的，它是在不断继承旧的传统礼仪的基础上推陈出新的。旧礼仪中的精华会作为人类文明的结晶而传承下来。如西方礼仪中的很多礼节、礼貌一直延续到现在，成为现代礼仪不可缺少的部分。

4. 时代性

礼仪不是一成不变的，它是随着时代的发展而发展的。礼仪是规范和约束人的社会行为的，这一特点决定了礼仪具有一定的滞后性。随着时代和社会的发展，人们必须对礼仪的滞后性进行修正，甚至摧毁，因此，礼仪会在传统观念的基础上不断更新，以适应时代的要求。

（二）现代礼仪应遵循的原则

在日常生活、工作中，要学习、使用礼仪，必须了解一些具有普遍性、共同性、指导性的礼仪原则。在日常生活、工作中，人们应当以现代礼仪为基础，掌握约定俗成的规则，任何胡作非为、我行我素的行为，都是违背现代礼仪要求的。现代礼仪是以平等、适度、自律为原则的。

1. 平等原则

现代礼仪以平等原则为基础。平等原则通俗地说就是以礼待人，礼尚往来，既不盛气凌人，也不卑躬屈膝。

平等原则要求我们在处理人际关系时，尤其是在服务接待工作中，对服务对象，不论是外宾还是本国同胞，不论富有还是贫穷，不论年长还是年幼，都要满腔热情、一视同仁地对待，应本着“来者都是客”的真诚态度，以优质服务取得宾客的信任，使他们乘兴而来，满意而去。

2. 适度原则

适度原则是指在礼仪交往中要把握分寸，即根据具体情境使用相应的礼仪。例如在与人交往时，既要彬彬有礼，又不能低三下四；既要热情大方，又不能轻浮阿谀；要自尊，不要自负；要坦诚，但不能粗鲁；要信人，但不要轻信；要活泼，但不能轻浮。

运用礼仪时，假如做得过了头，或者做得不到位，都不能正确地表达自己的律己、敬人之意。当然，运用礼仪要真正做到恰到好处、恰如其分，须勤学多练，积极实践，才能有良好的效果。

3. 自律原则

礼仪作为行为的规范、处事的准则，反映了人们共同的利益要求。每个人都有责任、义务去维护它、遵守它。各种类型的人际交往，都应当自觉遵守现代社会早已达成共识的道德规范。在人际交往中，交往双方都希望得到对方的尊重，因此我们应该首先检查自己的行为是否符合礼仪的规范要求，主动做到严于律己，宽以待人。只有这样，才能在人际交往中塑造自身良好的形象并得到别人的尊重。

任务二　客运服务人员形象礼仪

任务描述：

高速铁路客运服务人员要在工作中具备良好的形象，必须树立仪容美的意识并在实际工作中运用优美的站姿、坐姿、走姿、蹲姿、手势等礼仪为旅客服务。本任务从以上几个方面对高速铁路客运服务人员形象礼仪知识进行介绍，高速铁路客运服务人员可运用相关方法塑造自身良好的形象。

仪容指人的容貌，它是由发型、面容及人体所有未被服饰遮掩的肌肤（如手部、颈部）等所构成的。仪表是容貌、服饰、姿态等多个方面的整体感觉，是一个人的静态形象，仪态则是一个人的动态形象。在交往过程中，仪表、仪态会引起交往对象的特别关注并影响到交往对象对自己的整体评价。

一、男性仪容

大多数人认为，爱美是女性的天性，男性的外在形象不是十分重要。有些人甚至认为，男性大大咧咧、胡子拉碴、衣衫不整才有男性的魅力。殊不知一个头发杂乱、衣冠不整、眼神散漫的男性，是不会给人留下好的印象的。随着生活水平的不断提高，人们越来越关注自身的外在形象，无论男性还是女性，自身形象都显得越来越重要。男性爱美虽然不必像女性那般细致，但若不注意自身形象，也会妨碍个人职业的发展。

（一）男性形象的重要性

许多人在自己的事业发展中都更看重自己专业技能的水平，而忽视了个人形象的重要性。他们相信业务能力、敬业精神和勤勉态度会让他们的事业发展得很好，但是，仅有这些条件是不够的。有很多优秀的人常年在一个位置上停留，并不是他们缺乏才智，也不是他们不够努力，而是他们没有在恰当的时机展示出他们的魅力，他们的外在形象让人感觉“他不适合更高的位置”。

如果仔细观察我们所熟知的成功人士，例如马化腾、雷军、俞敏洪等，他们无不有着良好的个人形象。形象应该是我们发展的助推剂，而不是我们获得成功的附赠品。成功的形象并不等同于拥有漂亮的外表，也不是为了让交往对象感到赏心悦目，而是它可以展示出我们自身的品质：自信、尊严、力量、能力，等等，让我们浑身都散发出一个成功者的魅力。

（二）男性形象的基本要求

松下幸之助是日本松下集团的创始人，在其创业之初，发生了一件影响他一生的事情。一天，松下幸之助去理发，当理发师得知这位年轻人正在创办一个全新的企业时，他建议这位年轻人一定要到东京最好的理发店，找最好的理发师理发。理发师告诉年轻的松下幸之助："您的形象就是企业的形象，所以您一定要以最好的形象展示给别人。"松下幸之助接受了理发师的忠告，从此以后非常注意自己的个人形象，不惜搭乘两小时的火车前往东京理发，可见个人形象对一个人的成功十分重要。

个人形象既包括职业形象，也包括社交形象、生活形象。下面是通常情况下男性对外公众形象的一般要求。

1. 个人卫生

1) 头发要干净、自然

男性的发型应简单朴素、稳重大方，不宜留鬓角，不宜染发、烫发，最好不要留中分发型。通常男性不留长发，男性头发合适的长度应该是前不覆额、侧不遮耳、后不及领。

男性在平时工作、生活中要保持头发整齐干净，不能给人油光发亮、头屑四散、发型怪异的感觉，每天洗头发可以有效防止头发出油、掉屑。

2) 面部要清洁、不留胡须

首先，男性面部油腻不仅影响美观，还容易引起痤疮、皮炎、粉刺、毛孔粗大等皮肤问题。要改善面部过度出油的状况，须避免压力过大、工作劳累、夜间休息不好、烟酒过度等情况，还可以选用控油型的洁面产品，通过经常洁面使面部皮肤出油的情况得到改善。

其次，男性的胡须最容易影响面部的卫生与美观，所以要将胡须刮净。除从事艺术类工作的男性，从事其他工作的男性应避免留胡须，从事高速铁路客运服务等服务性行业的男性工作人员更应如此。

最后，男性的鼻毛、耳毛都要及时修剪，不能外露，否则会影响个人仪表的美观。

3) 口腔要清洁、卫生

男性口腔要做到无异味、无异物，男性应时刻保持牙齿的清洁。牙齿发黄或有牙垢时，要去医院或专业机构进行洗牙。上班前或出席会议、进行访问、参加集会之前，不要吃蒜、葱等带有刺激性气味的食物，也不要饮酒、吸烟，以做到口腔清洁、卫生。

4) 手部要清洁、卫生

手是日常工作中活动最频繁的肢体，必须保持其洁净、卫生。尤其是从事高速铁路客运服务等服务性工作的人员更应时刻注意手部的形象。不要留长指甲，指甲内也不应留有异物。

5) 鞋袜要清洁、卫生

"脚下无礼，脸上无光"。穿鞋应注意：鞋面无尘、鞋底无泥、鞋内无味、鞋袜合适。工作场合，男性的皮鞋应以深色为主，如黑色、棕色或灰色，不要穿太陈旧的皮鞋，鞋跟不要太高。皮鞋最好有两双以上，可以换着穿。将穿过的鞋子放置在通风处，勤换袜子和鞋垫可以有效去除鞋内的异味。在袜子的选择上，应穿深色质地好的袜子，如棕、深蓝、黑或灰色，不要穿浅色、透明的袜子。

6) 身上无异味

男性的汗腺一般较发达，出汗后身上会产生一些异味，这些异味可能会使人感觉厌恶。

刚出过大汗的男性应洗澡并换上干净的衣服，还可在腋下胸前等易出汗的部位涂一点儿止汗香剂再前往公众场合。如不具备立即洗澡的条件，则须注意与他人保持一定的距离。吸烟的男性最好在与人交谈时停止吸烟并注意交往距离，不要过近地与他人面对面谈话，吸烟后最好能嚼点口香糖以去除异味。

2. 衣着打扮

衣着打扮体现了我们的性格、职业、精神面貌，还体现着特定场合中的礼仪规范。男性高速铁路客运服务人员在着装时应注意以下细节。

1) 三一定律

鞋子、腰带、公文包三处保持一种颜色。

2) 三大禁忌

衬衫四边露在外，袜子颜色不搭配，帽子佩戴出问题。

配发制服的男性高速铁路客运服务人员在工作场合应穿制服。

3. 精神面貌、行为举止

男性形象与其精神面貌有很大的关系。乐观坚强、成熟稳重、幽默开朗的男性往往更受关注。如果仅有出众的外貌，但整日精神不振、目光呆滞、唉声叹气，这样的男性无法给人带来良好的印象。

良好的精神面貌可以有效地提升自身的职业形象，使人更具吸引力。在人际交往过程中，男性应特别注意自己行为举止，避免一些不礼貌、不雅观的姿态，应注意做到以下几点。

(1) 呈坐姿时，要坐稳、坐正，不要有意无意地抖动双腿，或者让跷起的一条腿像钟摆一样晃动，这会给人以轻浮、不礼貌的印象。

(2) 不能随意吐痰、打嗝、挖鼻孔，这样既不卫生，也会让旁人产生反感情绪。在吐痰、擤鼻涕时应该背对他人，用纸巾包裹后丢进垃圾箱，或是去洗手间内进行。

(3) 吃东西时嘴巴不能发出“吧唧吧唧”的声音，避免产生餐具碰撞的声音，嘴里有食物时也不要与他人讲话。

(4) 不要当众抓头发、挠耳朵、剪指甲、剔牙。

(5) 不能当众打哈欠。在公众场合，打哈欠给对方的感觉是你已经不耐烦了，因此，打哈欠时要背对他人，或用手捂住嘴再打哈欠。

（三）男性的外在修饰

男性的服饰不如女性的服饰颜色丰富、款式多样，男性的装饰品种类也不如女性的丰富多样。男性的修饰主要在于数量不多的几个细节，衡量男性的形象、品位往往也是看这几个细节。

1. 眼镜

有些男性会选择隐形眼镜，但是框架眼镜也可以体现男性斯文、睿智而温厚的形象，同时也不乏时尚气息。

佩戴眼镜要注意以下几点。

1) 眼镜要与脸形相配

脸形决定着镜架的形状。选择镜架时，应该根据面部的情况反其道而行，例如，脸很圆的人就不宜再戴圆形的眼镜。

2) 合理选择眼镜的款式、风格

传统的大边框眼镜是政务人士稳妥的选择；无镜框及小镜片眼镜是时尚款式，适合商务人士和年轻人；佩戴纤细镜框眼镜的男性显得细致、温文尔雅；佩戴粗重框架的眼镜则显得男性时尚且不失沉稳。

3) 镜架的颜色展露气质

镜架的颜色应该与佩戴者的面色、发色、服装相协调。金、银色金属框架透露着高贵典雅的气质、谨慎的风格，尽显成功人士的智慧光彩；宝石蓝及茶、褐色边框，很受追求个性与创意的新潮人士的欢迎。

4) 慎重选择镜片的颜色

略带一些色彩的镜片不会太引人注意，在室内使用也很舒适，可以为佩戴者增添一些个性特征。墨镜主要适合在阳光强烈的室外活动时佩戴，以防强烈阳光的照射和紫外线的伤害，室内不宜佩戴。高速铁路客运服务人员在岗工作时不能戴墨镜。

5) 镜片应擦拭干净

工作再忙碌、时间再紧迫，都不要忘记经常擦拭镜片以保持镜片的干净。这不仅对保护自己的视力有益，也会让人感到舒适。另外，切忌佩戴镜片或镜架残破的眼镜。

2. 手表

手表既是指示时间的重要工具，也是品位与身份的象征。

职场人士多佩戴机械表，应尽量选择优质手表。优质手表外壳应光滑、表盖旋合处应吻合严密，没有划痕。表面玻璃的透明度及表盘和表针的镀层光洁度也应该加以留心。

男性在正式场合所戴的手表，在造型方面应当庄重、保守，避免怪异、新潮。造型新奇、颜色花哨的手表，如时装表、卡通表等，仅适于少女及少年儿童。一般而言，正圆形、椭圆形、正方形、长方形手表，适用范围较广，特别适合在正式场合佩戴。

男性在正式场合所戴的手表，在色彩方面应避免繁杂凌乱，一般宜选择单色手表、双色手表，不应选择三色或三种颜色以上的手表。不论是单色手表还是双色手表，其色彩都要清晰，不能混杂。金色表、银色表、黑色表，即表盘、表壳、表带均为金色、银色、黑色的手表，是最理想的选择。

3. 皮带

随着近年来办公室服装休闲风格的兴起，皮带与领带一样，日益显得个性化，但高铁客运服务人员仍应使用传统的，以黑色及棕色为主的传统皮带。男性选择皮带时，应该注意以下几点。

1) 皮带的搭配

皮带的颜色一般应比裤子的颜色略深，并且皮带的色泽与质地应与鞋子协调。一般来说，着装风格越显得休闲，可供选择的皮带范围就越宽。色泽较浅的皮带更适合于休闲风格的着装。

2) 皮带扣的风格

一般而言，针扣比自动扣更显品位。金色的钩扣最能展现高贵的气质；铜质的钩扣则让人领略到男性的阳刚和力量。宽大的“回”形扣充分显露出男性的刚毅；椭圆形扣展示了男性的成熟；方形扣代表着男性的沉稳。有时，皮带扣的品牌亦是男性身份的象征。

3) 皮带的装重性

工作场合，皮带上不能携挂物品。应避免使用带有珠宝或广告语的皮带。

4) 皮带的长度

皮带的长度要合适，系好后的皮带，尾端应介于第一和第二裤襻之间。

5) 皮带的宽度

皮带的宽度应保持在 3 cm 以上，太窄的皮带会减弱男性的阳刚之气，太宽的皮带则只适合搭配休闲裤、牛仔裤。

4. 公文包

男性的公文包，被称为“移动式办公桌”。一些公文包的设计通过夹层、侧袋、内置小袋等方式，使得携带公文包外出工作犹如坐在办公桌前一样方便。

公文包的面料以真皮为宜，且以牛皮、羊皮为佳。黑色、棕色的公文包是最常见的选择。

男性公文包，以手提式的长方形公文包最为常见。公文包的大小以能够装下普通文件夹为宜。

使用公文包有如下四点基本要求。

1) 不宜多

外出办事，可以携带公文包。手机、钥匙、名片、纸和笔都可以放入公文包内。但不宜同时携带多个公文包。

2) 不张扬

使用公文包前，须先拆去所附真皮标志。不应在他人面前显示自己所用公文包的名贵和高档。选择公文包应与自己的职业、职位、办公环境相协调。

3) 不乱装

将随身携带之物尽量分类装入公文包内的既定之处，这样取用方便。无用之物不要放在包内，尤其是不要让包“过度膨胀”，影响美观。

4) 不乱放

进入办公室，应将公文包自觉放在自己就座之处，勿将公文包随便放在桌、椅之上。在公共场所，不要让公文包的摆放有碍于他人。

5. 香水

男性用香水来装点自己早已被现代社交礼仪所允许，但是，如果香水使用不当，也会使男性显得不够优雅，下面介绍一些香水的使用常识。

1) 适用部位

很多人误以为香水喷于腋下可以遮盖体味，其实不然。香气一旦混合腋下的味道，会产生一股怪味。香水的正确使用方法是将香水喷洒于耳后、颈部、胸部、手肘内侧、膝盖后、手腕、脚踝等处，这些部位因为有动脉跳动，香气会逐渐向周围扩散。

2) 使用量

使用香水时不要一次喷得过多，少量而多处喷洒效果最佳。

3) 使用技巧

(1) 沐浴后身体湿气较重时，将香水喷于身上，香味会释放得更明显。

(2) 若想制造似有似无的香气，可将香水先喷于空气中，然后在充满香水的空气中转圈，让香水均匀地落于身上。

(3) 香水的类型不同，香气的持续时间也不同。要注意适时补洒香水，以使香气持久。

4) 使用禁忌

(1) 忌混合。一次使用多种香水或是香水味与烟味等气味混合，都会给人带来不适之感。

尤其是在使用发胶、摩丝、有香气的化妆品之后，应避免使用香水，否则诸香争宠，气味难辨。

(2) 忌浓、忌多。一次不应喷洒过多的香水，否则会让人觉得是在刻意遮掩其他气味。浓重的香气也会让人嗅觉不适。尤其是在出席宴会时，应选择清淡香型的香水，否则会影响用餐时的味觉。

(3) 男性忌用女性香水。男性宜选择纯净、淡雅、自然香型的香水，以显示男性成熟、高雅、大气的风格，而不宜选用女性香水。

(4) 香水应避免喷洒在宝石或皮革上。香水通常具有化学成分，若碰到宝石或皮革会产生化学变化。

(5) 皮肤敏感者应慎用香水，切忌将香水直接、大量喷洒于皮肤上，以避免皮肤变色、发痒。皮肤敏感者可将香水喷于内衣、手帕、衣角内侧。

6. 领带

领带应保持整洁，无一丝折痕。领带颜色应与整体服装相协调。男性应掌握打领带的技巧，将领带打得坚挺，两边平衡。

二、女性仪容

虽然我们不提倡“以貌取人”，但保持良好的仪容是对他人的一种尊重，我们这里所说的仪容，包括长相、装扮、气质类型等。女性要提升形象，让自己拥有高雅的气质，须学习并掌握一些仪容的基本知识。

（一）美发

1. 发型的选择

发型应该适合自己的脸形，下面从脸形的角度出发，介绍各种脸形所适合的发型。

1) 长形脸

长形脸的女性可将头发留至下巴，留刘海，或将两颊头发剪短些，这样可以在视觉上减少脸的长度感而加强宽度感，也可将头发梳成饱满、柔和的形状，使脸有较圆的感觉，不宜留平直、中间分缝的头发，也不要留太短的头发或将头发全部往后梳。

2) 椭圆形脸

椭圆形脸是女性最完美的脸形，采用长发型和短发型都可以。

3) 圆形脸

圆形脸常会显得孩子气，所以发型不防设计得老成一点，头发可分缝且宜长，这样可使脸显得长一些。也可将头发侧分，短的一边向内略遮脸颊，较长的一边可自额顶做外翘的波浪，这样可“拉长”脸形。

4) 方形脸

方形脸的女性宜将头发向上梳，轮廓可蓬松些，目的是使脸变得稍长。也可在两侧留刘海，把脸角盖住，但不宜剪太短或把头发压得太平整。前额可适当留一些长发，但不宜过长。

5) 心形脸

心形脸的女性要确保头发盖住尖尖的下巴。

发型的选择还应该考虑与自己的气质、服饰、年龄相协调。例如，剪一个活泼顽皮的男孩头，却穿着一身职业女性的成熟套装，非但达不到提升形象的效果，反而透出滑稽之感。

发型的变换有时会比发型本身更为重要，女性改变自身形象、气质的有效方式不是服装，而是发型。发型一变，人的形象立刻会有明显改变。

2. 发型的要求

(1) 窗口岗位工作者，一般不宜将头发染成除黑色以外的颜色，不宜梳披肩发，头发不宜遮盖眼睛及眉毛，不能梳怪异的新潮发型。

(2) 在工作中，发型要简洁、美观、大方，以中长发和短发为宜，戴帽时头发不宜外露。

(3) 要保持头发的清洁，勤于梳洗。

(4) 除必要的固定头发用的黑色发卡及统一配发的发饰外，不宜戴其他发饰。

3. 头发的保养

衡量一个人是否健康，可以看他头发的质量，而衡量一个人的头发是否健康，一般要从头发的卫生、颜色、光泽、质地等方面进行判断。健康的头发应保持清洁、整齐，没有头垢、头皮屑；发黑柔润、有自然光泽、具有弹性；不粗不硬、不分叉、不打结；疏密适中、不枯萎；不因阳光灼晒、染发、烫发而使头发发生性状变化。

（二）护肤

护肤可以分为日常基础护理和专业护理两种。日常基础护理是我们每天都必须履行的护肤步骤，若皮肤出现问题，每日还要进行加强保养。专业护理又称特殊护理，是指定期进行磨砂、按摩、敷面等护理步骤，促进面部的血液循环，增加肌肤的弹性与光泽，供给肌肤水分和养分，让肌肤处于健康状况。

护肤重在保养皮肤，使得皮肤保持健康、延缓衰老。因此，要长期坚持护肤并须护理得法，切忌急于求成，期望迅速见效。

无论采用什么方式来保养皮肤，有三大基本步骤要把握：洁肤、爽肤、润肤。

1. 洁肤

1) 洁肤产品的选择

市面上洁肤用品种类繁多，主要可分为洁面霜、洁面乳、洁面凝胶及最新的洁肤棉等。洁面霜多适合油性皮肤使用；洁面乳多适合干性皮肤使用；洁面凝胶多适合中性皮肤使用。洁肤棉适用于敏感皮肤和受损型皮肤使用，它是一种新的洁面产品，其特殊的纤维织布能温和地清洁脸部，去除老化角质并对脸部进行滋润与按摩。

选择适合自己的洁肤产品时，可依照是否有卸妆与清洁的双重需求、皮肤的类型及个人喜欢的洁面方式等来进行。在洁肤过程中不能对皮肤造成损伤，不能影响皮肤的正常生理功能。

2) 洗脸时水温的调节

热水能溶解皮脂，松弛皮肤，扩张血管，开放汗腺口，促进代谢产物的排出，其去污作用较冷水强，所以油性皮肤的人宜用热水洗脸。但过多地采用热水洗脸又会使皮脂减少而使皮肤干燥。冷水能使血管收缩，促进汗腺口和毛孔闭合。交替用热水和冷水来洗脸，则可促进皮肤的血液循环，使皮肤富有光泽和弹性。只有毛孔畅通了，皮肤才能更好地吸收护肤品，进而达到事半功倍的护肤效果。

2. 爽肤和润肤

对于干性皮肤，应在洗脸后使用化妆水来补充水分，再使用油分多及保湿性高的润肤品。对于混合性皮肤，应依照不同部位的不同需求来加以护理，可以选择化妆水补充干燥部位的水分，然后使用润肤品来润肤，润肤品使用的分量可依照干燥程度来调整，较油的部位减少用量，而干燥的两颊则可增加用量。

（三）美妆

化妆具有美化面容的作用，可以让女性看起来更加漂亮、光彩夺目，也使得女性在社交、工作中能够更好地展示自己的形象并增强人际交往的信心。

化妆，是对自己的爱护和尊重，同时也体现出对交往对象的尊重。对于从事服务性工作的人而言，化妆上岗是职业的基本要求。高速铁路客运服务人员的恰当装扮和修饰不仅令旅客赏心悦目，同时也是其热爱本职工作的一种表现。

1. 化妆原则

1) 美化

化妆时要注意适度矫正、修饰得法，达到扬长避短的效果。在化妆时不要自行其是，任意发挥，寻求新奇，有意无意地将自己老化、丑化、怪异化。

2) 自然

化妆既要追求美化、生动、具有生命力，更要体现真实、自然。化妆的最高境界是“似无却有”，看不出人工美化的痕迹，切忌浓妆艳抹。

3) 得法

化妆虽讲究个性化，但也要遵循仪容礼仪的一般原则。例如，职业妆宜淡，社交妆可以稍浓；口红与指甲油最好为同一色系，切不可颜色过于鲜艳，等等。

4) 协调

高水平的化妆，强调的是整体效果，所以在化妆时，应努力使妆面与容貌、场合、身份相协调，以体现出大方优雅的气质。多种化妆品同时使用时，要尽量选择香型相近、色彩和谐的同一系列产品。

2. 化妆禁忌

1) 忌离奇出众

日常生活妆或职业妆应该与周围环境、本人气质相协调，从而起到提升个人形象和维护企业形象的作用。高速铁路客运服务人员在工作的过程中，切不可化另类、怪异的妆。

2) 忌技法用错

即使不化妆，也比冒然化妆、错误化妆要好。不了解化妆方法而用错技法，不仅不会达到美化的目的，还会起相反的效果。

3) 忌残妆示人

适时化妆很重要，及时补妆亦重要。残妆，是指在出汗、用餐、休息之后，妆容出现了残缺。以残妆示人，既有损于自身形象，也是对别人的不尊重，因此，要注意及时地进行妆容检查和修补。

4) 忌当众化妆

有些女性，对自己的形象过分在意，不论在什么场合，一有空闲，就会拿出化妆盒进行补妆，旁若无人。在公共场所，众目睽睽之下修饰面容是没有教养的行为。如果需要化妆或补妆，一定要到洗手间或较隐蔽的场所去完成，切莫当众化妆。

5) 忌随意评论他人妆容

除了化妆品销售、推广人员可适当评论他人的妆容，其他人不宜对他人的妆容进行过多关注，更不能直接妄加评论和指点。这不仅是不礼貌的行为，更有可能伤害对方的自尊心。另外，冒然打听他人使用的化妆品品牌、价格和化妆的具体方法也是不合适的。

三、高速铁路客运服务人员仪容礼仪

作为高速铁路客运服务人员，整洁、大方的仪容不仅有利于增强自信，更有利于在工作过程中获取别人的好感和认可。我们不能要求每个人都是美女帅哥，但是可以在现有的条件下首先保证外表的得体和整洁，再利用化妆等技巧来弥补容貌上的不足。高速铁路客运服务人员仪容如图 1–4 所示。

(a) 女性仪容

(b) 男性仪容

图 1–4　高速铁路客运服务人员仪容

总体来说，高速铁路客运服务人员仪容礼仪要注意以下几点。

（一）清洁

一个人可以不美丽，但是绝对不可以不清洁。清洁是个人素质的体现，也是尊重自己、尊重他人的体现。例如一位男性，西装很讲究，颜色搭配也很合适，可是头上头屑不断，这必然不会给人留下大方得体的印象。

1. 头发的清洁

头发，处于人体的制高点，会给人留下十分深刻的印象。头发在工作时间必须保持健康、秀美、干净、清爽、卫生、整齐的状态。

洗头发可以清除头部皮屑和灰尘，还能促进头部的血液循环。清洁头发的时候注意不要把洗发水直接倾倒在头皮上，这样做很容易导致脱发。正确的做法是先把头发梳通，然后把洗发水倒在手心，揉出泡沫，轻轻用指腹按摩头皮，最后清洗干净。不要让洗发水或护发素残留在头发或头皮上。可在洗头之前先用橄榄油护理一下，有条件的可以一周做一次发膜。尽量少用有浓郁香味的头发定型用品。头发洗干净以后，自然风干，如果用吹风机，须保持适当距离以保护头发，头发未干，不要睡觉。一般来说，烟、酒及辛辣刺激之物，若食用过量，会有损于头发。保养头发，可多吃富含维生素 B 的食品，例如核桃、芝麻等。

2. 面部的清洁

1) 眼睛

眼睛是人际交往中被他人注视最多的部位之一。洗脸的时候一定要注意及时清除眼睛分泌物。另外若眼睛患有传染病，应自觉回避，以免传染他人。

如果感到自己的眉形刻板或不雅观，可以进行必要的修饰，但不允许剃去所有的眉毛。

对于近视的高速铁路客运服务人员可配戴眼镜，戴眼镜时，不仅要求眼镜美观、舒适，而且还应定期对眼镜进行清洗和揩拭。在工作场合不应戴有色眼镜，以免给旅客带来拒人千里之外的感觉。

2) 耳朵

耳朵虽位于面部两侧，但也是在他人视线范围之内的。在洗澡、洗头、洗脸时，应同时清洗一下耳朵，定时清除耳孔里的分泌物，但是不要在他人面前这么做。

3) 鼻子

涉及个人形象的有关鼻子的问题，主要有两个。一是清洁鼻腔。不要让异物堵塞鼻孔，不要随意吸鼻子，擤鼻涕，不要在他人面前挖鼻孔。二是修剪鼻毛。上岗前，通过照镜子，检查一下鼻毛是否伸出鼻孔之外。人的鼻毛一旦伸出鼻孔，对形象的破坏非常之大，一旦出现鼻毛伸出鼻孔的情况，应及时修剪鼻毛，不要置之不理，也不要当众用手去拔，一来不雅观，二来可能会导致毛囊发炎。

4) 嘴巴

要保证嘴唇和唇周干净，无异物。

牙齿洁白，口腔无味是嘴巴清洁的重要方面。要做到这些，一是要饭后漱口，就餐完毕应清洁口腔，去除口腔异味或异物，可以使用漱口水或口香糖，但切记在他人面前嚼口香糖，尤其是和旅客交谈的时候，更不应嚼口香糖；二是要经常用牙线，洗牙等方式保护牙齿。作为高速铁路客运服务人员，接待旅客之前不要吃葱、姜、蒜、腐乳、韭菜、洋葱等有强烈刺激性气味的食物。

5) 胡须

男性要养成每天剃胡须的良好习惯。若无特殊宗教信仰和民族习惯，最好不要蓄须，应经常剃去胡须。

6) 面容

清洁面部可以去除新陈代谢产生的老化角质、污染物、化妆残留物质等，同时也可以保养皮肤。

使用洁肤产品的方法：将适量的洁肤产品放在手心里揉搓起泡，泡沫越细越好，千万不能把洁肤产品直接涂在脸上。一般从皮脂分泌比较多的部位开始清洗，手指不要过分用力，轻轻地从内到外滑动。洗的时候要注意脖子、下巴根部、耳朵等部位的清洁。冲洗时要用流水充分去除泡沫，冲洗次数要适度。有条件时，可先用温水后用冷水清洗，温水可以避免毛孔紧闭影响清洗效果，冷水可以收缩毛孔。洗脸后用毛巾吸走脸上的水分，不要用力揉搓，以免伤害肌肤，正确的方法是把毛巾轻贴在脸上，让毛巾自然吸干水分。

3. 身体的清洁

有异味的身体不仅是一种失礼，还可能惹人厌恶，因此定期沐浴十分必要。一般来说，在条件许可的情况下，每天沐浴对身体清洁和健康都很有好处。

1) 手部

在正常情况下，手部是人际交往中使用最多的部位之一，而且手部动作还往往附加了多种多样的含义。有人说：手是人的第二张脸，可是大多数人往往仅注重对脸部的保养和护理而忽视手部的保养和护理。试想某人有一张光彩照人的脸和健美的身材，可是伸出来的一双手，却是粗糙暗淡的，这必将影响其仪容的整体效果，因此，我们要重视手部的护理，防止手部皲裂、粗糙。

高速铁路客运服务人员的指甲尽量不要留长，长指甲没有过多的实用价值且不美观、不卫生、不方便。指甲的长度最好不要超过指尖。不能用牙齿啃指甲，不要在指甲上涂彩色的指甲油。在工作场合修剪指甲是不文明、不雅观且违反劳动纪律的行为。

2) 肩部

在工作场合中，肩部不应裸露在衣服外面。

3) 体毛

因个人生理情况不同，个别人手臂上汗毛生长较浓，一般情况下无伤大雅，但如果特别浓密，有碍观瞻，可以采取适当的方式进行脱毛。在他人面前，尤其是在异性面前，腋毛不应为对方所见。

4) 脚部

人的两只脚，承载着人体的全部重量，因此每个人要善待自己的双脚。脚部不适将直接影响一个人行走姿势的美观。

社交场合，对于脚部一般要注意以下两点。

(1) 在工作场合不允许裸露脚趾，不允许光脚穿鞋子。一些有可能暴露脚部的鞋子，比如拖鞋、部分款式的凉鞋、镂空鞋是禁止在工作场合穿着的。

(2) 保持脚部卫生。鞋子、袜子要经常洗、经常换，不要穿残破、有异味的鞋子和袜子。如有必要，准备一双备用袜子，以备不时之需。严禁在他人面前脱鞋、脱袜、抠脚。

（二）护理

皮肤在保持清洁的同时，还要注意保养。这样不仅有利于保持皮肤的健康，也可以减少岁月留下的痕迹。一般皮肤保养可以分为内部保养和外部保养。外部保养又可以分为基础护肤和美容护肤。基础护肤简单易行，应早晚各进行一次。在完成肌肤清洁之后，基础护肤的过程如下。

1) 使用化妆水

将适量的化妆水倒于手心轻拍面部，使化妆水被脸部皮肤吸收，也可以用喷雾器将化妆水喷洒在脸部，这对缓解缺水的皮肤有较好的效果。

2) 使用眼霜

人的眼部皮肤只占脸部皮肤的很小比例，很薄，所以要注意眼霜的选择。眼霜一般分啫喱和霜状两种类型，一般用啫喱补水就可以了，霜状眼霜所含的营养元素更多，可在需要时使用。涂抹眼霜的正确方法是从眼睛上部由里往外按摩，眼睛下部由外往里按摩。用无名指轻点眼部肌肤，才不会揉出细纹。如条件允许，一周做一至两次眼膜效果更好。涂乳液、晚霜之类的脸部扶肤品时，要注意避开眼睛周围，以免产生脂肪粒。

3) 使用面霜及护肤精华

一般来说，白天用乳液，晚上用晚霜。晚上 10 点至凌晨 2 点是皮肤新陈代谢最活跃的时候，这期间使用护肤精华效果最佳。

4) 护理脖颈

脖颈和头部相连，属于面容的自然延伸部分。护理脖颈可防止脖颈皮肤过早老化，以免和面容产生较大反差。

（三）发型

人们选择发型受到多种因素的制约，不可以一味地追求个性。制约发型选择的因素有性别因素、身高因素、年龄因素、职业因素等。

以女性留长发为例，头发长度应和身高成正比。一个矮个的女性如果长发过腰，会使自己显得更矮，这显然是不明智的。职业对头发长度的影响也很大，例如，野战军战士为了作战和负伤后抢救方便，通常选择短发。

对高速铁路客运服务人员来说，发型的修饰要注意整洁、规范、长度适中，款式适合。男性要注意“三不”——前不遮眉，侧不掩耳，后不触颈。女性在工作场合不要随便让头发随风飘扬，长发不宜过肩，如果留长发，上班的时候要把长发束起来，用发卡整理好。图 1–5 所示为正确的束发，图 1–6 所示为错误的束发。除非患有特殊的疾病，高速铁路客运服务人员不得剃光头。

图 1–5　正确的束发

图 1–6　错误的束发

不管采用何种发型，在工作岗位上不允许在头发上滥加装饰物，不宜使用彩色发胶、发膏。男性不宜使用任何发饰，女性在有必要使用发卡、发带、发箍的时候，应使用蓝、灰、棕、黑等颜色且不带任何装饰图案的发饰，绝不能在工作岗位上佩戴混合色和带有卡通动物、花卉等图案的发饰。

在工作岗位上不允许戴与制服配套的制帽以外的帽子。

正确地佩戴制帽如图 1–7 所示，错误地佩戴制帽如图 1–8 所示。

图 1–7　正确地佩戴制帽

图 1–8　错误地佩戴制帽

（四）化妆

化妆是通过使用美容产品，修饰自己的仪容，美化自我的形象的行为。对一般人而言，化妆最实际的作用是对自己容貌上的某些缺陷加以弥补，扬长避短，使自己更加光彩照人。经过化妆后，人们可以拥有良好的自我感觉，身心愉快，精神振奋，在人际交往中表现得更加自信和潇洒自如。

在正式场合，女性不化妆会被认为是不礼貌的。对职场人士来说，化妆能使从业人员提高自信，还能表达对他人的尊重并能维护组织的良好形象。

1. 化妆的原则

1) 美化的原则

美化的原则是从化妆效果的角度来说的。要使化妆达到美的效果，首先必须了解自己各部位的特点，对自己容貌上的优缺点要心中有数；其次要清楚怎样化妆和矫正才能扬长避短，变拙陋为俏丽，使容貌更迷人。要在把握脸部个性特征和正确的审美观的前提下进行化妆。

2) 自然的原则

自然是化妆的生命，它能使化妆后的脸看起来真实、生动，而不是一张呆板、生硬的面具。化妆失去了自然的效果，那就是假，假的东西就无生命力和美可言。

化妆是一种美化自身的行为，但是一定要明白，美在含蓄，美在自然，正所谓“清水出芙蓉，天然去雕饰”。

3) 协调的原则

美在于和谐，化妆者一定要懂得一些能产生和谐效果的搭配技巧。

4) 避人的原则

避人的原则即化妆时要回避他人，不要在他人面前化妆，这是化妆中非常重要的一个原则。

2. 职业妆的化妆技巧

就头发而言，中国人一头乌黑的头发是自己的民族特色，因此一般情况下不允许高速铁路客运服务人员把头发染成其他颜色。女性可适当染成偏黑的棕色，严禁染成紫色、绿色等颜色。

不管是男性还是女性，都有眉形的烦恼。有一些人，眉毛过分高扬，看上去十分凶狠；有的人天生八字眉，看上去城府很深。必要时，可对眉毛进行修剪或补描。一般来说，男性的眉毛尽量不要描画，女性可以描眉，但最好不要纹眉，不要因为修眉或描眉不当，使自己看起来很妖艳或刁钻。

画眼妆通常只限于女性，一般的步骤为上眼线、涂眼影、涂睫毛膏。女性高速铁路客运服务人员眼线不能画得过于浓重；不用蓝色、绿色眼影，应使用棕色眼影，棕色眼影可使眼睛有神、有立体感；睫毛膏只能使用黑色。化职业妆时要避免化成时尚流行的妆容，比如烟熏妆等。

男性可以用润唇膏，女性选择唇膏颜色的时候，优先选择和肤色接近的棕色、橙色、深红色，避免使用鲜红色。化工作妆时，选择唇膏要以淡色为主，这样做的目的在于不过分突出职场人士的性别特征，不过分引人注意。

外在的修饰无法掩饰精神的真实状态，良好的精神状态能使人容光焕发。三流的化妆是单纯脸部的化妆，二流的化妆是整体外表的化妆，一流的化妆是精神的化妆。精神永远是外表的灵魂。高速铁路客运服务人员应加强自身素质的培养，拥有健康的精神世界。

高速铁路客运服务人员化妆场景如图 1–9 所示。

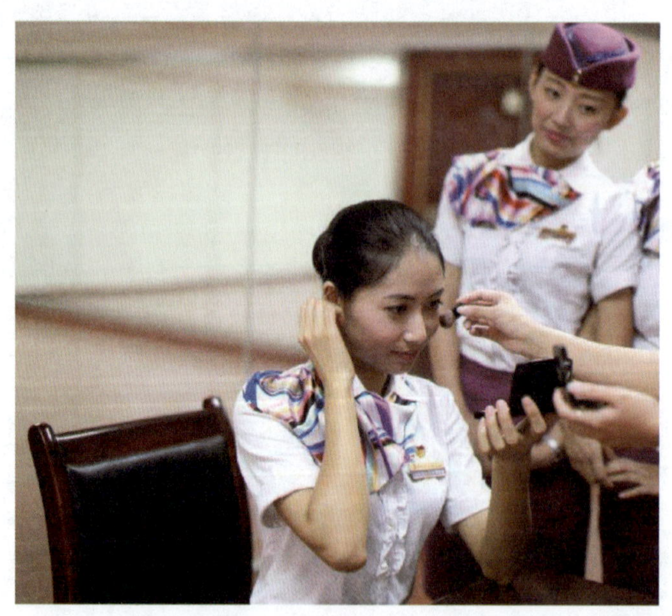

图 1–9　高速铁路客运服务人员化妆场景

四、仪表礼仪

仪表是指人的静态外表，包括人的容貌、服饰、体态、风度等多个方面。仪表是一个人的精神面貌、内在素质的外在表现。

随着社会文明程度的提高，追求仪表美越来越成为人们的一种共识。人们通常用仪表端庄、容貌俊秀等来赞扬一个人的仪表美。那么怎样才算仪表美呢？

仪表美是一个综合概念，它应当包括以下三个层次的含义。

(1) 仪表美是指人的容貌、形体、体态等的协调。体格健美匀称、五官端正秀丽，这些生理因素是仪表美的基本条件。

(2) 仪表美指经过修饰打扮及后天环境的影响形成的美。天生丽质这种幸运并不是每个人都能够有的，而仪表美却是每个人都可以去追求和创造的。即使天生丽质，也要用一定的形式去表现。无论一个人的先天条件如何，都可以通过化妆、服饰、外形设计等方式使自己拥有仪表美。

(3) 仪表美是一个人美好高尚的内心世界和蓬勃旺盛的生命活力的外在体现，这是仪表美的本质。真正的仪表美是内在美与外在美的和谐统一，慧于中才能秀于外。

本任务的一、二、三点已介绍了仪容知识，内在美将在项目一的任务四和任务五中介绍，下面重点介绍仪表礼仪中服饰环节的相关知识。

（一）穿着的 TPO 原则

TPO 是西方人提出的服饰穿戴原则，是英文时间 (time)、地点 (place)、场合 (occasion) 三个单词的缩写。穿着的 TPO 原则，要求人们在着装时将时间、地点、场合三项因素综合进行考虑。

1. 时间

时间既指每一天的早、中、晚三个时间段，也指每年春夏秋冬的季节更替，以及人生的不同年龄阶段。着装时要考虑时间因素，做到随“时”更衣。

人们在家中或进行户外活动时，例如在家中休息或外出健身，着装应方便、随意，可选择运动服、便装、休闲服。工作时间的着装，应根据工作特点和性质，以服务于工作、庄重大方为原则。晚间参加宴请、舞会、音乐会之类的活动，须穿着较正式的服装。

服饰应当随着一年四季的变化而变换，不宜标新立异、打破常规。夏季以凉爽、轻柔、简洁为主，在使自己凉爽舒服的同时，服饰色彩与款式会带给他人视觉和心理上的良好感受，相反，层叠皱褶过多、色彩浓重的服饰不仅使他人感觉不适，而且穿着者本人也会感觉闷热难耐。冬季则应以保暖为着装原则，避免“要风度不要温度”，为形体美观而着装太过单薄，但也应尽量避免臃肿不堪妨碍工作的开展。

2. 地点

地方、场所、位置不同，着装也应有所区别，特定的环境应配以与之相适应、相协调的服饰，才能使人获得视觉和心理上的和谐美感。

例如，穿着只有在正式的工作环境才合适的职业正装去娱乐、购物、休闲、观光，或者穿着牛仔服、网球裙、运动衣、休闲服进入办公场所和正式社交场地，都是着装与环境不和谐的表现。

3. 场合

不同的场合有不同的着装要求，着装只有与特定场合的气氛相一致、相融洽，才能产生和谐的审美效果，实现人景相融的最佳效应。

正式场合应严格遵循穿着规范。比如，男性穿西装一定要系领带，西装里面有马甲的话，应将领带放在马甲里面；西服应熨得平整，裤子要熨出裤线，衣领袖口要干净，皮鞋要擦得锃亮等。女性不宜赤脚穿凉鞋，如果穿长筒袜子，袜口不要露在衣裙外面。

在结婚典礼、生日宴会、联欢晚会等喜庆场合，服饰可以鲜艳明快、潇洒时尚一些。一般来说，男性服装以深色为宜，单色、条纹、方格图案都可以；在游览、度假、运动会等场合，也可以选择色彩明快的服装。女性在休闲场合，可以选择适合自己穿着的色彩鲜艳的服装。

如图 1–10 所示。高速铁路客运服务人员在工作场合应穿着统一配发的制服。

图 1–10　高速铁路客运服务人员穿着制服图

（二）西服

西服原本是欧美国家的一种传统服装，随着国际交往的日益频繁，西服逐步发展成为一种国际性的服装款式。它典雅大方，富有魅力，深受各界人士的喜爱。

1. 西服着装的一般要求

西服必须合身，领子应紧贴衬衫领口，并且应低于衬衫领口 1 ~ 2 厘米；上衣的长度与手臂垂下时的虎口处相平，袖口与手腕相平，衬衫袖口应露出西服袖口 1 ~ 2 厘米；肥瘦以可以穿一件羊毛衫为宜，上衣的下摆应与地面平行。双排扣的西服上装不管在什么场合都应把纽扣全部扣上，两粒扣子型的单排扣西服上装只系上面一粒，三粒扣子型的单排扣西服上装可系中间一粒。

2. 男性西服

男性西服有两件套、三件套之分，正式的场合应该穿西服套装，颜色以深色为佳。穿西装时应穿单色衬衫，以白色为佳。三件套西服在正式场合不能脱下外衣。西服背心如果是 6 粒纽扣，一般不系最下面的一颗纽扣，如果是 5 粒纽扣则应全部系上。西服背心应贴身合体。西服左上外侧口袋专门用于插装饰型手帕，手帕应插入口袋 1/3 处。上衣内袋用于存放证件等物。穿西服不要穿白色袜子，这样会破坏整体的稳重感，把人们的视线吸引到脚上。

3. 女性西服

女性西服有西服套装和西服套裙之分，两者均可作为正式服装，其色彩款式要稳重大方，以素雅单色和简单的条格面料为主。女性西装颜色要与衬衫色彩相协调。

4. 西服着装程序

西服穿着有一定的程序，正常的程序是：穿着衬衫→穿着西裤→穿着皮鞋→系领带→穿着上装。

（三）领带

领带被称为西服的灵魂。通常所说的领带是指直式领带，还有一种横式领带，即领结。

1. 直式领带

直式领带简称“领带”。领带最好选用丝制的，系领带不宜过长或过短。站立时，领带下端触及腰带为宜。

在正式、庄重的场合以深色领带为宜；在非正式场合以浅色、艳丽领带为宜。黑色领带几乎可与任何颜色的西服进行搭配。

领带配色的方法有三种。

(1) 领带与西服同色。

(2) 领带与西服同是暗色，但色彩形成对比，如黑西服配暗红色领带。

(3) 单色的西服配花色领带。花色领带上的主色尽可能与西服的颜色相同或相近。

领带打结有多种方法，如温莎结、平结等。在非正式场合穿西服可以不戴领带，此时衬衫领扣必须解开，衬衫下摆应放在裤子里面。

2. 领结

领结可分为小领花和蝴蝶结。小领花的颜色有黑色、白色。一般白领花只适合搭配燕尾服，黑领花适合搭配小礼服。

3. 领带夹

现在有许多人选择戴领带夹来固定领带。领带夹的位置应在衬衫的第四粒到第五粒纽扣之间（从上往下数），西服上衣系上扣子后，领带夹不能外露。

（四）饰物

在服饰构成中，装饰用品既可作为服装的辅助用品，又可区别于服装而独立存在。装饰用品和服装一同构成了服饰。

1. 帽子

帽子的花色品种很多，它不仅能起到抗寒防晒的作用，也是服饰搭配的一个重要环节。帽子的选用，应考虑到人的脸形、年龄、身份及其与其他服饰之间的配套关系。高速铁路客运服务人员工作时应戴制帽。

2. 手帕

手帕可分为两种：一种是装饰用手帕，另一种是普通手帕。装饰手帕是以各种单色手帕折叠而成的，可放在礼服或西服上衣左胸口袋。手帕折叠的形式多种多样，常见的有一山形、二山形、三山形。

普通手帕可用来擦汗、擦手、擦嘴，切不可使用不洁净或皱皱巴巴的手帕。目前，纸巾有取代普通手帕的趋势。

3. 围巾（丝巾）

一般情况下，高速铁路客运服务人员在工作时不戴围巾（丝巾），如果天气寒冷，可选用深色的围巾，如灰色、黑色、深蓝色、酱紫色等颜色的围巾。

部分女性高速铁路客运服务人员的制服配有统一款式的丝巾，应按规定的要求佩戴。

4. 首饰

首饰的佩戴有相应的规矩。首饰是一种沉默的语言，既可向他人暗示某种含义，又能显示佩戴者的气质与修养。

1) 戒指

戒指是爱情的信物，富贵的象征，吉祥的标志。戒指应注意造型的选择。女性的戒指要纤细，男性的戒指要宽厚。戒指通常应戴在左手上。把戒指戴在食指上，表示无偶而求爱；把戒指戴在中指上，表示正处在恋爱之中；把戒指戴在无名指上表示已定婚或结婚；把戒指戴在小手指上则表示自己是一位独身者。也有不少西方国家的未婚女性将戒指戴在右手上。一般情况下，一只手上只戴一枚戒指，戴两枚或两枚以上戒指是不适宜的，此外，大拇指不能戴戒指。

2) 项链

项链可分为金银项链、珠宝项链等。佩戴项链应因人而异。脖子短粗的人可选择细长的项链；脖子细长的人可选用短粗的项链。

一般青年女性可选择细型、花色丰富的项链，而中老年人则适宜选用粗型、设计传统的项链。各种珠宝有着不同的象征意义和情感，如钻石象征着勇敢和永恒，珍珠象征着美丽和高贵，红宝石象征着爱情和热情，蓝宝石象征着安详和宁静。

3) 耳环

佩戴耳环应首先考虑佩戴者的脸形。圆脸适宜戴各种款式的长耳环或垂坠耳环；瓜子脸形的人，适于使用各种造型的耳环，配以扇形耳坠、水滴型耳坠则更显秀丽妩媚；方脸形的人可选择小耳环或耳坠。在各种比较正规的社交场合，如宴会、婚礼或庆典仪式，应选用高档的耳环。男性高速铁路客运服务人员不能佩戴耳环，女性高速铁路客运服务人员可以佩戴素雅、款式简单的耳环。

4) 手镯和手链

由于高速铁路客运服务人员要进行大量客运作业，因此不宜佩戴手镯和手链。

5. 其他

笔、手表等也是高速铁路客运服务人员常用的配饰。大部分高速铁路客运服务人员制服设计有插笔处，以方便高速铁路客运服务人员使用。高速铁路客运服务人员在工作期间应戴传统款式的机械表或石英表，勿戴卡通及时装表。

五、仪态礼仪

仪态，就是一个人动作姿势和态度的综合表现。俗话说：“坐有坐相，站有站相。”高速铁路客运服务人员姿势端庄，态度和蔼，会使旅客产生愉悦和亲切的感受；行为粗鲁，态度消极，不但失礼，而且会让旅客反感。优美、协调的仪态对展现高速铁路客运服务人员的形象、气质、风度是非常重要的。

（一）面部仪态

1. 目光

人们进行信息的交流，总是以目光交流为起点。目光接触提供了重要的情感信息。这种情感的流露比语言更加真实、直接、有效。高速铁路客运服务过程中，若能善于运用目光，可以使自己变得更加友善和亲切，更容易得到旅客的信任。如图 1-11 所示，高速铁路客运服务人员将目光集中在所要服务的对象身上，注视的目光显示出服务人员的服务态度。

目光注视某一较小范围超过 5 秒，我们称之为凝视。根据交往对象和交往场合的不同，目光凝视区域也不同，一般划分为以下三种情况。

(1) 公务凝视区域：以两眼为底线，额中为顶角形成的正三角区域。这种凝视会显得严肃认真。对方也会觉得你有诚意。

(2) 社交凝视区域：两眼为上线、下巴为顶角所形成的倒三角区域。这种凝视能给人一种平等、轻松感，从而创造出一种良好的社交气氛。

(3) 亲密凝视区域：双眼到胸部之间的方形区域。凝视这一区域往往带有亲昵、爱恋的感情色彩，在亲人、恋人、家庭成员之间较为常见，所以非亲密关系的人不应凝视对方的这一区域，以免引起误解。

图 1-11　高速铁路客运服务人员注视的目光

2. 视线

高速铁路客运服务人员要注意目光注视的角度。视线角度可以分为三种。

1) 平视

观察物与眼睛平齐时，视线水平送出，即为平视。与人交谈时应当尽量做到平视对方，在服务工作中，平视是一种常规要求。平视表现出双方地位的平等，使高速铁路客运服务人员可以不卑不亢地投入工作。

2) 仰视

抬起头朝上看容易表现出敬仰、高度重视的态度。低着头朝上看往往表现出羞涩、胆怯、谦虚、低调。高速铁路客运服务中仰视并不多用。

3) 俯视

俯视他人往往带有自高自大、傲慢不屑的意味，服务中应该避免使用这种视线。如果对方的位置低于自己的眼睛，例如旅客坐着，服务人员站着时，则应当轻微俯身，尽量减小俯视角度。

3. 目光运用技巧

1) 正视对方

目光属于表情范围。眼睛是心灵的窗口，与人打招呼、交谈、致谢、道歉时，如果能够用眼睛看着对方，会使人感到你的真诚、友善、信任、尊重。交谈中，还要注意目光注视对方的同时，应使身体伴随对方的移动而适当转动，尽量使自己面朝对方、注视对方，这是一种基本礼貌，斜眼看人、扭头视人或者偷偷看人，都难以表达出尊重他人的意思。

2) 注视对方

与人交谈时，不要不停眨眼，不要眼神飘忽，不要目光呆滞。这些都会使对方产生不信任感，与人交谈应始终保持目光接触，表示对对方的尊敬，如果目光左顾右盼、东张西望，对方会感到你是心不在焉，缺乏诚意的。注视中应当正确把握视域，非亲人之间，注视对方的头顶、胸部、腹部、臀部或大腿，都是失礼的表现。特别是与异性交谈中，更要注意控制视域。

3) 避免盯视、扫视

服务工作中忌目光闪烁，盯住对方或斜视、瞟视。如果一直盯着对方看，会给对方形成心理压力，让对方感到紧张，因此，目光的运用应该“散点柔视”，即让目光均匀地洒在对方身上。如果谈话中出现短暂的沉默，应当将视线暂时从对方脸上移开，恢复交谈时再看着对方。

4. 微笑

高速铁路客运服务人员要给旅客以亲切、真诚的微笑。在高速铁路客运服务人员面部仪态中，应当把真诚、甜美的微笑放在首位，养成微笑服务的意识。微笑是高速铁路客运服务人员工作的职责所在。

1) 基本要求

笑与神、情、气质相结合，与语言相结合，与仪表和其他仪态相结合，会取得良好的效果。高速铁路客运服务人员应练就主动微笑、自然大方地微笑的本领并掌握微笑的最佳时机和微笑的原则。

2) 七大微笑原则

(1) 主动。作为一名训练有素的高速铁路客运服务人员，在与旅客目光接触的同时，首先应向对方微笑，然后再开口说话表示欢迎，这会给人以彬彬有礼、热情周到的印象，主动创造出一个友好、热情并对双方有利的交流气氛和场景，也会因此赢得对方的信任。

(2) 自然大方。微笑时要目光有神，神态自然，热情适度，这样才显得亲切、真诚、温暖、大方，使旅客心情放松，有“宾至如归”的感觉，千万不可表演色彩过浓、故作姿态和生硬应付。

(3) 眼中含笑。一个人是不是开心、真诚地笑，从其眼神中就能找到答案，所以，作为高速铁路客运服务人员，要眼中含笑，让旅客感受到你是在用心地微笑。

(4) 真诚。高速铁路客运服务人员对旅客的微笑，应该是发自内心的，微笑既是对旅客表示欢迎，又是对自己形象礼仪的展示，因此，真诚地微笑、真实地展现自己，才能让旅客和自己都得到快乐，都感觉到舒适。在旅途中，旅客有愉快的心情，才会积极地配合高速铁路客运服务人员的工作。

(5) 健康。微笑应该是健康的、爽朗的，自身状况不佳时，即使露出笑脸，也会给人不自然的感觉。高速铁路客运服务人员在工作之余，要注意保持个人身体健康、心情舒畅。

(6) 最佳时机。高速铁路客运服务人员在目光与客人接触的瞬间，就要启动微笑，此时高速铁路客运服务人员应目光平视旅客、坦然自信，不可斜视旅客，也不要有羞涩之感，微笑的最佳时长以不超过 3 秒为宜，时间过长会给人假笑或不礼貌的感觉。

(7) 天天微笑。对高速铁路客运服务人员来说，微笑应是自然的表情，为此应让自己保持天天微笑的习惯，不能高兴就微笑，不高兴就不微笑，要养成一到工作岗位，就能抛开一切个人的烦恼、不安、不快情绪，振奋精神，热情地为旅客服务。有了良好的微笑习惯，才能让微笑服务进入新的境界。

3) 标准微笑的培养方法

高速铁路客运服务人员在练习微笑的时候要注意以下几点。

(1) 眉位提高，眼轮匝肌放松。

(2) 两侧颊肌和颧肌收缩，肌肉稍隆起。

(3) 两面侧笑肌收缩，并略向下拉伸，口轮匝肌放松。

(4) 嘴角含笑并微微上提，嘴角似闭非闭，以不露齿或仅露不到半牙为宜。

(5) 面含笑意，但不能笑容过于显著，嘴角微微向上翘起时，让嘴唇略显弧形。

(6) 注意不要牵动鼻子，不发出笑声。

(7) 注意自己的口型、面部与其他部位的配合。要注意声情并茂，气质优雅，表现和谐，眉、眼、神情、姿势协调行动。微笑的同时目光柔和发亮，双眼略为睁大，眉头自然舒展，眉毛微微向上扬起。

4) 微笑的训练方法

(1) 模拟微笑训练法。模拟微笑训练法的训练步骤如下：

① 轻合双唇。

② 两手食指伸出，其余四指并拢，指尖对接，放在嘴前 15 ~ 20 cm 处。

③ 让两食指尖以缓慢的速度分别向左右移动，拉开 5 ~ 10 cm 的距离，同时嘴唇随两食指的移动速度而同步加大唇角的展开度，形成美丽的微笑，并让微笑停留数秒钟。

(2) 含筷法。如图 1–12 所示，选用一根洁净、光滑的圆柱形筷子，横放在嘴中，用牙轻轻咬住（含住）以观察微笑状态。

图 1–12　用含筷法进行微笑训练

(3) 口型对照法。通过一些相似性的发音口型，找到适合自己的最美的微笑状态，如"一""茄子""呵""哈"等。

5) 微笑的禁忌

微笑要直率而不鲁莽，活泼而不轻佻，自然而不呆板，热情而不过分，轻松而不懒散，大方而不失措。

（二）静态仪态

1. 站姿

高速铁路客运服务人员的站姿如图 1-13 所示。

(a) 男性站姿

(b) 女性站姿

图 1-13　高速铁路客运服务人员的站姿

高速铁路客运服务人员站姿的动作要领如下。

(1) 两脚跟相靠，两脚尖成 45° ~ 60° 角，身体重心位于前脚掌；

(2) 两腿并拢立直，收腹，女性高速铁路客运服务人员右手轻握左手放于腰后（或腹前），男性高速铁路客运服务人员双手自然下垂；

(3) 挺胸，肩往后展并保持放松，背部挺直；

(4) 脖颈自然挺直；

(5) 下颌微收，目光平视前方，面带微笑。

采用以上标准站姿动作显得自然大方，分寸得当。切记站立时，不可探脖、塌腰、耸肩、双腿弯曲或抖动，手不可以插兜。

2. 坐姿

高速铁路客运服务人员的坐姿如图 1–14 所示。

(a) 男性坐姿

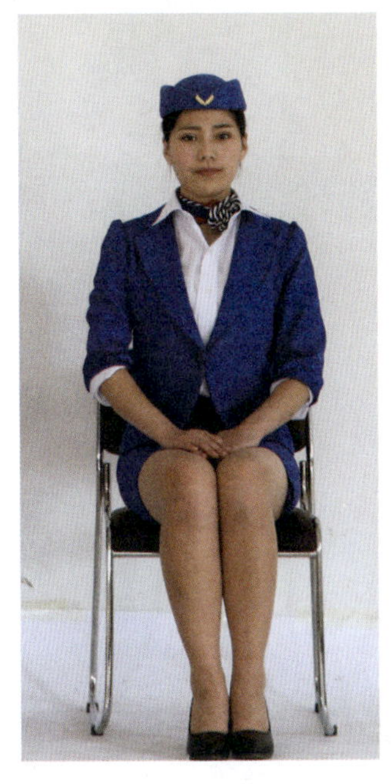

(b) 女性坐姿

图 1–14　高速铁路客运服务人员的坐姿

高速铁路客运服务人员坐姿的动作要领如下。

(1) 入座时，要轻、要稳，坐满座位的 2/3 即可。

(2) 男性双膝可分开，脚尖朝前方，双手五指伸直或轻握拳放在腿上；女性入座时双膝小腿自然并拢，双手虎口交叉（右手在上），放在腿上，也可采用一腿交叉于另一腿之上，两小腿并拢与地面成 70°～80° 角的双腿交叉式坐姿；

(3) 双肩平展，挺胸直腰，收腹；

(4) 目光平视，下颌微收，面带微笑；

(5) 谈话时，可以侧坐转身，面向对方，切忌转头不转身。

男性高速铁路客运服务人员采用良好的坐姿能展现男性的阳刚之美；女性高速铁路客运服务人员采用良好的坐姿能展现女性的典雅之美。坐下后切记不可抖腿、跷二郎腿、双腿直伸、托腮、趴伏及头部仰靠椅背。

高速铁路客运服务人员错误的坐姿如图 1–15 所示。

女性高速铁路客运服务人员双腿交叉式坐姿如图 1–16 所示。

图 1–15　高速铁路客运服务人员错误的坐姿

图 1-16　女性高速铁路客运服务人员双腿交叉式坐姿

（三）动态仪态

1. 行姿

高速铁路客运服务人员的行姿如图 1-17 所示。

古人云：站如松，坐如钟，行如风。高速铁路客运服务人员在行走时应做到以下几点。

(1) 上身挺直，两肩平稳，目光平视，下颌微收，面带微笑；

(2) 手臂伸直放松，手指自然弯曲，摆动时以肩关节为轴，上臂带动前臂，走路时两臂自然摆动；

(a) 男性行姿

(b) 女性行姿

图 1-17　高速铁路客运服务人员的行姿

(3) 脚尖稍微抬起，脚跟先接触地面，依靠后腿将身体重心推送到前脚掌，使身体前移；

(4) 步幅适当，注意调节步速；

(5) 行走路线要成一条直线。

行走不能弯腰驼背、歪肩晃膀，手臂不可大幅摆动，不要双腿过于弯曲、不成直线，不可步子太大或太小，不能上下颤动、扭腰晃臀，不要脚蹭地面。

高速铁路客运服务人员上台阶时，前腿屈膝抬起，后腿微屈支撑，两脚交替踏上。两臂前后自然摆动，上体稍前倾，头摆正，目视前方，用余光注意前下方；下台阶时，前腿脚踏楼梯，微微屈膝缓冲，脚趾略偏向外侧，两眼注视前下方，其他动作要领同上台阶。高速铁路客运服务人员上台阶姿势如图 1–18 所示。

高速铁路客运服务人员出勤行姿如图 1–19 所示。

图 1–18　高速铁路客运服务人员上台阶姿势

(a) 行进

(b) 登车

图 1–19　高速铁路客运服务人员出勤行姿

2. 蹲姿

蹲姿是日常生活、工作中不可避免的一种姿态。在公共场所，为了避免弯上身和翘臀部，拿取低处的物品或拾起落在地上的东西时，需要使用下蹲和屈膝动作。特别是女士穿裙装时，如不注意使用正确的蹲姿，背后的上衣就会上提，露出臀部皮肤和内衣，很不雅观，即使穿着长裤，两腿展开平衡下蹲，撅起臀部的姿态也不美观。

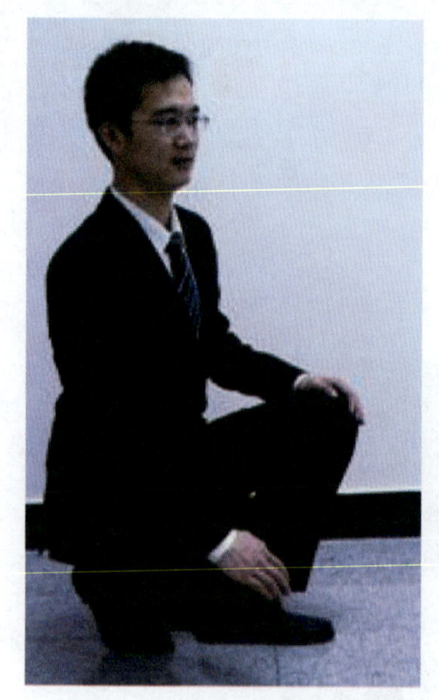

图 1-20　高速铁路客运服务人员蹲姿

高速铁路客运服务人员蹲姿如图 1-20 所示。

高速铁路客运服务人员应尽量少使用蹲姿，允许使用蹲姿的情况如下。

1) 整理着装

使用蹲姿整理自己的鞋袜等。

2) 给予帮助

使用蹲姿与儿童旅客交谈，或协助运送物品等。

3) 提供服务

使用蹲姿打扫卫生，摆放行李物品等。

4) 捡拾物品。

使用蹲姿拾捡物品。如果站在物品的左方，下蹲时左脚在前，右脚稍后（不重叠），两腿靠紧，反之亦然。

3. 鞠躬

鞠躬也称为弯腰行礼，主要起“弯身行礼，以示恭敬”的作用，是表示对他人敬重的一种郑重礼节。鞠躬不仅是我国的传统礼仪之一，也是很多国家常用的礼仪，尤其在中国、日本等东亚国家，人们经常行鞠躬礼。鞠躬一般是下级对上级或同级之间、学生向老师、晚辈向长辈、服务人员向宾客表达由衷的敬意的一种礼节。

行鞠躬礼时，应采取立正姿势，脱帽，双目注视受礼者，面带微笑，以腰部为轴，整个肩部向前倾 15° 以上（具体视行礼者对受礼者的尊敬程度及行礼情境而定），目光也随之自然下垂，表现出一种谦恭的态度。行礼时，可以同时问候“您好”“早上好”“欢迎光临”等。鞠躬礼毕，直起身时，双目还应有礼貌地注视对方，使人感到鞠躬动作的诚心诚意。鞠躬时，脖子不可伸得太长，不可挺出下颌；下身保持正确的站立姿势，两腿并拢；双目注视对方的胸部，视线随着身体向下。切不可撇开两腿，随便弯一下腰或只往前探一下脑袋当作行礼，这是对受礼者的不尊重。生活中应该避免一面鞠躬一面抬起眼睛看着对方。

男性在鞠躬时，双手自然下垂，贴放于身体两侧裤线处，女性则将双手轻搭在腹前。长辈、上级、老师、宾客等受礼者还礼可不鞠躬，而用欠身、点头、微笑致意以示还礼，其他人应以鞠躬礼相还。

不同的鞠躬角度表达出不同的意味。

(1) 15° 鞠躬礼，在对旅客进行礼貌性问候及打招呼时使用；

(2) 向旅客表示感谢时，可行 30° 鞠躬礼；

(3) 当向旅客表达歉意时，可行 45° 鞠躬礼。

高速铁路客运服务人员行 15° 鞠躬礼如图 1–21 所示。

高速铁路客运服务人员行 30° 鞠躬礼如图 1–22 所示。

图 1–21　高速铁路客运服务人员行 15° 鞠躬礼

图 1–22　高速铁路客运服务人员行 30° 鞠躬礼

4. 手势

在当今社会，各种形式多样的手势已经成为人们交流沟通时不可缺少的形式，手势包含着丰富的礼仪含义。在与人交往中恰当地运用手势来表情达意，能够起到良好的沟通作用，也会使自己更显优雅。

1) 递接物品

递接物品时以双手为宜，不方便双手并用时，也要采用右手，用左手递接物品通常被视为无礼的表现，将有文字的物品递交他人时，须使文字正面朝向对方递上；将带尖、带刃或其他易于伤人的物品递于他人时，切勿以尖、刃直指对方。

高速铁路客运服务人员递接物品如图 1–23 所示。

2) 展示物品

将物品举至高于双眼之处，适用于向众人展示物品；将物品举至上不过眼部，下不过胸部的区域，适用于让他人看清展示之物。

3) 指示方位

(1) 横摆式手势，手臂向外侧横向摆动，指尖指向要指示的方向，适用于指示方向。

图 1-23　高速铁路客运服务人员递接物品

(2) 直臂式手势，手臂向外侧横向摆动，指尖指向要指示的方向，手臂抬至肩高，适用于指示物品所在位置。

(3) 曲臂式手势，手臂弯曲，由体侧向体前摆动，手臂高度在胸以下，适用于请人进门或先行。

(4) 斜臂式手势，手臂由上向下斜伸摆动，适用于请人入座。

以上四种指示方位的手势，都仅用一只手臂，另一只手臂可垂在身体一侧或放于身后，女性也可将另一只手臂放于腹前。

曲臂式手势如图 1-24 所示。

斜臂式手势如图 1-25 所示。

4) 握手

行握手礼时，要注意先后顺序，尊者在先，即地位高者先伸手，地位低者后伸手；要注意用力大小，握手时，握紧对方的手，力量应当适中；要注意时间长短，与人握手时，一般三至五秒即可；要注意相握方式，应先走近对方，右手伸出，掌心向里，握住对方的手掌，双手相握后，应目视对方双眼，将手上下晃动两三下。握手时应伸出右手，不能伸出左手与人相握。

握手如图 1-26 所示。

5) 常见的错误手势

(1) 指指点点。勾动食指或除拇指外的其他四指招呼别人，以及用手指指点他人，都

图 1-24　曲臂式手势

图 1-25　斜臂式手势

图 1-26　握手

是失敬于人的手势。食指指点他人，即伸出一只手臂，食指指向他人，其余四指握拢这一手势，因有指责、教训之意，尤为失礼。

(2) 随意摆手。高速铁路客运服务人员在工作中，不要随意向对方摆手，即不要将一只手臂伸出，手指向上，掌心向外，左右摆动；也不要掌心向内，手臂由内向外地摆动。

这些手势都有抵触、拒绝、不耐烦之意。

(3) 双臂交叉于胸前。这种姿势往往有傲慢、气愤的味道，或带有置身事外、旁观他人、观看笑话之意，高速铁路客运服务人员在工作中应特别注意避免使用这种手势。

(4) 摆弄手指。一些男性喜欢挤压自己的手指，发出关节的响声，或是反复做握拳后再松拳的动作，这些动作都会让旁人感到厌恶。

(5) 手插口袋。手插口袋容易给人懒散、随意的感觉，高速铁路客运服务人员在工作中应避免使用这种手势。

(6) 伸懒腰。伸懒腰是劳累、困倦的表现，高速铁路客运服务人员在工作时打哈欠、伸懒腰，会给人懒散、懈怠之感。

任务三　客运服务语言礼仪

任务描述：

语言是高速铁路客运服务人员重要的服务工具之一。高速铁路客运服务人员作为铁路企业的代表，在旅客面前的一言一行都应体现出良好的礼仪风范。高速铁路客运服务人员须通过语言礼仪的学习及练习，不断提高语言礼仪修养，为旅客提供优质的服务。

语言是人们表达意思、交流思想的工具。语言表达是一种技能，也是一门艺术。语言不仅能衡量一个人的业务能力水平，而且可以反映一个人的思想、道德、修养水平。高速铁路客运服务人员必须重视语言礼仪，不断提升个人的语言礼仪修养。

一、语言是一种精神服务

语言是人们交流信息、表达情感、建立良好人际关系的工具。俗话说“良言一句三冬暖，恶语伤人六月寒”，可见语言对人际交往效果的影响特别大。高速铁路客运服务人员能否掌握语言艺术和应用语言技巧，将直接影响旅客的心理反应。一句不中听的话，往往会刺激对方，导致争吵或对骂，进而影响到铁路部门的声誉。优雅的举止、文明的语言、和蔼的态度能使旅客心情舒畅、愉快，即使出现分歧，通过温和、文雅、彬彬有礼的语言，也可以避免冲突的发生，显示出铁路员工良好的教养和素质，从而树立铁路部门良好的企业形象。旅客在列车上得到热情的、周到的服务也是他们的合理权益。

只有在尊重的基础上才能做到语言和气、文雅、有礼貌。语言礼仪是以尊重为基础的。如果你对别人不尊重，就不会由衷地说出文明礼貌的话语。文明礼貌的谈吐，会让对方产生受到尊重、礼让的感受。反之，说话大大咧咧，满不在乎，脏话、粗话、怪话连篇，只能给旅客留下没有教养的坏印象。

对高速铁路客运服务人员来说，掌握良好的语言礼仪是实现优质服务的必备条件之一。高速铁路客运服务人员说话的水平，直接影响到服务的水平和铁路部门的声誉，所以，在高速铁路客运服务中，讲究语言艺术是非常重要的，这不仅是工作的要求，同时也是衡量一个人涵养和能力的重要尺度。高速铁路客运服务人员对旅客说话必须注意语言的规范性、礼节性、完整性、准确性、逻辑性、策略性，说话的声调要温和、亲切、谦逊，切不可说脏话、粗话、怪话，更不可用粗野庸俗的话语刺激、侮辱旅客。良好的语言表达能力是可以在生活实践和工作实践中培养、锻炼出来的。

二、客运服务语言礼仪的要求

高速铁路客运服务人员为旅客服务时应使用普通话，讲究语言礼仪，做到口齿伶俐、吐字清晰、语言简练、自然大方、声音柔和、语调平稳、谈吐文雅。高速铁路客运服务人员在实际工作中，要遵循以下语言礼仪要求。

(1) 对旅客要做到勤为主、话当先。服务中要有“五声”（旅客进门或上车有问候声、遇到旅客有招呼声、得到协助有致谢声、麻烦旅客有致歉声、旅客下车有道别声）。杜绝使用“四语”（不尊重旅客的蔑视训斥语、缺乏耐心的烦躁语、自以为是的否定语和刁难旅客的斗气语）。

(2) 遇到旅客要面带微笑，主动向旅客问好、打招呼。对旅客称呼要得当，以尊称表示尊重，以简单亲切的问候及关心的话语表示热情。知道职务、职称的称呼职务、职称，如“×× 主任”“×× 局长”“×× 教授”；不知道职务、职称的可称呼“先生”“女士”“小姐”等。切忌用“喂”来招呼旅客。即使旅客离自己距离较远，也不能高声呼喊。

(3) 接待旅客时要用礼貌的语言向旅客表示问候和关心。应当“请”字当头，“谢”字不离口，表现出对旅客的尊重。

旅客到来时应热情问候：“您好，欢迎您乘坐本次列车出行！”服务过程中可以询问：“还有什么可以帮您？”旅客离去时可以说：“再见，请走好！”一天中不同时刻可分别用“早上好”“中午好”“晚上好”来问候旅客。

(4) 与旅客对话时宜保持 1 m 左右的距离，讲话时应态度和蔼，语言亲切、自然，表达得体准确，音量适中，以对方听得清楚为宜，答话要迅速、明确。

(5) 应用心倾听旅客所讲的话，眼睛要望着旅客脸部，在旅客把话说完前，不要随意打断旅客。也不要有任何心不在焉、不耐烦的表情。对于没听清楚的地方要礼貌地请旅客重复一遍。

(6) 应妥善答复旅客的询问。旅客的投诉要耐心倾听并巧妙处理，千万不要和旅客争辩。对于旅客的无理要求，要能沉住气，耐心解释，婉言谢绝。当旅客表示感谢时，应微笑、谦逊地回答：“不用谢，您太客气了！”在行走过程中遇有旅客问话时，应停下脚步，认真回答。

(7) 要注意选择礼貌用语，恰当地使用礼貌用语。

(8) 合理运用基本礼貌用语。

称呼语：“先生”“小姐”“夫人”“女士”“同志”“老大爷”“老大娘”“小朋友”“那位先生”“那位女士”“那位同志”等。

欢迎语：“欢迎光临”“欢迎您乘坐本次列车”“祝您旅途愉快”等。

问候语：“您好”“早上好”“中午好”“晚上好”“晚安”“见到您很高兴”等。

祝贺语：“祝您节日快乐”“祝您生日快乐”“祝您生意兴隆”等。

告别语：“再见”“祝您一路顺风”“欢迎您再次乘坐本次列车”等。

道歉语：“对不起”“请原谅”“打扰您了”“失礼了”“让您久等了”“请不要介

意”等。

道谢语：“谢谢”“非常感谢！”等。

应答语：“是的”“好的”“我明白了”“这是我应该做的”等。

征询语：“请问您有什么事”“需要我帮您做些什么吗”“您还需要别的帮助吗”“这会打扰您吗”“您需要……”“请您……好吗”等。

推辞语：“很遗憾”“恐怕这样是不可以的，谢谢您的理解”等。

三、客运服务人员一般规范用语

1. 文明敬语

“请”“您”“谢谢”“对不起”“没关系”“不客气”“再见”等。

2. 旅客尊称

年长旅客，统称为“老师傅”“老先生”“老同志”等。

年轻旅客，统称为“女士”“先生”“旅客”等。

年少旅客，统称为“同学”“学生”等。

年幼旅客，统称为“小朋友”等。

3. 查、验车票用语

需要查验车票时可以对旅客说：“您好，请出示您的车票。”

对持有效票证的旅客，查验后应说：“谢谢！请收好。”

4. 温馨提示用语

(1) 开、关车门时说：“站在车门处的旅客，请您注意，(我)要开(关)车门了。”

(2) 向旅客进行车内、外安全提示时说：“车辆拐弯，请您扶好、坐好。”，或说：“车辆进站，请您注意安全。”

(3) 向旅客进行防盗提示时说：“各位旅客，请您携带(保管)好随身物品，以免丢失。”

5. 妨碍、打扰旅客时的用语

妨碍、打扰旅客时说：“抱歉”“对不起”“请原谅”“不好意思”“请多包涵”等礼貌用语。

6. 引导用言

要使用明确而规范的引导用言，多用敬语，例如“您好！”“请”等，以示尊重。

7. 常用礼貌用语

问候：“您好”“大家好”。

迎送：“欢迎光临”“再见”“请走好”。

请托：“麻烦”“打扰了”“请稍候”。

致谢：“谢谢”。

征询：“您需要帮忙吗”“这样可以吗”。

答复：“好的”“很高兴为您服务”“不要紧”。

赞赏：“这个办法不错”“太好了”。

道歉：“对不起”“请多包涵”“失敬了”。

8. 禁忌话题

高速铁路客运服务人员在工作中要做到“七不问”，即涉及年龄、婚姻、收入、经历、住址、信仰、健康的内容不问。

四、高速铁路客运服务人员规范用语

1. 高速铁路车站客运服务人员规范用语

(1) 当旅客询问时说：“您好，请讲。”

(2) 检票时说：“请您出示车票。”

(3) 检查危险品时说：“对不起，请您将包打开接受检查，谢谢。”

(4) 整理队伍时说：“请您按顺序排好队。”

(5) 需要旅客配合通行时说：“对不起，劳驾。”

(6) 整理行李，打扫卫生时说：“对不起，请您让一下。”

(7) 遇到旅客寻求帮助时说：“请问您需要什么帮助。”

(8) 失礼时说：“对不起，请原谅。”

(9) 纠正旅客违反规章制度时说：“请您配合我们的工作，谢谢！”

(10) 受到旅客表扬时说：“请您多提宝贵意见。”

(11) 受到旅客批评时说：“对不起！给您造成困扰了。”

(12) 售票时说：“请问您买到哪里？”

(13) 接到旅客咨询电话时说：“您好，请讲。”

(14) 售票窗口拥挤时说：“请大家按顺序排好队，不要拥挤。”

(15) 旅客买票排错队时说：“对不起，请到 ×× 窗口排队购票。”

(16) 误售车票时说：“对不起，请稍等，马上更正。”

(17) 旅客行李超重时说：“对不起。请您按规定补费。”

(18) 旅客之间发生矛盾时说：“请不要争吵，有问题合理解决。”

2. 动车组列车客运服务人员规范用语

1) 车门立岗

在车门立岗迎接旅客上车时说：“您好，欢迎乘车。”

遇雨、雪天气时说：“您好，欢迎乘车，请注意脚下。”

旅客携带行李较大时说：“您好，请将行李放入大件行李区。”

在车门立岗送别旅客时说：“再见，欢迎您再次乘坐本次列车。”

2) 途中作业

制止旅客吸烟时说：“您好，请不要在车内任何区域吸烟，感谢您的合作！”

整理行李架时说：“您好，我帮您调整一下行李。”

制止衣帽钩挂包（小茶桌放重物）时说：“您好！衣帽钩（小茶桌）承重有限，请您将物品放在行李架上。”

制止儿童在车厢内跑动时说：“请您照顾好您的孩子，不要让孩子在车厢内跑动，以免发生意外。”

为旅客更换清洁袋时说：“您好，为您更换一下清洁袋。”

收取杂物时说：“您好，这个您还需要吗？”

提示旅客正确使用电茶炉时说：“您好，如果您要泡面（茶），请等待绿灯亮起。”

为特等座、一等座旅客送食品时说：“您好，这是为您准备的食品，请拿好！”

3) 列车广播用语

(1) 始发前通告。

动车组列车始发前通告用语如下：“欢迎乘坐 ×× 铁路局动车组列车，这趟列车是由 ×× 开往 ×× 的 ×× 次列车，开车时间 ×× 点 ×× 分，列车现在还有 5 分钟就要开车了，请仔细核对所持车票的车次。公安部门郑重提醒您，动车组列车运行的全程禁止吸烟，因吸烟造成严重后果，将依法追究责任。”

(2) 始发介绍。

动车组列车始发介绍用语如下：“女士们，先生们，感谢您选乘 ×× 铁路局动车组列车旅行，我们全体工作人员将以真诚的微笑、优质的服务伴您一路同行。本趟列车是由 ×× 开往 ×× 的 ×× 次列车，全程 ×× 千米，运行 ×× 小时 ×× 分，途中停靠 ××，××……，到达终点站 ×× 站的时间是 ×× 点 ×× 分。请您按照车票上的座位号对号入座。较大物品请放在车厢两端的大件行李区。座椅背后的小桌板承重有限，请不要放置重物。列车 ×× 号车厢为餐车，×× 号车厢、×× 号车厢设有残疾人卫生间。动车组列车全程禁止吸烟，请勿随意触动车厢内的紧急安全设施。上下车时请注意站台与列车之间的间隙。如果您因时间仓促没有买票，请找列车长办理补票手续。衷心祝愿您旅行愉快、一路平安！”

(3) 途中报站通告。

动车组列车途中报站通告用语如下：“列车前方停车站是 ×× 站，到站时间 ×× 点 ×× 分，停车 ×× 分。为了确保您的安全，请勿随意触动车厢内紧急安全设施，请不要在车厢连接处逗留和倚靠车门。

(4) 终到通告。

动车组列车终到通告用语如下：“女士们、先生们，列车就快要到达终点 ×× 站了，请您配合将小桌板、座椅靠背恢复原位，列车到站后请按顺序下车，请注意列车与站台之间的间隙。感谢您乘坐 ×× 铁路局动车组列车旅行，我们期待着与您再次相逢。”

任务四　客运服务理念

任务描述：

高速铁路客运服务人员要向旅客提供高标准的优质服务，必须强化客运服务理念。本任务从三个方面对高速铁路客运服务理念进行介绍。高速铁路客运服务人员要将高速铁路客运服务理念熟记于心并将其融入实际工作中。

相关知识

服务理念是指人们从事服务活动的主导思想意识和对服务活动的理性认识。服务理念是在一定的经济、文化环境的影响下，在实践中逐渐形成的。

高速铁路客运服务人员在工作中要贯彻“旅客至上”“人性化”“无干扰”的客运服务理念。

一、贯彻“旅客至上”的服务理念

铁路客运服务的对象是旅客，为旅客服务是铁路旅客运输的中心工作。旅客是铁路企业的衣食父母，必须把他们摆在“至上”的位置，以上理念即“旅客至上”理念。这种服务理念是在人们生活水平提高、文化水平提高，以及市场竞争加剧的形势下逐渐形成的。“旅客至上”四个字，内涵丰富，要落实这个理念，须有正确的服务态度并将其贯彻到服务过程的始终。例如，××次列车曾经发生这样一件事，几位旅客到餐车用餐，为其中一位旅客庆祝生日，准备点燃生日蜡烛。列车乘务员发现此情况，考虑到列车安全，立即上前劝阻说：“列车在山区运行，摆动大，平稳性不好，蜡烛容易倒在桌上，引燃塑料台布并引起火情，十分危险。”然而旅客并不理睬列车乘务员的劝阻。此时，列车长到列车广播室为过生日的旅客点播了一首生日歌曲，随着音乐的响起，乘务员送上一碗长寿面并亲自道了一声“生日快乐”，旅客非常感动，满意地笑了，自觉地熄灭了蜡烛。高速铁路客运服务人员在严格执行规章制度的前提下，遵循“旅客至上”的服务理念，满足旅客的愿望，就能取得旅客的理解与支持。

“旅客至上”的理念是每个高速铁路客运服务人员必须遵循的。在工作过程中，要将全心全意服务旅客作为工作的重要前提，铁路离不开旅客，旅客是我们服务的对象，旅客的到来，不是对我们的打扰，而是要享受我们的服务。旅客的合理需求应该得到满足，只有感受到热情周到的服务，旅客才会继续选择高速铁路出行。高速铁路客运服务人员应真诚地体谅旅客、理解旅客，当旅客对服务提出意见时，应站在旅客的角度多检讨自己，纠正不足，更好地为旅客服务。

二、贯彻“人性化”的服务理念

旅客在旅行中的需求是铁路客运企业提供服务的前提。旅客需求具有丰富的内容和层次，旅客出门旅行是一种有目的的活动，他们的情绪、愿望随时都会表现出来并带有强烈的个性心理特征。从服务与被服务的关系看，所谓人性化服务，就是高速铁路客运服务人员有针对性地满足旅客旅行个性化需求的服务。从心理学角度分析，人的需求分为生理需求、安全需求、社会需求、尊重需求和自我实现需求等。

就高速铁路运输而言，基本需求主要指旅客在旅行过程中的基本生理需求，例如安全、准时地到达目的地，提供容身空间、吃饭、喝水、上厕所等便利条件。对所有旅客的基本需求均须满足，客运服务工作首先要解决旅客的基本需求问题，基本需求不解决，谈不上满足高层次的需求。

在满足旅客的基本需求之后，服务的重点在于满足不同层次旅客的高层次需求。如可重点介绍沿途的名胜、旅游的安全注意事项等；节假日列车可为旅客赠送节日礼品，开联欢晚会；为旅客过生日、为新婚青年开庆祝会等。通过这些活动，丰富旅客的旅行生活，使坐火车旅行成为一种享受，这些都是满足旅客高层次需求的表现。

要让旅客不仅“走得了”，更要“走得好”。例如过去铁路企业总是把春运、暑运看作是负担，把“走得了”作为铁路旅客运输的工作目标，列车里“脏、乱、差”现象一度十分严重。随着经营理念的改善，铁路部门已经把“走得了”与“走得好”结合起来，保证旅客坐上车、喝上水、吃上饭、不挨寒冻、不受暑热的同时，以整洁的车厢、完善的设施、高附加值的优质服务让广大旅客高高兴兴地到达目的地。“人性化”的服务理念将大幅度提升铁路旅客运输的竞争力。

例如，大连火车站推出了“五对五服务”，即对单独乘车、行动不便的老年旅客，提供送出站、送上车服务；对残疾、重病旅客，提供轮椅、担架和“120”陪护服务；对行动不便的孕妇旅客，提供“小红帽”无偿服务；对贵宾，提供安全、有序、顺畅的候车服务；对上下车旅客，提供安全、方便的就近登车和出站引导服务。走进大连火车站，人们能感受到铁路部门对旅客的人性关怀，这便是贯彻“人性化”服务理念的表现。

三、贯彻“无干扰”的服务理念

标准化服务是铁路的特色，“无干扰”服务是旅客的需要。为了保证旅客运输的服务质量，铁路部门长期执行的是标准化作业，列车服务人员严格按作业标准为旅客提供服务。随着铁路“人性化”服务理念的贯彻，开展“无干扰”服务的时机已经成熟。动车组旅客列车更是在运行全程落实“无干扰”服务理念。铁路部门在动车组列车上推行“四轻、三动”的无干扰服务法，“四轻”为说话轻、走路轻、关门轻、动作轻；“三动”为旅客坐我勤动，旅客静我少动，旅客睡我轻动。

“无干扰”服务理念在做到“无需求无打扰”的同时，更要注意做到在旅客有需求时，及时提供相应的服务。旅客需要的部分服务如表 1–1 所示。

表 1–1　旅客需要的部分服务

序号	项目	需要的服务	提供服务的单位
1	计划旅行	获得各种详细的信息，如时刻表、车票、目的地旅馆、市内交通等信息	铁路部门及相关单位

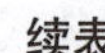

续表

序号	项目	需要的服务	提供服务的单位
2	订车票	多种便捷的售票、订票服务	铁路部门及代理机构
3	托运行李	能方便地托运行李并能委托相应机构进行门到门服务	铁路部门及相关单位
4	车站候车	舒适、安全的候车环境；便捷、安全的行李寄存服务；购物、就餐等商业活动	铁路部门及商业机构
5	上车	通过明确的指示标志，顺利进站、上车；方便地购买送人站台票	铁路部门
6	途中	舒适、安全的乘车环境；列车正晚点信息；娱乐、餐饮、办公等环境	铁路部门及餐饮机构
7	下车	准确的到站、停站信息；换乘车次信息；目的地天气、旅馆信息	铁路部门及相关单位
8	出站	通过明确的指示标志，顺利出站；方便地购买接人站台票	铁路部门
9	转乘市内交通	市内交通信息	相关单位
10	旅游或其他事宜	旅游信息或其他相关信息	相关单位

旅行中，旅客需要的服务很多，其中很多项目不是铁路部门一家能完全提供的，但对旅客来说，只要他能以最便捷的方式得到高质量的服务，他不在乎这项服务由谁提供。例如，旅客到达目的地后需要去旅游，如果旅客在车上或车站的代理点办理旅游登记能够享受到同等质量的旅游服务，对其而言，也是一种便捷的选择。为了提供全方位、全过程的客运服务，铁路企业必须与一些相关单位如公路、邮政、商业机构进行合作，方便旅客的同时，也增强了铁路部门的竞争力。

任务五　客运服务心理

任务描述：

高速铁路运输属于服务行业，高速铁路客运服务人员要做好服务工作，必须在了解旅客心理的基础上，拥有良好的心理素养。

一、旅客心理

（一）旅客旅行的心理活动

人的心理决定着人的行为。人的心理是人参与各项活动的内在动力。不同的旅客有着不同的心理。旅客选择高速铁路出行的心理与在其他场合的心理是不一样的，有其特殊性。一个人从购买车票、进站上车到到达目的地下车、验票出站，其心理活动和行为往往会与平时的表现不同，安全、顺利、快捷、方便、经济、安静等的心理要求会比较突出。进站能方便、舒适；乘车时空间较大，车内空气清新，温度适宜；乘车中能消遣娱乐，听听新闻、看看文艺节目；希望车上能够提前通报到站站名，避免坐过站、下错站；出站时导引清楚，方便快捷，这些心理的满足是与其他场合不一样的，高速铁路客运服务人员必须了解这种特殊性，才能有针对性地做好服务工作，让旅客满意。

按照人类心理活动的规律性和层次性，可以把旅客旅行心理分为两大类：生理需求心理、精神需求心理。生理需求，也称为物质需求，包括吃、住、用等方面，其要求安全、舒适、方便、卫生。人们出门在外，首先顾虑的就是身体的安全和健康，只有在安全的前提下，才能顺利进行旅行活动并到达目的地。人们离开家门时，亲人、朋友都会预祝其“一路顺风”，意思就是平平安安到达目的地。这充分表明了人们把安全需求放在头等重要的地位。如果安全的需求得不到满足，这将是无法忍受的，会导致不良情绪的产生，使旅客烦闷、焦躁不安。

精神需求，是除了生理需求之外的其他需求，精神需求要求得到别人的关心、尊重、理解。高速铁路客运服务人员的关心、理解、尊重对旅客的旅行至关重要。旅客在车站及列车上难免产生寂寞感和孤独感，需要同别人接触交谈，需要相处和谐、愉快，希望欣赏歌曲、文娱节目。特别是老年旅客、行动不方便的旅客、带小孩的旅客更需要高速铁路客运服务人员给予特别的关心和照顾。

（二）旅客的心理活动分类

1. 按自然构成分类

旅客的自然构成是指旅客性别、年龄的自然状况，如旅客按性别分男旅客、女旅客；按年龄分老年旅客、中年旅客、青年旅客、少年旅客、儿童旅客等。不同性别、不同年龄的旅客，其旅行目的、旅行需求、心理活动的表现方式等都是有区别的，应针对不同的对象，采取不同的服务方式。

2. 按社会构成分类

旅客的社会构成是指旅客在职业、种族、国籍等不同的社会因素上的差异。不同的文化素养，从事不同的职业，不同的经历和经济收入，其心理需求便不一样，心理活动的表现形式也是不一样的。高速铁路客运服务人员应按旅客的社会构成来差异性地满足旅客的不同心理需求。

（三）旅客职业心理分析与服务

在社会生活中，由于职业的不同、经济收入的不同，形成不同的心理活动和需求是很正常的，因此，应根据不同职业旅客的心理活动，提供有针对性的服务。下面对工人、农民、公务员三种职业的旅客的心理进行分析。

工人旅客组织性、纪律性较强，经济收入不高，能体谅高速铁路客运服务人员工作的辛苦，能较自觉地遵守规章，协助和支持客运服务工作。

农民旅客出门打工谋生，他们往往是成群结队出行，携带的物品比较多，由于人数众多，又爱集中出行，容易形成客流高峰。特别是第一次出门，缺乏乘坐高速列车的常识，不会使用自动售、检票机，听不懂广播的内容，高速铁路客运服务人员对他们的询问要耐心给予解答。

公务员旅客有一定的文化修养，知识面广，希望有一个整洁卫生、安静舒适的环境。他们关心服务工作，很注意高速铁路客运服务人员的服务态度、服务作风、服务水平，常常提些意见和建议。因此为他们服务时尤其要注意做到文明礼貌、热情周到。

（四）旅客共性心理

旅客共性心理主要表现在要求人和物品快捷、安全到达目的地，环境舒适，人格受到尊重等方面。

1. 要求方便快捷的心理

旅客选择高速铁路出行，主要是考虑到高速铁路方便快捷，高速铁路客运服务人员应竭尽全力满足旅客要求方便、快捷的心理。例如，高效稳妥地组织旅客上、下车及乘坐电梯，列车到达前，通告到站站名，等等，这些服务可以使旅客感到方便，心情舒畅。

2. 要求安全的心理

所谓“一路平安”就是不发生任何旅客人身安全和财物安全的意外事故，这是大家的共同愿望。安全是旅客最核心的要求，高速铁路运输企业必须保证旅客乘车时不发生行车、火灾、爆炸等事故，这就要求高速铁路客运服务人员将安全管理工作放在第一位，全力保证旅客的安全。

3. 要求环境舒适的心理

随着人们生活水平的提高，旅客出门旅行的要求越来越高，对列车卫生环境的要求也越来越高。如果车厢里是一个脏、乱、差、异味弥漫的环境，旅客自然心中不快；如果车厢里是一个清洁、卫生、舒适的环境则会使旅客心情愉快。

4. 要求人格受到尊重的心理

尊重的需要包括自我尊重和得到别人的尊重。旅客不仅需要得到高速铁路客运服务人员的服务，更需要得到尊重，不能用不礼貌的语言和行为对待旅客，需要给予旅客包括国籍、民族、风俗习惯、兴趣爱好、年龄、性别、体态特征等方面的尊重。旅客在列车上，希望听到高速铁路客运服务人员对他们的尊称；希望高速铁路客运服务人员对他们热情而有礼貌，不说粗话、不讲脏话，说话态度和蔼。对经济收入不高的旅客，高速铁路客运服务人员不能流露出丝毫看不起的神态。对生理有缺陷的旅客，高速铁路客运服务人员不能有歧视的态度，要尽量提供方便，给予同情和照顾。有过错的旅客，也希望得到高速铁路客运服务人员的谅解和尊重，因此，高速铁路客运服务人员对旅客要一视同仁，平等待客，不以貌取人，不居高临下，不盛气凌人，坚持礼貌待客，微笑服务，做到旅客上车有迎声，问事求助有回声，工作失礼有歉声。

5. 要求轻松愉快的心理

在高速铁路列车上，人员集中，活动空间有限，空气不流通，容易使人心烦和困倦。为使旅客摆脱这种心理状态，可以通过播放旅游知识节目、文艺娱乐节目等形式增加旅行的情趣，旅客不仅可以增加一些见识，而且会感到轻松愉快。

二、高速铁路客运服务人员的服务心理

（一）高速铁路客运服务人员服务的基本原则

很多矛盾冲突往往是由于双方在交往过程中缺乏彼此的尊重所造成的，比如，高速铁路客运服务人员对于有意见的旅客反唇相讥，拿旅客的言行当谈资，以貌取人等，造成旅客对服务态度的投诉等。因此，高速铁路客运服务人员首先要学会尊重旅客，把握尊重旅客、理解旅客的服务内涵，学会从旅客的角度看待和处理问题。

1. 热情待客

高速铁路客运服务人员在工作中不仅不能怠慢、排斥、挑剔旅客，而且还应积极、热情、主动地接近旅客，淡化彼此之间的戒备、抵触和对立情绪，将旅客当作自己家人看待。

2. 重视旅客

高速铁路客运服务人员对旅客的尊重应表现为真诚对待旅客，主动关心旅客的需求和感受。

3. 赞美旅客

高速铁路客运服务人员应善于发现旅客的优点并进行发自内心的赞美。从心理学的角度来讲，每个人都喜欢听赞美之词，所有人都希望自己能够得到别人的欣赏与肯定。

（二）高速铁路客运服务人员的角色定位

(1) 高速铁路客运服务人员是旅客的秘书，许多旅客对动车组设备、设施和服务内容都不够了解，高速铁路客运服务人员应该向旅客进行耐心解释和热情服务，消除旅客的疑惑，为旅客提供满意的服务。

(2) 旅客是铁路及高速铁路客运服务人员的衣食父母，高速铁路客运服务人员的工作职责就是为旅客提供满意的服务，让旅客感觉到“宾至如归”，想旅客之所想、

急旅客之所急，这样才能提升旅客的满意度和信任度。决不能对旅客不理不睬，置若罔闻。

(3) 高速铁路客运服务人员还应根据高速铁路运输行业的特点，在服务内涵方面进行准确定位，按照社会对自己所扮演的角色的常规要求、限制和看法，来对自己的形象进行设计。

（三）高速铁路客运服务人员的服务意识

(1) 服务意识是满足旅客潜在需求的服务能力。高速铁路客运服务人员要能及时、准确地发现旅客的潜在需求，主动关心旅客，学会察言观色，主动与旅客沟通，通过旅客的言行举止来发掘旅客的潜在需求，尽可能地满足旅客的要求。

(2) 积极主动地为旅客着想。高速铁路客运服务人员身负为旅客服务的责任，应该积极主动地想旅客之所想，急旅客之所急，为旅客排忧解难。

(3) 耐心周到地为旅客服务。高速铁路客运服务人员应该根据不同旅客的性格特点，耐心地为旅客办理业务、解答咨询，用心为旅客服务。

（四）高速铁路客运服务人员的服务心态

很多高速铁路客运服务人员在服务的过程中受到旅客情绪波动的影响或由于工作中不顺心的事情而影响了为旅客服务时的态度和质量，牢骚满腹，甚至将不高兴的情绪传染给所服务的旅客，这必然会对旅客的心情产生影响，导致旅客对服务工作不满意。我们应清醒地认识到为旅客服务是每一位高速铁路客运服务人员的基本职责，不应该把自己的情绪带到工作中来，不能影响铁路对外的形象。如果不积极调整自己的情绪，没有大局观念，就会直接影响到旅客对服务工作的满意度和自己的职业发展。

三、良好的心理素质及其培养训练的方法

（一）高速铁路客运服务人员良好心理素质的表现

1. 情绪控制能力

情绪控制能力包含准确认识和表达自身情绪的能力、有效调节和管理情绪的能力两个方面的内容。

当客流量大的时候，情绪控制能力较强的高速铁路客运服务人员，能保持不急不躁、不慌不忙、镇定自若、沉稳冷静的情绪进行正常工作；情绪控制能力较弱的高速铁路客运服务人员，则表现为惊慌失措、思绪混乱、顾此失彼、额头和掌心冒汗、语调失控。当客流量小的时候，情绪控制能力较强的高速铁路客运服务人员能保持良好的精神面貌；情绪控制力较弱的高速铁路客运服务人员又呈现精力难以集中、心不在焉、掉以轻心的状态。因此，高速铁路客运服务人员拥有良好的情绪控制能力是非常重要的。

2. 沟通协调能力

性格内向、孤僻、冷漠、敏感的高速铁路客运服务人员在沟通协调能力方面往往比开朗、大度、坦诚、友善的高速铁路客运服务人员要差得多。

3. 语言表达能力

语言表达能力对于高速铁路客运服务人员来说极其重要，语言是和旅客进行沟通的关键所在。有良好的语言表达能力才能为旅客更好地服务。因此，具备良好的语言表达能力是每位高速铁路客运服务人员必备的素质。

4. 良好的意志品质

1) 自我激励

无论身处怎样的境地，都应具有将自己的热情、能力调动起来形成强大动力的思想意识，只有具备这样的思想意识，才能始终保持乐观自信、积极进取的心态。

2) 对学习、工作有浓厚兴趣

无论是谁，如果他对自己所做的事情没有兴趣，他是不会主动积极地去完成这件事情的，即使有外在的压力迫使，让他不得不去做，他也不会心甘情愿地去完成任务。相反，一个人从事自己所喜欢、感兴趣的工作，即使面临再大的困难，他也会积极地想办法去解决困难，完成任务。高速铁路客运服务人员要对自己从事的高速铁路事业保持浓厚的兴趣，用积极的心态去工作。

（二）良好心理素质的培养训练方法

心理素质主要体现在人的情绪、意志品质、气质和性格等多个方面。其实，对于高速铁路客运服务人员来说，坚忍的品质是心理素质中最为重要的素质之一，什么是坚忍？即坚持加忍耐。具体来说就是不受自己情绪的干扰，不受外界眼光及言论的影响，冷静从容地做自己该做的事。不祈求奇迹、不依赖他人、不满足现状、不放弃诚信，把改变现状、达成目标的责任承担起来。培养良好的心理素质要做到以下几点。

1. 学会控制情绪

高速铁路客运服务人员在为旅客进行服务的时候可能会遇到一些刁蛮、说话粗鲁或是动手动脚的旅客，这时一定要控制好自己的情绪，一定要心平气和地对待每一位旅客。

2. 要正确地认识、肯定自己

一个人不自信主要表现在以下 2 个方面：一是缺乏成功的体验；二是缺乏客观公正地进行自我评估的能力。要抛弃自卑，就要战胜自我，战胜自我的前提是必须客观地了解自己，所谓“知己知彼，百战不殆”。高速铁路客运服务人员要为自己树立一个目标，要有坚定的信念，相信通过自己的努力能够实现这个目标，同时也要对自己有一个科学、合理的评估。

3. 克服惰性思想

一个人的惰性对于工作的消极作用是非常可怕的。无论什么样的技巧或方法，一定要付诸实践，不能纸上谈兵。我们必须克服惰性思想，要积极地去面对每一项工作。

4. 认真审视自己

要正确地审视自己的缺点，不断地提升、锻炼自己。

(1) 具有充分的适应力。

(2) 不脱离现实环境。

(3) 善于从经验中学习。

(4) 能保持良好的人际关系。

(5) 能适度地发泄情绪和控制情绪。

5. 学会与人沟通，习惯与陌生人交往

有些人害怕和陌生人接触、交往，这就是心理素质欠缺的体现。我们应该打开心扉去接受这个世界的未知，锻炼出良好的交际沟通能力和面对陌生环境的良好适应能力。旅客对于高速铁路客运服务人员来讲，绝大多数是陌生人，只有我们把他们当作自己的家人或

朋友，为旅客服务时才不会有紧张感，才能够自然而然地满足每一位旅客的需求，才不会因自己的紧张或其他原因而造成工作上的失误。

良好的心理素质是其他礼仪的基础，是每一位高速铁路客运服务人员必须掌握的基本服务素养。高速铁路客运服务人员要在日常工作、生活中通过训练来培养自己良好的心理素质。

项目二

高速铁路车站客运服务礼仪

教学目标

高速铁路车站（以下简称高铁站）是连接旅客与铁路企业的窗口，旅客在车站要完成购票、托运行李、候车、检票、出站等多个事项，车站服务是否到位直接影响着旅客的出行体验。高速铁路客运服务人员必须严格执行高铁站铁路旅客运输服务质量规范，在服务过程中有礼有节，既要熟练运用铁路行业的服务技能，又要具备良好的高铁客运礼仪风范。

知识目标

(1) 高铁站客运人员的岗位分工；

(2) 高铁站窗口售票员、检票口客运员、站台客运员、出站口客运员、问讯处客运员、贵宾室客运员、安检客运员（安检引导员、安检值机员、安检身检员、安检处置员）的服务质量标准；

(3) 高铁站现金售票、银行卡售票作业流程，互联网购票的取票作业流程，电话订票的取票作业流程；

(4) 高铁站安检引导员、安检值机员、安检身检员、安检处置员相互配合的作业流程；

(5) 高铁站始发列车站台组织流程，终到列车站台组织流程；

(6) 高铁站出站口验票流程；

(7) 高铁站贵宾室接待服务流程；

(8) 高铁站问讯处帮助重点旅客服务流程；

(9) 高铁站各岗位服务礼仪规范。

技能目标

(1) 掌握高铁站不同岗位的职责及服务质量标准；

(2) 熟悉各岗位作业流程；

(3) 掌握各种情况下的售票作业流程；

(4) 提高团队的协作能力，各客运岗位相互配合，满足旅客在车站的多种需求；

(5) 掌握安检、站台、出站口、问讯处、贵宾室等岗位的作业流程；

(6) 熟悉不同岗位的服务礼仪要求；

(7) 能够将客运服务礼仪运用于作业的全过程。

任务一　高速铁路车站客运岗位的分工及要求

任务描述：

高铁站是客流高度集中的场所，旅客在购票、候车等环节中将在车站停留较长时间，车站各岗位客运员根据各自分工不同，承担的岗位职责也不同，不同岗位客运员在工作中要遵循不同的服务质量标准。

高铁站客运工作岗位包括站长、车间主任、值班主任、客运值班员和车站客运员，其中直接为旅客提供服务的工作人员为车站客运员。通常在大中型高铁站，与旅客直接有正面接触的客运部门有售票车间、客运车间和安检车间，直接接触旅客的岗位主要有：窗口售票员、检票口客运员、站台客运员、出站口客运员、问讯处客运员、贵宾室客运员、安检客运员。安检客运员又可分为：安检引导员、安检值机员、安检身检员和安检处置员。

一、窗口售票员

窗口售票员服务质量标准如表 2–1 所示。

表 2–1　窗口售票员服务质量标准

岗位职责	服务质量标准
参加点名会： (1) 检查着装和仪容仪表； (2) 接受班前业务试问； (3) 摘抄文电、命令	(1) 穿着规定制式服装，不混搭混穿，仪容仪表整洁，女性窗口售票员化淡妆上岗，职务标志齐全完整； (2) 接受业务试问，按要求回答； (3) 明确文电、命令指示的重点事项，工作预想到位
请领找零基金	找零基金当面清点，清点正确后在找零基金登记簿上签字确认
对岗接班	列队上岗，走姿端正，经指定线路进入售票厅。做到票据交接正确，设备使用状态良好，备品齐全，环境卫生清洁
填写客货票据和进款交接班登记簿	在客货票据和进款交接班登记簿上正确填写本窗口各种票据名称、起止号、数量。字迹清楚、不潦草、不省略。新请领的票据要及时登记。客货票据和进款交接班登记簿如有书写错误，及时用红笔画双杠加盖人名章，在相应栏内的上二分之一处书写正确内容

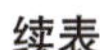

续表

岗位职责	服务质量标准
解答旅客询问	解答旅客询问时，要面向旅客、面带微笑。使用文明用语，态度和蔼、音调适宜。仔细查询、有问必答
正确发售车票	执行“问、输、收、做、核、交”六字售票法工作流程。做到无误售，认真核对，唱收，唱付，票款相符
正确办理退票	执行“看、输、核、盖、交”五字退票法工作流程。退票做到不退过期失效票，不退开车后 2 小时改签车票。银行卡购买的车票退票时，退票款退到原购票银行卡中，POS 机退款凭条商户联按时间顺序粘贴。注意识别伪票，加盖戳记，唱付清楚，退款正确，妥善保管票据不丢失
暂停作业	暂停售票前要提前向旅客做好解释工作，摆放“暂停售票”牌；售票页面切换到暂停界面；现金、票据、凭条加锁，万元现金锁入金柜。离岗超过 15 分钟以上时，退出售票程序，将窗口 LED 显示屏显示的内容更改为“停止售票”
作业纪律	执行相关规章制度和作业标准，不违章作业
结账作业	现金清点正确，凭条累计准确，准确输入金额，做到先交款后结账，结账时不准代交，交款时必须当面点清，账款相符后方可离开
班后总结	根据本班工作进行自我讲评，事实求是，有问题不隐瞒，总结经验教训

二、检票口客运员

检票口客运员服务质量标准如表 2–2 所示。

表 2–2 检票口客运员服务质量标准

岗位职责	服务质量标准
参加点名会： (1) 检查着装和仪容仪表； (2) 接受班前业务试问； (3) 摘抄文电、命令	(1) 穿着规定制式服装，不混搭混穿，仪容仪表整洁，女性检票口客运员化淡妆上岗，职务标志齐全完整； (2) 接受业务试问，按要求回答； (3) 明确文电、命令指示的重点事项，工作预想到位
对岗接班	(1) 听从客运值班员安排，列队上岗，排列有序，走姿端正； (2) 对岗交接：交清列车运行情况、设备情况、重点旅客情况、服务备品情况及其他重点要求，交接不清，接者负责
检票前准备作业	(1) 票剪、钥匙、扩音器、对讲机佩戴齐全； (2) 开车前 20 分钟到岗，对检票闸机、自动感应门、扶梯等设备设施运行情况，以及检票显示屏显示内容是否正确进行检查，确保设备设施状态良好，发现问题及时上报； (3) 组织持磁介质、软质车票旅客分别在检票闸机口和人工检票口排队，客流较大时对旅客所持的软质车票进行预剪； (4) 向旅客介绍检票闸机的使用方法，语言规范、清晰准确

续表

岗位职责	服务质量标准
组织旅客检票作业	(1) 列车开车前 15 分钟开始检票，组织持磁介质车票的旅客正确使用检票闸机进站，做好监控、防护工作； (2) 对持软质车票的旅客进行“票、证、人”核对，核对无误后加剪软质车票； (3) 维持检票秩序，严格执行开车前 3 分钟停检制度，确保旅客乘降安全和列车正点运行； (4) 引导当日当次未上车旅客办理改签并做好解释工作
解答旅客询问，向重点旅客提供服务	(1) 解答旅客询问时，面向旅客，站立回答，做到有问必答，答必正确，实行“首问首诉”负责制； (2) 清楚重点旅客情况，与站台客运员提前联系，共同配合，重点交接，保证重点旅客安全乘车
非正常情况下，实施应急处置预案，将突发情况进行上报	按规定程序进行应急处置；信息上报及时准确
(1) 清理所在工区的环境卫生； (2) 物品定位摆放	(1) 负责所在工区的环境卫生工作，确保桌椅、地面无灰尘，杂物、垃圾清倒及时； (2) 桌椅摆放整齐，工具、备品定位摆放
参加班后总结会，按照上级要求落实学习培训计划	(1) 按规定参加班后总结会，总结班中工作的不足，及时整改； (2) 按规定参加培训及业务考试，禁止迟到、早退、无故不参加； (3) 积极参加各项业务竞赛活动

三、站台客运员

站台客运员服务质量标准如表 2–3 所示。

表 2–3　站台客运员服务质量标准

岗位职责	服务质量标准
参加点名会： (1) 检查着装和仪容仪表； (2) 接受班前业务试问； (3) 摘抄文电、命令	(1) 穿着规定制式服装，不混搭混穿，仪容仪表整洁，女性站台客运员化淡妆上岗，职务标志齐全完整； (2) 接受业务试问，按要求回答； (3) 明确文电、命令指示的重点事项，工作预想到位
对岗接班	(1) 听从客运值班员安排，列队上岗，排列有序，走姿端正； (2) 对岗交接：交清列车运行情况、设备情况、重点旅客情况、服务备品情况及其他重点要求，交接不清，接者负责
检查巡视作业区域	(1) 始发列车提前 20 分钟出场，终到列车提前 10 分钟出场，确保携带对讲机、扩音器、口笛； (2) 巡视站台、线路、扶梯、台阶、出站自动感应门等关键处所，核对站台显示屏显示的内容，确保显示内容准确； (3) 发生问题及时上报，采取相应措施，保证正常运输秩序

续表

岗位职责	服务质量标准
接送列车： (1) 组织旅客乘降； (2) 站车交接； (3) 清理站台	(1) 在规定的位置接发列车并与列车长办理业务交接； (2) 组织旅客有序乘降，引导旅客到指定车厢上车，引导出站旅客经出站流线出站，并向旅客宣传扶梯、台阶的安全注意事项； (3) 用对讲机将列车进、出站信息通知综控室值班员，旅客乘降完毕后用对讲机通知出站口客运员； (4) 列车开出后及时清理站台滞留人员，维持好站内安全秩序； (5) 通知保洁人员清理站台卫生，将卫生不达标、清理不及时等情况通知客运值班员
解答旅客询问，向重点旅客提供服务	(1) 解答旅客询问时，面向旅客，站立回答，做到有问必答，答必正确，实行"首问首诉"负责制； (2) 清楚重点旅客情况，与其他岗位密切配合，为重点旅客提供相应的服务设备，必要时将重点旅客送上车、送出站
按规定程序上报非正常情况，协助客运值班员（值班主任）对突发情况进行应急处置	按规定程序进行应急处置；信息上报及时准确
(1) 清理所在工区的环境卫生； (2) 物品定位摆放	(1) 负责所在工区的环境卫生工作，确保桌椅、地面无灰尘，杂物、垃圾清倒及时； (2) 桌椅摆放整齐，工具、备品定位摆放
参加班后总结会，按照上级要求落实学习培训计划	(1) 按规定参加班后总结会，总结班中工作的不足，及时整改； (2) 按规定参加培训及业务考试，禁止迟到、早退、无故不参加； (3) 积极参加各项业务竞赛活动

四、出站口客运员

出站口客运员服务质量标准如表 2–4 所示。

表 2–4　出站口客运员服务质量标准

岗位职责	服务质量标准
参加点名会： (1) 检查着装和仪容仪表； (2) 接受班前业务试问； (3) 摘抄文电、命令	(1) 穿着规定制式服装，不混搭混穿，仪容仪表整洁，女性出站口客运员化淡妆上岗，职务标志齐全完整； (2) 接受业务试问，按要求回答； (3) 明确文电、命令指示的重点事项，工作预想到位
对岗接班	(1) 听从客运值班员安排，列队上岗，排列有序，走姿端正； (2) 对岗交接：交清列车运行情况、设备情况、重点旅客情况、服务备品情况及其他重点要求，交接不清，接者负责
检查巡视作业区域	(1) 列车到站前 5 分钟出场，巡视检票闸机、自动感应门等设备设施的状况；核对出站口显示屏显示的内容，确保显示内容准确； (2) 发现问题及时按程序上报，采取相应措施，保证正常运输秩序

续表

岗位职责	服务质量标准
组织旅客出站验票工作	(1) 引导持磁介质车票的旅客正确使用检票闸机验票出站； (2) 组织持软质车票的旅客经由人工检票口验票出站，详细确认票面到站、经由、日期、车次； (3) 要求持废票、涂改票及证票不符的旅客按章补票
按规定进行补票、补费，执行票据交接、管理、请领规定	(1) 办理补票、补费时要态度和蔼，使用文明用语； (2) 票据交接认真仔细，钱柜及时加锁，票据现金账款相符，及时上缴，杜绝票据、现金丢失和溢赔现象，票据不足及时请领
解答旅客询问，向重点旅客提供服务	(1) 解答旅客询问时，面向旅客，站立回答，做到有问必答，答必正确，实行“首问首诉”负责制； (2) 清楚重点旅客情况，组织重点旅客安全出站
按规定程序上报非正常情况，协助客运值班员（值班主任）对突发情况进行应急处置	按规定程序进行应急处置；信息上报及时准确
(1) 清理所在工区的环境卫生； (2) 物品定位摆放	(1) 负责所在工区的环境卫生工作，确保桌椅、地面无灰尘，杂物、垃圾清倒及时； (2) 桌椅摆放整齐，工具、备品定位摆放
参加班后总结会，按照上级要求落实学习培训计划	(1) 按规定参加班后总结会，总结班中工作的不足，及时整改； (2) 按规定参加培训及业务考试，禁止迟到、早退、无故不参加； (3) 积极参加各项业务竞赛活动

五、问讯处客运员

问讯处客运员服务质量标准如表 2–5 所示。

表 2–5　问讯处客运员服务质量标准

岗位职责	服务质量标准
参加点名会，对岗接班： (1) 检查着装和仪容仪表； (2) 接受班前业务试问； (3) 摘抄文电、命令； (4) 对岗接班	(1) 参加点名会，着装整齐规范，明确文电、命令指示的重点事项； (2) 接受业务试问，按要求问答； (3) 列队上岗，对岗交接：交清列车运行情况、设备情况、重点旅客情况、服务备品情况及其他重点要求，交接不清，接者负责
解答旅客询问、受理旅客诉求，进行信息上报	(1) 耐心、准确解答旅客询问，热情主动为旅客提供乘车信息，寻人、寻物启事等服务； (2) 做到提供服务有记载，信息反馈及时； (3) 解答旅客询问时，面向旅客，站立回答，做到有问必答，答必正确，实行“首问首诉”负责制
对服务备品的使用情况、旅客遗失物品情况进行登记并与综控室值班员联系，利用广播发布失物招领启事	(1) 认真、仔细对服务备品的使用情况进行登记，与综控室值班员及时联系，正确传达信息； (2) 对遗失物品进行登记保存，贵重物品及时上报，重点交接； (3) 与失主办理物品交接时，信息核对准确，做到不误领、错领
向重点旅客提供服务	清楚重点旅客情况，与其他岗位密切配合，为重点旅客提供相应的服务设备，必要时将重点旅客送进站台，送上车

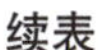

续表

岗位职责	服务质量标准
负责客运设备设施的故障报修	接到客运设备设施故障通知后，及时通知整备车间修理并进行登记、上报
参加班后总结会，按照上级要求落实学习培训计划	(1) 按规定参加班后总结会，总结班中工作的不足，及时整改； (2) 按规定参加培训及业务考试，禁止迟到、早退、无故不参加； (3) 积极参加各项业务竞赛活动

六、贵宾室客运员

贵宾室客运员服务质量标准如表 2–6 所示。

表 2–6　贵宾室客运员服务质量标准

岗位职责	服务质量标准
参加点名会，对岗接班： (1) 检查着装和仪容仪表； (2) 接受班前业务试问； (3) 摘抄文电、命令； (4) 对岗接班	(1) 参加点名会，着装整齐规范，明确文电、命令指示的重点事项； (2) 接受业务试问，按要求回答； (3) 列队上岗，对岗交接：交清列车运行情况、设备情况、重点旅客情况、服务备品情况及其他重点要求，交接不清，接者负责
接班检查	(1) 进入贵宾室检查备品、环境卫生及设备设施情况； (2) 卫生检查范围：贵宾室的沙发、电视、小桌、桌垫、消毒柜、时钟、温度计、花盆、吧台椅、地面、窗台、茶杯、茶壶、咖啡壶、咖啡杯、水杯、湿巾盘、水果盘、纸巾盒、垃圾桶、微波炉等
掌握重点任务情况，做好服务接待准备	(1) 掌握相关列车运行、股道、客流、接待人员、贵宾等情况； (2) 严格执行保密制度
执行服务接待工作	(1) 坚守岗位，严守纪律； (2) 在服务过程中遇到问题，必须请示报告，不得擅自处理
负责贵宾室环境卫生的保持、监督、清理；负责相关设备设施的操作及服务备品的请领；按要求开启、关闭贵宾室	(1) 设备、备品定位摆放，确保设备状态良好，准备好足够的饮用水，摆放当日报纸、当月期刊，将水杯进行消毒； (2) 确保贵宾室内整洁，空气清新； (3) 贵宾室使用完毕，及时进行整理，发现贵宾遗留的物品及时与有关部门联系； (4) 防止无关人员随意出入贵宾室
参加班后总结会，按照上级要求落实学习培训计划	(1) 按规定参加班后总结会，总结班中工作的不足，及时整改； (2) 按规定参加培训及业务考试，禁止迟到、早退、无故不参加； (3) 积极参加各项业务竞赛活动

七、安检客运员

1. 安检引导员

安检引导员服务质量标准如表 2–7 所示。

表 2-7　安检引导员服务质量标准

岗位职责	服务质量标准
参加点名会： (1) 检查着装和仪容仪表； (2) 接受班前业务试问； (3) 摘抄文电、命令	(1) 穿着规定制式服装，不混搭混穿，仪容仪表整洁，职务标志齐全完整； (2) 接受业务试问，按要求回答； (3) 明确文电、命令指示的重点事项，工作预想到位
对岗接班	列队上岗，检查设备状态，不信用交接，交接不清，接者负责
实名制查验车票，核对进入站内作业人员证件	提示进站旅客出示车票和有效证件，做到“四不放行”即：车票、有效证件、本人不符不予放行，公免票区间不符、无签证不予放行，不是当日有效车票不予放行，未持规定有效站内作业证件或证件与本人不符不予放行
引导旅客接受安全检查	(1) 提示进站人员接受安全检查，引导其将携带的包裹、物品放置在安全检查仪上； (2) 合理组织进站人员有序通过安检通道，安检通道内同时接受安全检查的人数不超过两人
解答旅客询问，受理旅客投诉	(1) 与旅客交谈时，站立面对对方，并保持一定距离，有问必答，回答准确，使用文明用语，实行“首问首诉”负责制； (2) 积极妥当处理、解决旅客投诉，满足旅客合理诉求
实施非正常情况下的应急处置预案并按规定的时间和程序报告	(1) 熟知非正常情况下本岗位的职责、应急处置程序及作业内容； (2) 将非正常情况发生的时间、处所、影响范围等基本情况，在 5 分钟之内向客运值班员报告； (3) 按要求对非正常情况进行记录

2. 安检值机员

安检值机员服务质量标准如表 2-8 所示。

表 2-8　安检值机员服务质量标准

岗位职责	服务质量标准
参加点名会： (1) 检查着装和仪容仪表； (2) 接受班前业务试问； (3) 摘抄文电、命令	(1) 穿着规定制式服装，不混搭混穿，仪容仪表整洁，职务标志齐全完整； (2) 接受业务试问，按要求回答； (3) 明确文电、命令指示的重点事项，工作预想到位
对岗接班	列队上岗，检查设备状态，不信用交接，交接不清，接者负责
操作台式安检仪，通过物品成像特征辨别危险品	(1) 熟练掌握各种危险品的成像特征； (2) 甄别所有过机物品的图像，做到不遗漏、不误判； (3) 对辨别不清的物品及包裹进行复查
对发现的疑似危险品通知相关岗位人员处置	(1) 发现疑似爆炸品或起爆装置，立即使用停止按钮，将可疑包裹停留在安检仪内，通知安检引导员、安检身检员、安检处置员、客运值班员、公安人员组织疏散； (2) 对其他疑似危险品，通知安检处置员进行处置

续表

岗位职责	服务质量标准
熟练掌握危险品的识别技能，检查设备运行情况，发现问题及时向客运值班员报告	严格按作业标准进行作业，及时将安检设备的故障或异常情况向客运值班员汇报
实施非正常情况下的应急处置预案并按规定的时间和程序报告	(1) 熟知非正常情况下本岗位的职责、应急处置程序及作业内容； (2) 将非正常情况发生的时间、处所、影响范围等基本情况，在 5 分钟之内向客运值班员报告； (3) 按要求对非正常情况进行记录

3. 安检身检员

安检身检员服务质量标准如表 2–9 所示。

表 2–9　安检身检员服务质量标准

岗位职责	服务质量标准
参加点名会： (1) 检查着装和仪容仪表； (2) 接受班前业务试问； (3) 摘抄文电、命令	(1) 穿着规定制式服装，不混搭混穿，仪容仪表整洁，职务标志齐全完整； (2) 接受业务试问，按要求回答； (3) 明确文电、命令指示的重点事项，工作预想到位
对岗接班	列队上岗，检查设备状态，不信用交接，交接不清，接者负责
在指定区域对进站人员进行身检	(1) 执行“男不检女”的规定； (2) 采取仪器与手工相结合的方式进行身检； (3) 顺应身体的形状，自上而下、从左至右、从前至后，通过触摸、按压，以及手持式金属探测器进行检查，用手探的方法检查藏匿的物品； (4) 安检门、金属探测器报警时，必须取出或判明金属物品后复检； (5) 重点检查的部位有肩胛、胸部、腋下、腰部、臀部、裆部、大小腿内侧、脚踝等； (6) 对旅客随身携带的危险品立即进行收缴，通知安检处置员及公安人员处置，没有携带危险品和违禁品的旅客给予放行
实施非正常情况下的应急处置预案并按规定的时间和程序报告	(1) 熟知非正常情况下本岗位的职责、应急处置程序及作业内容； (2) 将非正常情况发生的时间、处所、影响范围等基本情况，在 5 分钟之内向客运值班员报告； (3) 按要求对非正常情况进行记录

4. 安检处置员

安检处置员服务质量标准如表 2–10 所示。

表 2-10　安检处置员服务质量标准

岗位职责	服务质量标准
参加点名会： (1) 检查着装和仪容仪表； (2) 接受班前业务试问； (3) 摘抄文电、命令	(1) 穿着规定制式服装，不混搭混穿，仪容仪表整洁，职务标志齐全完整； (2) 接受业务试问，按要求回答； (3) 明确文电、命令指示的重点事项，工作预想到位
对岗交接	列队上岗，检查设备状态，不信用交接，交接不清，接者负责
按要求进行开包检查	(1) 开包前应有公安人员在场； (2) 查包时态度和蔼、使用文明用语； (3) 对旅客的包裹要轻拿轻放； (4) 开包检查时，尽量请旅客自行打开包裹； (5) 旅客自行打开包裹后，公安人员站在被检查人旁边后，开始进行检查； (6) 查包时应从外到内、从上到下、逐一检查； (7) 须将包裹重新过机时，引导旅客自行将包裹放在安检仪上； (8) 对查获的危险品做好登记并交公安人员处置； (9) 对查验的物品不试、不尝、不触动、不损坏； (10) 确认无危险品后，按查包前包内物品摆放的位置复位，交还旅客
登记查扣的危险品	在危险品检查登记簿、暂存危险品登记簿上详细登记危险品的发现时间、地点，查获人的姓名，旅客的姓名、性别、联系电话，查获物品的品名等相关信息，由旅客签字确认放弃后，在物品上粘贴便笺（便笺记载内容为查获人的姓名、发现时间、旅客的姓名等信息）
掌握各种爆炸、易燃等危险品的处置程序，做到妥善处理	(1) 遇到突发事件要立即通知公安民警进行处理； (2) 协助安检引导员做好旅客疏散工作； (3) 必要时，打开防爆桶及防爆毯，做好危险品的应急处置

任务二　高速铁路车站客运服务流程

任务描述：

在掌握高速铁路车站各客运岗位服务质量标准的基础上，本任务要求掌握售票、检票、站台、出站口、问讯处、贵宾室、安检各岗位的作业流程。高速铁路客运服务人员只有熟悉这些作业流程，才能更好地为旅客服务。

一、售票作业流程

售票作业要严格执行相关作业标准（“六字售票法”），即：问、输、收、做、核、交。

(1) 问。问清旅客购票方式（使用现金还是银行卡）、乘车日期、车次、发到站、票种、席别、张数、支付方式。

(2) 输。输入旅客乘车日期、车次、选择发到站、票种、席别及张数。

(3) 收。收取旅客购票票款后认真清点并与旅客认真核对票面信息（乘车日期核对采用 24 小时制）。

(4) 做。打印车票，如果旅客选择银行卡购票，则按 Ctrl+4 键后进行银行卡支付操作，打印 POS 机凭条，将经旅客签字的 POS 机凭条的商户联粘贴到 POS 机凭条粘贴单上留存。

(5) 核。核对票面上的上、下票号是否一致和价格是否正确，发现票号不一致的车票或证件号码错误应及时改正。

(6) 交。将旅客购票时使用的证件、车票、余款（银行卡、POS 机凭条的持卡人联）一起交给旅客。

1. 办理现金购票作业流程

(1) 做好售票准备，主动向旅客问好，使用文明用语。

(2) 问清旅客购票信息，如乘车日期、车次、发到站、票种、席别、张数等，向旅客宣传可以购买往返票、联程票。按旅客要求，认真查找条件相符车次的余票。将所查到的票数情况告知旅客，征求旅客意见。在票数不足的情况下，向旅客推荐其他适合的车次。

(3) 按顺序在计算机内录入旅客购票信息，包括乘车日期、车次，发到站、票种、席别、张数等，与旅客核对票面的详细信息，确认信息正确，选择现金支付。

(4) 按计算机显示金额，收取票款。使用验钞机验证人面额票款的真伪，向旅客唱报所收票款数额。

(5) 将收到的票款数额输入计算机。再次与旅客核对车票信息、所交款额后，打印车票。

(6) 确认票面上、下票号一致，票面不完整的车票禁止出售。

(7) 将找零款和票面数额告知旅客，旅客无异议后，将旅客购票时使用的证件、车票及找零款交予旅客。

(8) 将所收票款按面额分类，放入抽屉。百元票款达到一万元时，将百元票款锁入保险柜。

2. 办理银行卡购票作业流程

(1) 做好售票准备，在POS机上进行签到，确保本人的工号与POS系统显示的工号相同。主动向旅客问好，使用文明用语。

(2) 了解旅客购票信息，如乘车日期、车次、发到站、票种、席别、张数等，向旅客宣传可以购买往返票、联程票。按旅客要求，认真查找条件相符车次的余票。将所查到的票数情况告知旅客，征求旅客意见。在票数不足的情况下，向旅客推荐其他适合的车次。发售异地票时，提示旅客要用现金支付每张车票 5 元的异地手续费。

(3) 按顺序在计算机内录入旅客购票信息，包括乘车日期、车次、发到站、票种、席别、张数等，与旅客核对票面的详细信息，确认信息正确，按 Ctrl+4 键后进行银行卡支付操作。

(4) 在 POS 机上进行刷卡操作后，提示旅客输入密码，并将打印的 POS 机凭条交给旅客签字后收回。

(5) 再次与旅客核对车票信息、所扣票款后，打印车票。

(6) 确认票面上、下票号一致。票面信息不完整的车票禁止出售。

(7) 将消费金额告知旅客。将旅客购票时使用的证件、车票、银行卡、POS 机凭条的持卡人联交予旅客。

(8) 将有旅客签字的 POS 机凭条的商户联粘贴到 POS 机凭条粘贴单上。本班次结束后将 POS 机凭条粘贴单上交。

3. 办理互联网购票的取票作业流程

(1) 做好售票准备，主动向旅客问好，使用文明用语。

(2) 问清旅客订票时使用了哪种订票方式，确认旅客采用的是互联网购票方式。查看旅客递交的取票证件是否是有效证件。

(3) 按 Alt+Y 键进入合同制票界面，选择“取网上订票”。将旅客身份证放在识别器上按 F7 键读取信息，旅客同一订单中有多张车票时，请旅客提供相对应的有效身份证原件。如旅客提供二代身份证原件以外的其他证件，请旅客出示订单号，将订单号与证件号一起输入系统。

(4) 获取旅客所订车票信息后，按回车键确认，界面出现旅客所订车票信息。根据旅客要求，选择旅客当次要取的车票或全部车票。与旅客核对票面的详细信息，确认信息正确后制票。换取异地票时，收取每张票 5 元的异地手续费。

(5) 与旅客核对张数、到站、车次等信息，将取票证件和车票交予旅客。

4. 办理电话订票的取票作业流程

(1) 做好售票准备。主动向旅客问好，使用文明用语。

(2) 问清旅客订票时使用了哪种订票方式，确认旅客采用的是电话订票方式。查看旅客递交的有效身份证件原件。

(3) 按 Alt+Y 键进入合同制票界面，选择“取普通票”。将旅客身份证放在识别器上按 F7 键读取信息。旅客同一订单中有多张车票时，请旅客提供相对应的有效身份证原件。

如旅客提供二代身份证原件以外的其他证件，请旅客出示订单号，将订单号与证件号一起输入系统。

(4) 获取旅客所订车票信息后，按回车键确认，界面出现旅客所订车票信息。根据旅客要求，选择旅客当次要取的车票或全部车票。与旅客核对票面的详细信息，确认信息正确。根据计算机显示金额向旅客收取票款，旅客可使用现金或银行卡支付。将收到的票款数额输入计算机或进行刷卡操作。再次与旅客核对车票信息、所交款额，确认无误后制票。

(5) 将取票证件、车票及找零款（银行卡，POS 机凭条的持卡人联）交予旅客。

(6) 将所收票款按面额分类，放入抽屉。如为刷卡方式取票，则将有旅客签字的 POS 机凭条的商户联粘贴到 POS 机凭条粘贴单上。本班次结束后将 POS 机凭条粘贴单上交。

二、检票作业流程

(1) 检票口客运员在列车开车前 20 分钟列队到达检票口，每组闸机 2 人，检查检票闸机、自动感应门、扶梯、检票显示屏等设备的状态。

(2) 检票口客运员利用区域广播向旅客介绍检票闸机、自动扶梯等设备的使用方法和安全注意事项，引导持软质车票和磁介质车票的旅客分别排队，引导重点旅客到队列前方优先检票进站。

(3) 旅客服务系统在列车开车前 18 分钟，广播播放检票准备信息，检票显示屏显示准备检票信息。

(4) 列车开车前 15 分钟，旅客服务系统播放开始检票广播，每 5 分钟循环播报一次，检票显示屏显示开始检票信息，客运值班员核对检票闸机操作终端是否处于检票状态。

(5) 检票口客运员利用对讲机通知站台客运员检票开始，用语：“× 站台，× × 次列车开始检票”，站台客运员回答：“× × 次列车开始检票，× 站台明白。”

(6) 检票口客运员进行检票作业，引导旅客正确使用检票闸机，推荐携带大件行李的旅客经大件行李闸机检票进站；引导持软质车票旅客经人工检票口检票进站，核对票面信息后加剪。

(7) 列车开车前 3 分钟，旅客服务系统播放停止检票广播。检票口客运员核实检票闸机处于关闭状态、检票显示屏显示停检信息，对人工检票口进行加锁后，停止该次列车检票作业。

(8) 停检后，检票口客运员在检票口值守，对当日当次未上车旅客，阻止其进站，并引导其到售票处办理改签或退票手续。

(9) 检票口客运员接到站台列车开车的通知后，检查设备设施状态，通知保洁人员对相关区域的环境卫生进行清理，列队退岗。

三、站台作业流程

1. 始发列车站台作业流程

(1) 列车开车前 20 分钟，站台客运员携带对讲机、扩音器、口笛出场，出场的站台客运员不少于 2 人（具体出场位置由各站自定）。

(2) 站台客运员出场后，检查线路、站台、扶梯有无异状，站台显示屏、时钟显示是否正确，及时消除安全隐患。

(3) 列车发车前 15 分钟，检票口客运员通知站台客运员开始检票，站台客运员站在指定地点立岗引导旅客。

(4) 站台客运员对搭乘扶梯的旅客进行安全宣传，引导旅客前往相应的车厢位置。

(5) 就重点旅客和重点工作与列车长办理交接。

(6) 接到检票口客运员停止检票通知后，站台客运员提醒还未上车的旅客及时上车，通知列车长本次列车停止检票。

(7) 有上水作业和高铁快件运输作业的列车，站台客运员在确认作业完毕后，通知列车长相关作业完毕。

(8) 列车关闭车门后，站台客运员足踏安全白线，面向列车，发现异状，及时处置。

(9) 列车开车后，站台客运员身体随列车运行方向转动，目送列车出站。确认列车驶出站台后通知客运值班员、检票口客运员该次列车已经开出。

(10) 列车驶出站台端部后，站台客运员对站台进行巡视，清理站内滞留人员，列队退岗。

2. 终到列车站台作业流程

(1) 站台客运员于列车到达前 10 分钟出场，准备接车。

(2) 站台客运员出场后，检查线路、站台、扶梯有无异状，站台显示屏、时钟显示是否正确，及时消除安全隐患。

(3) 列车进站后，利用对讲机通知综控室值班员列车到达时间，通知出站口客运员做好出站检票准备。

(4) 与到达列车列车长办理交接。

(5) 引导旅客经由出站流线出站，对重点旅客重点照顾。

(6) 确认旅客全部离开站台后，利用对讲机通知出站口客运员。

(7) 清理站台。

四、出站口验票作业流程

(1) 列车到站前 5 分钟，出站口客运员检查检票闸机、自动感应门、扶梯等设备设施情况，核对出站口显示屏的显示内容是否正确，及时消除安全隐患。

(2) 接到站台客运员通告的列车进站信息后，出站口客运员在指定位置立岗迎接旅客出站。

(3) 旅客出站时，出站口客运员向持磁介质车票的旅客宣传检票闸机的使用方法，引导旅客通过检票闸机验票出站，对持软质车票的旅客引导其经由人工验票口出站并仔细查验车票。

(4) 对无票人员和旅客违章携带物品办理补票、补费手续。办理补票、补费手续时，通知客运值班员安排人员替岗。

(5) 出站口客运员在验票的同时要关注检票闸机的使用状态，发现问题及时处理，个人无法处理的问题，立即向综控室值班员报告。

(6) 出站口客运员接到站台客运员发出的下车旅客已全部离开站台的通知后，组织全部旅客验票出站，将出站口进行锁闭。及时通知保洁人员对出站区域进行清扫。

五、问讯处接待重点旅客作业流程

(1) 问讯处客运员接到重点旅客接待任务后，及时掌握重点旅客所乘列车车次、需要帮助情况等信息并向客运值班员报告。

(2) 重点旅客需要使用轮椅时，问讯处客运员要及时登记、提供轮椅（有送站人员时按规定办理相关手续，收取身份证或押金）并按客运值班员的指示将重点旅客安排到指定地点候车，重点监控，做好服务。

(3) 问讯处客运员掌握重点旅客所乘列车的运行情况，提前协助家属将重点旅客引导到检票口。

(4) 检票口客运员与站台客运员进行沟通，经站台客运员同意后提前组织重点旅客检票进站，同时做好防护工作，保证旅客乘降安全。

(5) 站台客运员就重点旅客与列车长进行重点交接。站车交接认真仔细，不漏项，手续齐全，互有签字。

(6) 办理站车交接后，站台客运员将轮椅收回，无接发列车作业时送回问讯处。

六、贵宾室接待服务作业流程

(1) 客运值班主任接到贵宾接待任务通知后，通知贵宾室客运员提前开展准备工作。贵宾室客运员着装整齐规范，举止大方，表情自然，女性贵宾室客运员化淡妆上岗，笑迎笑送，手势引导标准。

(2) 贵宾室客运员提前立岗（三级专运提前 1 小时上岗、二级专运提前 1 小时 30 分钟上岗、一级专运提前 2 小时上岗）。对贵宾室进行彻底清扫，消除死角，做到窗明地净，四壁无尘。确保贵宾室灯光明亮（如有灯具损坏，迅速报修）。贵宾室卫生间可喷洒少量空气清新剂，贵宾用的毛巾要进行消毒。贵宾室客运员要提前将灯、空调、电视打开，备足开水、泡好茶。

(3) 贵宾室客运员要确保相关备品齐全，使用状态良好，迎接、引导贵宾进入贵宾室后进行供水服务。

(4) 贵宾室客运员要随时关注危险隐患，做好普通旅客的引导工作，防止普通旅客的行进路线与贵宾的行进路线产生交叉，警惕一切可疑情况。

(5) 贵宾室客运员要及时掌握列车运行情况，随时答复贵宾提出的与列车运行相关的问题。按贵宾指示，不需要工作人员在室内时，可关门后到门口立岗。

(6) 接待任务结束后，贵宾室客运员立岗恭送贵宾，客运值班主任将贵宾送到站台乘车。

(7) 贵宾室客运员检查有无贵宾遗留的物品并通知保洁人员清理环境卫生。

七、安检作业流程

(1) 安检引导员负责对进站旅客所持的车票及证件进行实名制审核，查验“票、证、人”是否相符。若相符，请旅客接受安全检查；若不相符，则拒绝其进站并告知旅客相关的政策规定。

(2) 安检引导员引导旅客将携带品自行按顺序摆放在传送带中间以接受安全检查，向旅客宣传安全常识及携带危险品进站上车的危害性，确保旅客在接受检查时不堵塞安检通道。

(3) 旅客通过安全门发生报警时，安检身检员使用手持式金属探测器对旅客进行身体的全方位探查，手持式金属探测器报警时对应的部位要进行触摸检查，防止旅客携带（藏匿）危险品或违禁品，身检作业要严格遵守“男不检女”的规定。

(4) 安检身检员自上而下、从左至右、从前至后采取仪器与手工相结合的方式进行身体检查，采取眼睛观察和手触摸的方法排除疑点。对肩胛、胸部、腋下、腰部、臀部、裆部、大小腿内侧、脚踝，以及上、下衣口袋、裤兜等部位进行重点检查。

(5) 检查完毕后，对没有携带危险品和违禁品的旅客给予放行；对检查中发现的携带危险品及违禁品的旅客，应当区别情况处理。对明显存在藏匿、夹带危险品和违禁品意图的旅客，应当视为故意藏匿，交公安民警依法处理；属于其他非故意情况的，进行宣传教育。

(6) 安检值机员通过安检仪，准确甄别旅客携带包裹内的物品，对危险品、违禁品和管制器具等物品进行辨别，发现可疑物或疑似危险品时，立即通知安检处置员进行开包检查。

(7) 安检处置员对疑似装有危险品、违禁品的包裹要进行开包检查。手工开包检查时，一般由旅客自己打开包裹，安检处置员查看包裹内的物品是否属于危险品或违禁品，无法判明性质时可拒绝旅客携带不明性质的物品进站上车。

(8) 在检查中严格执行“手工开包、女包女检”的规定，手工开包检查要从外到内、从上到下，逐一检查每件物品，以排除疑点。包裹内的物品要轻拿轻放，检查完毕后逐个复原。

(9) 安检处置员对查出的危险品进行处置时，要认真填写危险品检查登记簿和暂存危险品登记簿，详细登记危险品的发现时间、地点，查获人的姓名，旅客的姓名、性别、联系电话、查获物品的品名等相关信息，由旅客签字确认放弃后，在物品上粘贴便笺（便笺记载查获人的姓名、发现时间、旅客的姓名等信息）。要妥善保存危险品检查登记簿、暂存危险品登记薄。

(10) 对查出的管制器具等危险品，立即交由公安人员进行处理，同时填写违禁物品收缴单。

任务三　高速铁路车站服务礼仪规范

任务描述：

高速铁路车站服务分为有形服务和精神服务。有形服务如车站售票、检票、广播宣传、卫生清扫、出站引导等，而精神服务指高速铁路客运服务人员在工作过程中带给旅客的精神感受。在掌握高速铁路车站旅客服务质量标准及作业流程后，必须掌握高速铁路车站服务礼仪的规范和要求，才能让旅客感受到更好的精神服务。

相关知识

高速铁路车站客运服务人员提供的精神服务表现在工作人员的仪容仪表、言谈举止、工作态度、职业道德、个人修养等多个方面。在牢记旅客服务质量标准，掌握职业技能的基础上，还必须在工作中展现出礼仪风范。高速铁路车站服务礼仪规范包括以下几个方面。

一、售票服务礼仪规范

售票车间由多个岗位组成，如进款、票库、计划管理、窗口售票等。其中窗口售票员是直接与旅客接触的岗位，其在售票过程中的服务礼仪是否到位，直接影响着旅客对铁路售票工作的评价。

(1) 窗口售票员上岗时应穿统一制服。穿着铁路制服要整洁、得体、规范；鞋袜、领带等要佩戴整齐；胸卡、肩章等服务标志要正确佩戴在指定位置。男性窗口售票员不留长发、胡须，女性窗口售票员发不过肩，不披头散发。

(2) 窗口售票员坐姿应规范，售票时应用亲切、大小适中的声音向旅客问好，同时准确地为旅客售票。如遇售票高峰，应用简练的语言配合熟练的电脑操作，快捷而准确地售票，以减少旅客排队等候的时间。

(3) 售票时，应做到热情周到。对反复问话、耽搁较多时间的旅客，不要表现出厌恶情绪，不能对旅客说："到底买不买？不买别碍事！"或者干脆说："没有了！卖完了！不知道！"，把旅客打发走，这会给旅客留下极坏的印象。严禁与旅客发生口角，这样做会对铁路企业形象带来严重损害。

(4) 如果旅客没听清自己所讲的话，应加大一点音量并稍加解释。如果听不清楚旅客所讲的话，可以把纸笔递给他，让他把相关要求写在上面，以免误售车票。

(5) 客流量较大、票额紧张、某车次车票已售完时，应替旅客着想，向旅客推荐其他车次，可对旅客说："对不起，× × 车次已售完，但去往上海方向的还有 × × 次车，时间都差不多，您可以考虑一下。"或者说："对不起，去往上海方向的车票已全部售完，您可以选择在南京中转。"

二、安检服务礼仪规范

实名制验证及"三品检查"工作对于维护车站及列车安全有着至关重要的作用，不得有丝毫怠慢。许多旅客在安检的过程中经常会有不耐烦、不理解的情绪，因此安检工作必须更加重视服务礼仪规范。

(1) 安检引导员应采用规范的站姿立岗，使用文明用语，请旅客主动出示有效身份证件及车票，同时主动伸手帮旅客把大包、重包放到安全检测仪上或抬到桌上进行检查。

(2) 根据客流情况对旅客予以分流，以便旅客能够尽快接受安检。引导前一位旅客安检的同时，提醒下一位旅客做好准备，以加快安检工作速度。

(3) 安检过程中，对旅客携带物品有疑问时，安检处置员不要当着其他旅客的面检查包内的违禁品，应把包拿到处置台进行开包检查。

(4) 安检处置员查包时态度应和蔼，使用文明用语。查包时对旅客的包裹要轻拿轻放，以免损坏。查包时应尽量由旅客自行打开，女包女检。安检处置员查包时，应有公安人员在场监督。

(5) 安检处置员若发现违禁品，应保持平和的心态，耐心、和蔼地向旅客详细指出哪些物品属于违禁品，及时将违禁品没收，严禁旅客将违禁品带进站、带上车。若未发现违禁品，应当立即对旅客的支持表示感谢。

(6) 安检处置员查包完毕后，要将包内物品按照原来的摆放顺序复原并拉好拉链，再主动将包裹交给旅客。

(7) 安检身检员使用手持式金属探测器对旅客进行全方位探查，对手持式金属探测器报警时所对应的部位要进行触摸检查，要严格执行"男不检女"的规定。

(8) 如果因安检各岗位人员工作不慎而损坏了旅客的物品，要立即向旅客赔礼道歉，同时承担赔偿责任。

(9) 安检完毕后，应向旅客表示感谢，说："对不起，给您添麻烦了，祝您旅途愉快，再见。"

三、检票服务礼仪规范

(1) 检票口客运员应及时掌握列车运行情况，积极配合车站广播室及时、准确、清楚地通告列车运行情况，语言温和、语速适中，让旅客做到心中有数。

(2) 检票时应组织好检票秩序，提前在检票口挂出指示牌并通过电子引导装置将检票信息不间断地显示，可采取分段检票、分行检票等方式组织检票，使检票作业井然有序、安静、文明。

(3) 检票时，应做到“一看，二唱，三剪下”，动作要干净利落。与旅客对话时，要注意微笑面对旅客，说话语气要平和，吐字要清楚，态度要和蔼。注意使用文明用语，对旅客说：“您好，请出示您的车票。”

(4) 如果发现个别旅客扰乱检票秩序，应用和蔼的语气劝阻他：“对不起，这位先生（女士），请您排队检票。”切记大声呼喊、训斥、推搡旅客，对于少数屡劝不止的旅客，必要时可以用手或身体挡在他的前边，态度严肃、语气坚定地进行劝阻。

(5) 如果几个旅客的票全由一人拿着，而这个人又走在最后面，可委婉地说：“请问几位的车票在谁手中？别着急，让我先核对一下车票再走，好吗？”

(6) 检票后，主动把车票递到旅客手中，不要等旅客到你手中来取。交还车票时可以说：“拿好您的车票，请慢走。”

(7) 停检后，遇匆忙赶来的旅客应制止其强闯检票口，同时用和蔼亲切的语气耐心地予以安慰，可帮助旅客出主意：“先生（女士），您别着急，您改乘 ×× 次列车同样可以到达。您可以去售票处办理改签手续。”切不可对旅客刻薄、生硬地埋怨，甚至冷嘲热讽。

四、问讯服务礼仪规范

问讯处是旅客求助的中心，应为旅客提供整洁明亮的问讯环境和设施先进的问讯设备。问讯处尽量采用“开放式”的设计，让旅客与服务人员面对面进行交流，有条件的车站还应安装触摸式电子查询设备，供旅客自助查询。另外，问讯处还应提供丰富的问讯资料供旅客翻阅。

(1) 问讯处客运员应统一穿着铁路制服，衬衣下摆不外露，制帽、职务标志佩戴规范（女性问讯处客运员还可佩戴白手套、头花）；头发整齐，精神饱满，面带微笑，服务期间采用标准站姿。男性问讯处客运员不留胡须，不佩戴任何金银首饰和装饰品，女性问讯处客运员不化浓妆。

(2) 旅客走来时，应面带微笑地正视旅客并彬彬有礼地问上一句：“您需要帮助吗？”这有利于消除旅客的焦虑和不安情绪，双方可在融洽的氛围中交流。

(3) 其他岗位人员面对旅客询问时，应热情地回答旅客的提问。各岗位人员在车站内行走时遇到旅客问讯，应停下脚步，面带微笑，关切地问旅客：“先生（女士），您有什么事需要我帮忙吗？”

(4) 面对旅客的询问，应正视旅客，全神贯注地倾听。注意不要随便打断对方的问话，让对方把话讲完。需要插话时，应当在对方讲话告一段落后再进行。不要直接否定对方的讲话，更不要“抬杠”，如果没有听清旅客的问话应说：“对不起，请您再说一遍，好吗？”

(5) 回答询问时要使用普通话，声音大小适中，语气要温和、耐心、愉快，回答内容要准确。应注意对旅客一视同仁，不以貌取人，以丰富的业务知识和自己的热情与真诚来赢得每位旅客的信任。当旅客向你表示感谢时，应微笑并谦逊地回答：“不用谢，这是我应该做的。”

(6) 解答旅客询问，不知道的事项或不确定的事项不要信口开河，也不能敷衍应付旅客。

应严格执行“首问首诉”负责制的规定，解答或解决问题直到旅客满意为止，做到问讯工作的有始有终。

(7) 当旅客咨询站外地点的方位时，如果你知道，应清楚、详细地告诉对方怎么走，必要时可以画一张路线图。

(8) 问讯处客运员在问讯服务中，应做到百问不厌、百问不倒。熟练掌握本岗位业务基础知识，多总结、多积累其他相关岗位的业务知识，对交通、旅游、购物、餐饮、住宿、医疗等相关延伸知识也应多收集、多了解，这样才能更好地为旅客服务，想旅客之所想，急旅客之所急，做到“问不倒，问不恼”。

(9) 如果有多位旅客咨询，应从容不迫地一一作答，不能只顾一位旅客，冷落了其他旅客。凡是答应旅客随后再作答复的事，一定要守信用，适时作出答复。

五、候车大厅服务礼仪规范

高速铁路车站候车大厅应保持整洁明快、清新高雅的候车环境，为此应讲究卫生宣传的艺术，让旅客自觉维护环境卫生。高速铁路车站是无烟车站，全站禁烟，须劝阻吸烟旅客到站外吸烟。旅客候车的过程中，高速铁路客运服务人员在为其提供候车服务时，要注意以下礼仪规范。

(1) 遇到乱扔垃圾、破坏公物的旅客，要用文明的语言进行劝阻。让旅客感受到你对他的尊重。

(2) 在劝阻吸烟旅客时，要和颜悦色地说：“对不起，先生，本站是无烟车站，请您到站外吸烟，好吗？”然后利用手势为其指明方向，请求其配合。

(3) 通过广播宣传相关规定时，忌使用生硬的语气，如“根据 ×× 部门的规定，一不准……，二不准……，否则罚款”。这种生硬的语气让人听后感觉很不舒服，甚至会使旅客产生逆反心理。

(4) 可利用广播、电子指示屏等途径，进行候车服务引导，及时告知、引导旅客提前到达指定的候车、检票地点。特殊情况下，高速铁路车站客运服务人员可走到旅客的身边，主动迎候旅客，随时为他们提供服务，指引他们前往准确的检票口，这会让旅客感到铁路职工训练有素、值得信赖。

(5) 在候车厅中，由于旅客较多，为便于排队检票，应把握“三条线”，即两边椅子上坐着的旅客成两条线，中间过道上摆放的行李成一条线，这样给人整齐划一、井然有序的感觉。

六、贵宾室服务礼仪规范

(1) 对贵宾的服务应有度，既给服务对象足够的空间，又不能让服务对象找不到人。若贵宾不需要贵宾室客运员留在室内，贵宾室客运员可在贵宾室门外等候。

(2) 引导贵宾时，一般走在贵宾前方左侧，与贵宾保持 1 米左右的距离，自己走在通道边缘，让贵宾走中间，避免背部挡住贵宾视线。拐弯时，要先放慢步伐或停下来，回头并以手势配合说“请这边走”。走到阶梯处或有门槛的地方要提醒贵宾注意，说“请脚下留意”或“请当心”。

(3) 针对贵宾的服务语言要突出“礼”字，具体要求如下。

① 待客三声：来有迎声（主动问候）；问有答声（有问必答，按时回答，如实回答）；去有送声。

② 待客“四个不讲”：不尊重对方的语言不能讲；不友好的语言不能讲；不客气的语言不能讲；不耐烦的语言不能讲。

(4) 和贵宾相遇时应立即起身、面带微笑、主动问候。在和贵宾交谈时，应首先主动介绍自己，表情要自然，面带微笑。声音的好坏不仅在于音质，更在于说话人的态度、语气和语速，要采用明确而亲切的说话方式。

七、出站服务礼仪规范

旅客到站后，出站工作成为高速铁路旅客运输的最后一步。高速铁路车站客运服务人员贴心的服务，文明的礼仪，将会为旅客的旅行画上圆满的句号。出站服务主要由高速铁路车站站台客运员和出站口客运员承担。

(1) 多数旅客刚下车时很难辨别方位，除通过广播适时宣传引导外，站台客运员应在刚下车旅客的身边，随时为旅客指明正确的出站方向，指示方向时四指并拢，掌心向上。

(2) 站台客运员应保持出站通道的宽敞、明亮和站台的平坦、干净，积极疏导出站人群，对一些携带品较多或行走不便的旅客，应主动帮助、搀扶，以保证出站队伍井然有序，下车旅客快捷出站。

站台客运员帮旅客拿行李要得到旅客的允许，并走在旅客身边，与旅客保持同速，以免被旅客误解。

(3) 出站口客运员在出站口查验车票时，应着装整洁、精神饱满地站在岗位上，向旅客微笑致意，同时主动伸手去接车票，不要等旅客把车票递到自己的身前才去接，更不能让旅客把车票举到自己的眼前，这样做是对旅客的不尊重。

(4) 旅客索要车票用于报销时，应及时将车票交还旅客。注意不要毁坏印有票价的部分。对旅客不要的车票，应及时收回，以免流失。

(5) 发现旅客没有车票想混出车站时，不应大喊大叫、尖酸刻薄地训斥、挖苦；也不要用力拉拽或推搡旅客。可以用手或身体礼貌地挡住他，声音平和、语气委婉地请他到补票处去补票。

(6) 遇见儿童超高须补票的情况，一定要先量儿童的身高，确定儿童超高再办理补票手续。测量儿童身高要先征得家长的同意，千万不可自行拉儿童去测量身高。发现超高儿童时，可以主动走到儿童的身旁，弯下腰关切地问：“你叫什么名字？今年多大了？从哪里来呀？”，以消除儿童的害怕和紧张情绪。征得家长同意后，可以拉着儿童的手说，“小朋友，叔叔（阿姨）领你去量一下身高好吗？”如果儿童确实超高了，就应跟他的家长说：“您看，您的孩子非常健康，已经长这么高了，该买儿童票（成人票）了。”

(7) 补票时，应和颜悦色地用通俗易懂的语言描述相关的补费规定并准确地说出应收费用，该补多少就补多少，不能含糊其辞。向旅客解释的时候态度要耐心、亲切，不可表现出傲慢或不耐烦的情绪。

(8) 旅客没钱补票或不愿意补票时，应注意避免与旅客争吵，更不能拿旅客的物品做抵押或接受旅客的赠品。碰上蛮不讲理的旅客，可把他请到值班室，耐心和蔼地向他解释相关规定，等到他心平气和时再补票（补费）。必要时可请公安人员出面处理问题，尽量避免与旅客产生摩擦，激化矛盾。

项目三

动车组乘务服务礼仪

教学目标

列车客运服务是铁路旅客运输的重要环节，动车组列车是我国目前最先进的旅客列车，动车组乘务服务人员要为旅客提供优质的服务，展现动车组乘务人员的礼仪风采，维护铁路企业的良好形象。

知识目标

(1) 动车组乘务人员的构成及岗位职责；
(2) 动车组乘务服务的总体要求；
(3) 动车组列车长服务质量标准；
(4) 动车组列车员服务质量标准；
(5) 动车组餐服员、乘服员服务质量标准；
(6) 动车组客运服务礼仪；
(7) 特殊旅客服务礼仪。

技能目标

(1) 掌握动车组乘务人员的岗位职责；
(2) 能够按照乘务服务的总体要求为旅客服务；
(3) 牢记动车组乘务各岗位在不同环节的服务质量标准；
(4) 熟练掌握列车长、列车员在服务中的责任和要求；
(5) 能够按照服务标准为旅客提供餐食服务；
(6) 能够按照动车组服务礼仪规范的要求文明服务；
(7) 能够在服务过程中做到无微不至；
(8) 能够针对不同旅客的特点，提供个性化的服务。

任务一　动车组乘务人员的构成及岗位职责

任务描述：

动车组列车乘务服务面临着客流量大、旅客要求高等情况，在这种情况下要服务好旅客，须动车组乘务人员密切配合，各司其职。那么动车组乘务工作由哪些人员负责？他们各自承担怎样的职责？动车组乘务服务的总体要求又是什么？本任务将对以上知识进行具体介绍。

动车组列车乘务人员应牢固树立“以服务为宗旨，待旅客如亲人”的服务思想，全面落实动车组列车服务质量规范和各项便民、利民的服务措施，不断促进客运管理的专业化、规范化、科学化，全面提升高速铁路动车组列车客运服务的质量。动车组乘务人员由客运、车辆、公安人员组成，具体包括列车长、列车员、乘服员、餐服员、随车机械师、乘警、列车司机。列车的乘务工作由列车长统一领导，车辆、公安、乘务岗位按照各自的职责规定，配合列车长共同做好列车乘务工作。动车组旅客列车上直接面向旅客服务的岗位主要有列车长、列车员、餐服员和乘服员。

一、动车组乘务人员岗位职责

1. 列车长岗位职责

(1) 领导和督促动车组工作人员按各自的工作分工和作业标准，开展旅客服务工作，确保服务质量和旅客安全。

(2) 服从调度员的指挥，完成上级布置的各项工作任务，负责协调和处理列车运行中的相关事务。

(3) 组织召开乘务班组出、退乘会。

(4) 组织进行列车上部设备设施的检查，全面掌握列车上部设备设施的情况。

(5) 监督、检查列车餐饮供应工作的质量。

(6) 检查、验收各岗位工作人员工作的质量。

(7) 组织开展动车组运行过程中的验票、补票等作业，做好与车站的交接工作。

(8) 做好重点旅客的服务工作。

(9) 受理旅客的投诉和建议，帮助旅客解决问题。

(10) 做好突发情况的应急处置和指挥工作，及时向调度员和上级报告突发情况。

(11) 做好乘务班组在折返站的工作安排和人员管理。

(12) 做好各类信息的反馈并提出工作改进建议。

2. 列车员（列车乘务员）岗位职责

(1) 在列车长的领导下做好动车组列车旅客的运输和服务工作。

(2) 负责车厢的服务和安全工作，保持车容整洁。

(3) 检查车内各种安全、服务设备和备品。

(4) 参与查验车票工作，协助列车长进行补票、核对席位等工作。

(5) 协助乘服员（乘务服务员）做好列车的卫生清洁工作。

(6) 根据预案分工和列车长安排，做好突发情况的应急处置工作。

(7) 及时向列车长反馈各种信息并提出工作改进建议。

(8) 完成列车长交办的其他工作。

3. 餐服员（餐车服务员）岗位职责

(1) 在列车长的领导下做好动车组列车旅客运输和餐饮服务工作。

(2) 贯彻食品、商品的配送及回收交接制度，对食品、商品进行相关资质检查及质量检查，及时回收腐坏食品、商品，确保食品、商品质量安全。

(3) 进行列车餐饮设备的检查、操作和维护工作，保持餐车清洁卫生，餐车的餐桌、吧台、工作台、微波炉及各橱、箱、柜内保持洁净。

(4) 按规定布置餐车，补充各种食品、商品。

(5) 做好餐车的清洁卫生工作，进行餐、茶具的收集、洗涤和保管工作，进行送餐车、售货车的整理工作。

(6) 做好餐车经营的现金、票据的管理和交接工作。

(7) 听从列车长指挥，参与处置车内各种突发情况。

(8) 完成列车长交办的其他工作。

4. 乘服员（乘务服务员）岗位职责

(1) 在列车长的领导下做好动车组列车的卫生保洁工作。

(2) 使用垃圾小推车和专用工具适时对列车进行保洁，保持车内整洁卫生。旅客下车后及时恢复车容。

(3) 及时墩扫各处所地面，保持地面干燥、干净；及时擦抹台面、桌面、面镜，确保其表面干净、无水渍。

(4) 及时清理洗脸（手）池、电茶炉沥水盘，确保其无污渍、无残渣、无堵塞、无积水；确保垃圾车、垃圾箱（桶）表面干净、无残渣；确保厕所管道畅通。

(5) 及时补充洗手液、卫生纸、擦手纸、一次性坐便垫圈等备品。

(6) 将垃圾进行装袋、封口处理，确保无渗漏，在列车上定位放置并在指定站定点投放；不向车外扫、倒垃圾及抛扔杂物。

(7) 根据预案分工和列车长安排，做好突发情况的应急处置工作。

(8) 及时向列车长反馈各种信息并提出工作改进建议。

(9) 完成列车长交办的其他工作。

二、动车组乘务服务的总体要求

1. 旅客至上

随着市场经济观念深入人心，铁路运输企业面对的是一个充满竞争的运输市场，铁路服务必须树立“旅客至上”的理念。动车组乘务人员要变“以我为主”为“以客为主”，真正从内心深处把旅客当成“衣食父母”。

2. 用心服务

铁路运输企业每天要接待数以万计的旅客，特别是春运、节假日等特殊时期，旅客出行的人数更多，要在辛苦的工作中保持良好的服务礼仪，必须从内心去感受和体会礼仪的重要性和必要性，养成良好的职业习惯，做到服务发自内心。用心服务还包括通过各种方式获知旅客的需求信号，主动发现服务机会并提供及时、恰当的服务以满足旅客的多种层次需求。

3. 持之以恒

服务礼仪作为规范化服务的重要内容之一，不会自发形成，是需要进行长期的、严格的岗位训练才能形成的。动车组列车服务人员要树立良好的服务心态，长期坚持规范化的服务，才能将职业要求转化成职业习惯。

任务二 动车组列车旅客服务质量标准

任务描述：

动车组乘务作业可分为出乘前准备、始发前准备、始发迎客、途中作业、中途停站、终到作业、折返站作业、退乘作业8个环节。不同岗位的动车组乘务人员在作业过程中遵循不同的服务质量标准。本任务要求掌握动车组列车旅客服务质量标准，以更好地为旅客服务。

一、动车组列车长服务质量标准

1. 出乘前准备作业

1) 组织待乘

列车长要遵守各项待乘管理规定，分配乘务员公寓的床位，确保乘务组所有人员班前充分休息。列车始发前 2 小时叫班，督促乘务组所有人员起床。

2) 接受任务

列车长要认真接受上级命令、指示，明确任务。

3) 请领设备资料

列车长要确保票据、票种齐全；对讲机等设备电量充足，状态良好；各种资料、药品、器械补充及时，齐全有效。请领补票机、票据工作必须由列车长与一位列车员（兼管收入）共同完成。

4) 派班点名，召开出乘会

全体乘务组人员须准时参加出乘会。列车长要做到命令传达准确，任务布置清楚，确保所有人员符合出乘标准，证件齐全，不允许携带除乘务包以外的任何物品。

5) 列队接车

列车长须要求乘务组人员行走时两人成排，三人成列，右手拉提乘务箱，大衣不穿时统一搭在左手臂上，队伍整齐，步调一致。列车长须督促乘务组人员在出库车底进站前 5 分钟到达站台指定位置。在列车 5 号车与 6 号车相邻位置列队，等候列车时队形不变，面向列车，乘务箱摆放在身体右侧距右脚 10 cm 处，箱体前部外边沿与脚尖平齐。列车长须要求乘务组人员上车后及时关闭各车车门，临时作业需要再次打开车门时，随开随关，以保持车内温度。

2. 始发站准备作业

1) 校验对讲机

列车长要确保对讲机对话清晰，音量适中，通过对讲机与司机核对时刻并确认车次信息。车体外部显示屏出现故障或显示的车次等信息与实际不符时，列车长要及时通知随车机械师处理。

2) 接车巡视

列车长要确认车内显示屏和扬声器状态良好，餐车电器设备状态良好；确保资料齐全有效，商品及时定位放置，矿泉水和盒饭配送符合要求；确认上下水状态良好，消防设施和车辆设备状态良好，自动门处于感应状态。列车长发现问题要做好记录，通知随车机械师处理，将各乘务人员姓名准确、及时登记。

3) 立岗迎客

列车长在4号车（重联运行时，为12号车）一位车门或5号车（重联运行时，为13号车）一位车门立岗，确保各车厢车门正常开启，发现故障车门，及时通知随车机械师。列车长立岗姿势：挺胸收腹，脚跟并拢，脚尖略分开，女性列车长双手四指并拢，交叉相握，右手叠放在左手之上，自然放于腹前，男性列车长五指并拢，双臂自然下垂，两手中指贴裤缝。列车长立岗时须面带微笑，对上车旅客行15°鞠躬礼并向旅客问好。

4) 站台巡视

列车长从车门立岗处朝列车前进方向巡视至首节车厢，然后反向巡视至列车尾部，再返回原位，重联时与另一名列车长沟通信息，交接清楚。

5) 联控关门

列车长联控关门用语：×× 次司机，旅客乘降完毕，请关门。重联运行时，后列列车长向前列列车长报告用语：×× 次列车后部旅客乘降完毕。再由前列列车长呼叫司机关门，确认车门处于关闭状态。列车长用语须准确规范，要仔细确认车门关闭状态，发现车门故障，及时通知随车机械师处理。

6) 车门监控

列车关门后，列车长在车内的车门处立岗，行注目礼至列车驶出站台。

3. 始发站开车作业

1) 播放音、视频

播放音频时，音量适中、内容准确。播放视频时，视频的音量不高于30分贝，视频播放完毕后将视频系统调至静音。

2) 安全检查

列车长组织乘警进行全列的安全检查。

3) 查询乘车人数

使用站车无线信息交互系统查询特、一、二等座旅客人数，并将人数信息通知列车员。

4) 组织核票、发放赠品

列车长核票时，双手接票并告知旅客到站时间，将旅客信息登记到动车组乘务手册上，核票的同时，可进行禁烟宣传。列车长须要求无票的旅客补票；发现超重、超大物品时，须要求旅客补费。对“挂失补”车票，列车长要核对席位，确认无误后，开具客运记录交予旅客。

4. 途中作业

1) 途中巡视

列车长要确保列车运行途中车容整齐，卫生达标，高铁快件装载符合规定；发现故障及时登记并通知随车机械师，客服设备设施发生故障，不能修复时，悬挂故障提示牌并及时向客运段调度员报告；对违规作业行为及时纠正，相关情况登记到动车组列车长乘务日志中。列车长要在 20 分钟内将吸烟旅客的身份信息及其吸烟的具体情况上报客运段生产调度指挥中心。

2) 组织验票

列车长应要求旅客对超重、超大物品进行补费，对超高儿童按规定进行补票。发现“票、证、人”不符及无票人员按规定处理。发放、收回票据和票款时，要在确认无误后，签字交接。对挂失补车票及时核对席位使用情况，开具客运记录。列车长还要督促列车员在验票过程中，进行禁烟口头宣传。

3) 组织用餐

列车长组织乘务人员轮换用餐，乘务人员用餐要避开旅客集中用餐和站停时间段，安排未用餐的乘务人员负责全列的服务和巡视，每人每次用餐时间为 15 分钟，餐后及时返回岗位。

(4) 广播宣传

列车长须按规定播放广播，不得擅自增减广播内容及频次。

5. 途中停站作业

1) 到站前巡视

列车长须确保途中停站前车内卫生达标。到站前 10 分钟，通知列车员、乘服员确认车门状态指示灯在绿灯位置。遇有故障及时组织旅客到其他车门乘降。旅客过于集中时，提前组织旅客分散乘降。

2) 车门立岗

到站前 2 分钟，列车长到达规定车门处立岗，立岗姿势端正，行注目礼至列车停稳。

3) 站车交接

列车长与站台客运员在规定位置办理交接，交接时相互敬礼，交接手续须齐全、清楚。

4) 通知关门

开车铃响，列车长须目测确认旅客乘降完毕并得到乘务人员旅客上、下车完毕的报告后，从规定的车门登车，按始发站车门关闭程序通知司机关闭车门。

6. 终到作业

1) 终到巡视

终到前 30 分钟，列车长进行全列巡视，督促列车员、乘服员进行车容整理。对重点旅客进行提示并引导其至下车车门，确保乘降工作安全有序。

2) 车门立岗

到站后，列车长在车门处立岗，立岗时姿势端正，行注目礼至列车停稳，帮扶重点旅客下车，鞠躬送别旅客。

3) 站车交接

列车长在指定位置与站台客运员办理交接，相互敬礼，交接清楚。

7. 折返作业

1) 整备鉴定

列车立即折返时，列车长督促各岗位人员按分工迅速恢复车容，投放垃圾、调节座椅方向、进行卫生保洁，将整备情况进行登记。

2) 上水作业

列车立即折返时，列车长接到车站上水人员作业完毕的通知后，检查列车水箱水位情况，发现问题及时通知车站处理。

3) 立岗迎客

列车立即折返时，列车长按始发站迎客作业标准立岗迎客。

4) 入住公寓

列车非立即折返时，列车长组织乘务人员列队经指定路线前往公寓。补票机、站车无线信息交互系统、GSM-R 手持终端放入公寓保管。列车长须要求乘务人员按时休息，执行请销假制度并填写动车组车队折返站公寓入住登记簿。

5) 召开返程会

返程开车前，列车长召开返程会，布置返程的重点工作，做到任务交代清楚，措施得当，重点突出。在折返站站台确认备品、消耗品配置情况，检查列车整备质量。

8. 退乘作业

1) 终到清点

列车终到前 20 分钟，列车长组织清点备品、消耗品，做好交接准备。

2) 终到交款

列车长须确保票据、票款账目准确。交款作业由列车长与一位列车员(兼管收入)负责。交款作业须有乘警护送，走规定路线，以确保票款安全，无乘警护送，严禁交款。

3) 退乘点名

列车长组织乘务人员统一从规定车门下车列队，按指定路线到派班室接受点名。列车长将各种票据、表、报与派班室值班员进行交接。

4) 召开退乘会

列车长负责召开退乘会，总结经验教训，不断改进工作，要做到发生问题“四不放过”：未查清原因不放过、未找出责任者不放过、职工未吸取教训不放过、未制定整改措施不放过。

二、动车组列车员服务质量标准

1. 出乘前准备作业

1) 待乘

列车员要严格遵守待乘管理规定，使用公寓的固定床位，班前充分休息，列车始发前 2 小时起床。

2) 请领票据、设备

由一位列车员（兼管收入）与列车长共同请领补票机及票据，同时请领对讲机、站车无线信息交互系统、GSM-R 手持终端、备品柜、金柜钥匙，确认票据、票种齐全，设备电量充足，状态良好，签字接收。其他列车员请领相应的设备。

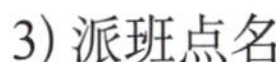

3) 派班点名

列车员穿着规定的制服，佩戴职务标志，携带乘务包及必备资料，列队整齐，接受点名。

4) 参加出乘会

列车员要认真学习上级下发的文电及有关业务知识，听取列车长关于本趟列车的重点工作部署，认真记录、掌握重点。

5) 列队接车

列车员行走时两人成排，三人成列，右手拉提乘务箱，大衣不穿时统一搭在左手臂上，列队整齐，步调一致。列车员在出库车底进站前 5 分钟到达站台指定位置，等候列车时队形不变，面向列车，乘务箱摆放在身体右侧距右脚 10 cm 处，箱体前部外边沿与脚尖平齐。列车员从指定车门登乘列车，上车后及时关闭各车车门，临时作业需要再次打开车门时，随开随关，以保持车内温度。

2. 始发站准备作业

1) 校验对讲机

列车员要确保对讲机对话清晰，音量适中，通过对讲机与列车长核对时刻并确认车次信息。

2) 接车检查

列车员要确保各车厢消防设施和车辆设备状态良好，能正常使用，如发现车辆设备有问题立即报告列车长。每位列车员负责三节车厢的检查工作，确认自动感应门处于工作状态，感应灵敏；确保各种服务备品、消耗品齐全，定位摆放、干净整洁。

3) 整理车容

列车员整理扶手、靠背、遮阳板、小桌板、头枕、脚踏板等，将可旋转式座椅转向列车运行方向。

3. 始发站出场作业

1) 立岗迎客

列车员在旅客上车车门处立岗，挺胸、收腹，脚跟并拢，脚尖略分开。女性列车员双手四指并拢，交叉相握，右手叠放在左手之上，自然放于腹前；男性列车员五指并拢，双臂自然下垂，两手中指贴裤缝。列车员立岗时须面带微笑，对上车旅客行 15° 鞠躬礼并向旅客问好；提醒旅客按次序上车，注意脚下安全；引导旅客进入车厢，引领重点旅客就座；提醒旅客将大件携带品放在大件行李区；发现上错车人员或送站人员，及时劝告其下车。

2) 检查车门

车门关闭后，列车员检查分管的车门是否正常关闭，确认车门正常关闭后，在最后确认车门处面向站台方向立岗。

4. 始发站开车后作业

1) 整理车容

列车员逐个整理分管车厢，规范处置大件行李及铁器、锐器等物品，整理大件行李区，确保行李在行李架上摆放平稳、整齐，确保通道畅通。

2) 查验车票

列车员核票时，双手接票并告知旅客到站时间，核票的同时，可进行禁烟宣传。列车员须要求无票旅客补票；发现超重、超大物品时，须要求旅客补费；协助列车长进行补票、补费的相关工作。

3) 其他工作

列车员根据列车长告知的乘车人数，在分管车厢进行人员核定，劝离越席旅客；登记持公免票旅客的姓名、工作单位；发现重点旅客及时报告列车长。

5. 途中作业

1) 巡视车厢

列车员要随时掌握车内动态，及时解决旅客困难，耐心解答旅客询问，向旅客提供服务；检查车辆设备设施，重点检查车门、电茶炉，做好安全提示；发现吸烟问题报告列车长、乘警；及时掌握分管车厢的水箱水量剩余情况和污物箱容量剩余情况；对无人座位的扶手、靠背、小桌板、脚踏板、遮阳板及时进行复位；协助乘服员进行车内过道、卫生间、车厢连接处地面的卫生保洁；及时补充消耗品。

2) 广播宣传

列车员须按规定播放广播，不得擅自增减广播内容及频次。

3) 用餐

列车员应避开旅客集中用餐和站停时间段用餐，用餐时间为每人每次 15 分钟，餐后及时返回岗位。

4) 验票

列车员在列车行驶途中发现超重、超大物品须及时要求旅客补费；对超高儿童按规定进行补票；对“票、证、人”不符及无票人员按规定处理。配合列车长处理各种涉票事项。

6. 途中停站作业

1) 到站前清扫

列车到站前 10 分钟，列车员须做好车容整理及垃圾投放的准备工作。

2) 到站提醒

列车到站前 5 分钟，列车员要做好到站前的提醒工作，协助重点旅客做好下车准备。提醒未到站的旅客不要下车。旅客过于集中时，列车员要提前组织旅客分散乘降。

3) 车门立岗

列车员应在车门处立岗，立岗姿势端正，行注目礼至列车停稳，发现车门故障立即通知列车长。

4) 组织乘降

迎送旅客时，列车员应面带微笑，向旅客行 15° 鞠躬礼并对上下车旅客进行安全提示；发现上错车或送站人员应及时劝告其下车；对站台上吸烟的旅客进行安全提示。出现大雾等恶劣天气，列车员须执行分车厢报告乘降情况的制度。

5) 投放垃圾

列车员必须将垃圾装袋扎口，投放在站台指定地点。

6) 车门监控

车门关闭后，列车员按始发站确认程序和出站立岗标准作业。

7. 终到作业

1) 卫生清扫

列车终到前 30 分钟，列车员协助乘服员进行卫生清扫、车容整理及垃圾投放工作，整理服务备品和消耗品。

2) 终到提醒

列车终到前5分钟，列车员要做好重点旅客到站提醒工作，协助重点旅客做好下车准备。

3) 车门立岗

列车终到前2分钟，列车员到规定车门处立岗，立岗时姿势端正，行注目礼至列车停稳，帮扶重点旅客下车，鞠躬送别旅客。

4) 检查旅客遗失物品

旅客下车完毕，列车员须对分管车厢进行全面检查，发现旅客遗失物品，要准确记录旅客遗失物品的具体发现位置并向列车长报告。

8. 折返作业

1) 折返整备

列车立即折返时，列车员须按分工对车容进行恢复，做到卫生达标，车容整齐。列车员要确保厕所面镜洁净，洗脸（手）池和便器无污物、无异味，电茶炉沥水盘洁净；将消耗品和保洁工具定位放置；将服务指南、免费读物等备品补足配齐，定位放置；将可旋转式座椅转向列车运行方向。

2) 监控上水

列车立即折返时，列车员须按分工确认折返站上水情况。

3) 立岗迎客

列车立即折返时，列车员须按始发站迎客作业标准执行折返站迎客作业。

4) 入住公寓

列车非立即折返时，由一位列车员（兼管收入）陪同列车长将票据、票款存放在车站指定位置；将补票机、站车无线信息交互系统、GSM-R手持终端放入公寓保管。其他列车员按分工清点备品、消耗品数量。列车员从规定车门下车列队，入住公寓，按时休息，执行请销假制度。

5) 参加返程会

列车员按时参加返程会，听取列车长布置返程重点工作。

9. 退乘作业

1) 终到清点交接

旅客全部下车后，列车员对备品进行整理后交予接车人员。

2) 终到交款

由列车长与一位列车员（兼管收入）负责进行交款作业。交款作业须有乘警护送，走规定路线，以确保票款安全，无乘警护送，严禁交款。

3) 退乘点名

列车员列队到派班室接受点名。

4) 参加退乘会

列车员听取列车长关于本趟列车乘务工作的总结，认真做好记录并做好问题整改工作。

三、餐服员服务质量标准

1. 出乘前准备作业

1) 待乘

餐服员要严格遵守待乘管理规定，使用公寓的固定床位，班前充分休息，列车始发前2

小时起床。

2) 请领商品

餐服员按上料单签认商品，确保各类商品包装合理，数量准确；确保食品在保质期内，无腐烂、变质、破损、胀袋等现象。

3) 派班点名

餐服员穿着规定制服，佩戴职务标志，携带必备资料（餐服员手册、健康证、上岗证、卫生许可证、发票等），列队整齐，接受点名。

4) 参加出乘会

餐服员要按规定时间参加出乘会，学习上级下发的文电及业务知识，听取列车长关于本趟列车的重点工作部署。

5) 列队接车

餐服员行走时两人成排，三人成列，右手拉提乘务箱，大衣不穿时统一搭在左手臂上，列队整齐，步调一致。列车进站停稳后，餐服员列队从规定车门登车，迅速将乘务包等用品定位摆放。

2. 始发站准备作业

1) 校验对讲机

餐服员要确保对讲机对话清晰，音量适中，通过对讲机与列车长核对时刻并确认车次信息。

2) 整理餐车

餐服员要确保商品摆放整齐、美观；商品柜、冰箱、吧台、橱柜不放置私人物品；乘务餐需冷藏时，定位放置在后厨专用冰箱，严禁与商品混放；遇商品品种更换及脱销时，及时更新价目表；确保售货车内外清洁，商品在售货车内定位放置，检查售货车的制动装置和防撞胶条；确保售货车不堵通道，不占用旅客空间。

3) 接车检查

餐服员要检查餐车内消防器材、线路、外接电源及电器设备的状态；检查储藏柜锁闭的情况；对餐车吧台、后厨等区域进行二次保洁；检查售货车制动性能。

4) 整理资料

餐服员要检查、整理上料单、卫生许可证、发票等资料、票据。

3. 始发站出场作业

1) 吧台立岗

餐服员在吧台立岗时要挺胸，收腹，脚跟并拢，脚尖略分开。女性餐服员双手四指并拢，交叉相握，右手叠放在左手之上，自然放于腹前；男性餐服员五指并拢，双臂自然下垂，两手中指贴裤缝。餐服员立岗时须面带微笑，对经过的旅客行 15° 鞠躬礼并向旅客问好。

2) 检查车门

餐服员要检查餐车侧门、后厨边门。

4. 途中作业

1) 销售商品

餐服员应主动介绍商品，服务热情，用语标准；复述旅客所点的餐食和商品的名称、数量、价格，唱收唱付；递送餐食和商品给旅客时，动作迅速、双手端拿；熟知所售商品的品名、口味、特点、价格；找零准确、及时。

2) 食品加热

餐服员进行食品加热时，应佩戴口罩和手套；出售盒饭时，现热现卖；推售货车售盒饭应少量多次，避免加热后无法尽数售出；已加热的盒饭延时售出时，必须在价格标签上记录完成加热的时间(现热现卖的盒饭除外)；加热后超过两小时未售出的盒饭一律销毁，严禁重复加热。餐服员应随时关注餐车内电气线路及电器设备情况，食品加热后，切断微波炉电源。

3) 解答询问

餐服员可携带所担当车次的时刻表，方便解答旅客咨询的相关问题，对无能力解答的问题，可通知列车员或列车长处理。

4) 途中补料

餐服员发现商品存量不足时，要及时联系补充商品事宜，明确告诉商品供应单位要补充商品的品名和件数，接收商品时，要注意安全。

5) 报废销毁

餐服员要检查商品的有效期和包装状态，发现过期、变质商品要及时报废并立即销毁。

5. 终到作业

1) 卫生清扫

列车终到前30分钟，餐服员要做好餐车的卫生清扫工作，恢复车容，将备品定位；清点各种商品，打包装箱。

2) 终到立岗

列车终到前2分钟，餐服员在吧台立岗送别旅客，立岗时要面带微笑，向下车旅客行15°鞠躬礼并向旅客道别。

6. 折返作业

1) 逝返整备

列车立即折返时，餐服员在列车到站前应清点库存餐食，整理吧台，补充商品，确认账目准确，售货车状态良好。

2) 确认上水

列车立即折返时，餐服员应检查餐车在折返站的上水情况。

3) 入住公寓

列车非立即折返时，餐服员要清点列车上商品的数量，与折返站商品库保管人员做好交接。餐服员领取乘务包后，统一从规定车门下车，入住公寓，按时休息，执行请销假制度。

4) 参加返程会

餐服员按时参加返程会，听取列车长布置返程重点工作。

7. 退乘作业

1) 终到清点交接

列车终到前30分钟，餐服员要盘点本趟列车的商品，掌握商品销售情况、剩余数量情况，旅客全部下车后，将剩余的商品打包装箱与商品库保管人员进行交接。

2) 退乘点名

餐服员列队整齐，从规定车门下车，按指定路线到派班室接受点名。

3) 参加退乘会

餐服员听取列车长关于本趟列车乘务工作的总结，认真做好记录并做好问题整改工作。

4) 汇报工作

餐服员到商品库向业务主管汇报本趟列车餐售工作情况。

四、乘服员服务质量标准

1. 出乘前准备作业

1) 待乘

乘服员应遵守待乘管理规定，使用公寓的固定床位，班前充分休息，列车始发前 2 小时起床。

2) 出乘点名

乘服员应在列车始发前 1 小时到派班室，接受点名，穿着规定制服，佩戴职务标志，携带乘务包、作业工具及必备证件、资料，确保对讲机电量充足。

3) 参加出乘会

乘服员应按时参加出乘会，学习上级下发的文电及业务知识，听取列车长关于本趟列车的重点工作部署。

4) 列队接车

乘服员行走时两人成排，三人成列，右手拉提乘务箱，大衣不穿时统一搭在左手臂上，经指定路线进站接车。列车进站停稳后，乘服员列队从规定车门登车，迅速将乘务包等用品定位摆放。

2. 始发站准备作业

1) 校验对讲机

乘服员要确保对讲机对话清晰，音量适中，通过对讲机与列车长核对时刻并确认车次信息。

2) 接车整备

乘服员检查、整理卫生间、垃圾箱，对停车库内保洁工作的漏项进行处理。

3. 始发站出场作业

1) 立岗迎客

接到列车长对讲通知后，乘服员在规定车门内立岗，引导旅客乘降，立岗时面带微笑，对上车旅客行 15° 鞠躬礼并向旅客问好。乘服员应提醒旅客按次序上车，注意脚下安全；引导旅客进入车厢，引领重点旅客就座；提醒旅客将大件携带品放在大件行李区；发现上错车人员或送站人员及时劝告其下车。

2) 检查车门

车门关闭后，乘服员按规定顺序检查分管车门是否正常关闭。确认车门正常关闭后，在最后确认车门处面向站台方向立岗，行注目礼至列车驶出站台。

4. 途中作业

1) 卫生清扫

列车于始发站驶出站台后，乘服员对车内过道、卫生间、车厢连接处地面进行一次全面清扫。确保地面清洁、干爽、无杂物。

2) 循环保洁

乘服员每 30 分钟对分管车厢进行一次保洁、整理。乘服员对电茶炉附近、卫生间门前等地面进行擦抹，补充一次性纸杯；地面洒有饮料等黏稠物，以及出现垃圾时进行彻底清理，做到地面无水渍、无杂物；对各处所玻璃、电镀件进行清洁；对卫生间进行全面清理，使用消毒液对坐便器进行消毒，补充卫生间内消耗品；清理车厢内、卫生间内的垃圾箱，更换垃圾袋，装满垃圾的垃圾袋取出后，扎口放在非乘降侧的门边；对旅客使用过的擦手纸、食品包装袋、饭盒等垃圾随时清理。

3) 辅助开餐

乘服员在开餐前放出分管车厢电茶炉的冷水，开餐后使用垃圾车在车内收取垃圾，要避免垃圾车碰撞到旅客。

4) 车内巡视

乘服员在进行循环保洁时，须随时掌握车内动态，解决旅客的问题，做好重点旅客的服务工作，向打开水、倚靠车门、在站台吸烟的旅客进行安全宣传。

5. 途中停站作业

1) 到站前清扫

列车到站前 10 分钟，乘服员须做好卫生清扫、车容整理工作，确保车内卫生达标，消耗品充足。

2) 车门立岗

列车到站前 2 分钟，乘服员应在规定车门处立岗，立岗时姿势端正，行注目礼至列车停稳，发现车门故障立即通知列车长。

3) 组织乘降

车门开启后，乘服员组织旅客先下后上，送别下车旅客，向上车旅客问好；引导旅客进入车厢，放好随身携带物品；引领重点旅客就座；发现上错车人员或送站人员及时劝告其下车，不能处理时向列车长汇报。

4) 投放垃圾

乘服员将分管车厢的垃圾装袋扎口，投放在站台指定位置。

5) 车门监控

车门关闭后，乘服员执行始发站车门关闭确认程序，发现分管车门故障无法关闭时，及时通知列车长。

6. 终到作业

1) 卫生清扫

列车终到前 30 分钟，乘服员做好分管车厢的卫生清扫、车容整理及垃圾投放等工作并整理服务备品和消耗品。

2) 终到提醒

列车终到前 5 分钟，乘服员要提前清理门边物品，保持通道畅通，做好重点旅客到站提醒工作，协助重点旅客做好下车准备。

3) 车门立岗

到站前 2 分钟，乘服员在规定车门处立岗，到站后在车门外立岗，立岗时姿势端正，帮扶重点旅客下车，鞠躬送别旅客。

4) 检查旅客遗失物品

旅客下车完毕，乘服员对分管车厢进行全面检查，发现旅客遗失物品，要准确记录旅客遗失物品的具体发现位置并报告列车长。

7. 折返作业

1) 折返整备

列车立即折返时，乘服员须按分工进行列车卫生清扫、垃圾投放工作；进行服务备品、消耗品的补充和定位放置工作。乘服员须确保列车卫生达标，车容整齐，厕所面镜洁净，洗脸（手）池和便器无污物、无异味；电茶炉沥水盘洁净；消耗品、保洁工具定位放置。

2) 立岗迎客

列车立即折返时，乘服员按始发站迎客作业标准立岗迎客。

3) 入住公寓

列车非立即折返时，乘服员清点备品、消耗品数量，领取乘务包后从规定车门下车列队，入住公寓，按时休息，执行请销假制度。

8. 退乘作业

1) 退乘点名

乘服员列队整齐，从规定车门下车，按指定路线到派班室接受点名。

2) 参加退乘会

乘服员听取列车长关于本趟列车乘务工作的总结，认真做好记录并做好问题整改工作。

任务三　动车组客运服务礼仪

任务描述：

动车组乘务人员在作业过程中，面对形形色色的旅客和多种不同情况，在贯彻相关服务质量标准的基础上，还要遵守客运服务礼仪，才能让旅客感受到优质的服务。通过哪些细节可以彰显动车组乘务人员的礼仪风范呢？本任务将对动车组客运服务礼仪进行介绍。

一、针对普通旅客的服务礼仪

1. 始发迎客

(1) 在座位的网兜内，整齐地放置各类期刊和清洁袋。

(2) 检查洗手液是否注满、喷头是否通畅，将车厢内电源插座外盖扣好。

(3) 如果车厢内的空气不够清新，在旅客上车前，乘务人员可在座椅侧面、窗帘上喷洒少量香水，车厢内喷洒少量空气清新剂，洗手间内除喷洒空气清新剂外，还可将固体香水取下直接对准通风口，以起到祛除异味的作用。

(4) 乘务人员的行李物品不能占用旅客行李架。

(5) 乘务人员在车厢中相遇可背对背侧身，让对方通过，与旅客相遇时则应礼让旅客，让旅客先行通过。

(6) 列车上要备有《全国地图册》《列车时刻表》及日常小用品、常用药品。

(7) 确保每个特等座位、一等座位的网兜内配备的杂志种类齐全。

(8) 迎客前须再次整理仪容仪表，旅客上车时，主动问候旅客，老人等重点旅客上车时，主动上前搀扶，协助提拿行李，儿童上车时弯腰问候，可抚摸儿童肩部表达对儿童的关爱。

(9) 委婉提醒旅客找到座位后将过道让开，以便后面的旅客通过，但不得吆喝、推搡旅客，随时注意自身在疏通过道或协助旅客安放行李时是否堵住了过道。

(10) 提醒旅客将大件物品存放在大件行李架上，小件物品按安全要求规范地放在座位上方的行李架上，要亲切、友好地提醒旅客不要将所携带的物品放在过道上，以免给其他旅客带来不便。

(11) 协助老、弱、病、残及行李过多、过重的旅客安放行李。

(12) 卧铺车厢乘务人员须主动上前迎接旅客并将其带到铺位上。

(13) 在帮旅客摆放行李时，要先经旅客同意，摆放时轻拿轻放，同时要注意将行李摆放在旅客视线范围内，并提醒旅客自行看管好行李。避免将行李摆放在离旅客座位过远的行李架上，尤其是老年旅客的行李，要尽量放置在其座位的下方、上方或前方，避免其因无法照看而感到不安。

2. 途中服务

(1) 当发现旅客自带旅行茶杯时，可询问旅客是否需要添加茶水。

(2) 当旅客正在食用自带的食品时，可询问旅客是否需要清洁袋。

(3) 仔细观察旅客，对神色异常、感觉不舒服的旅客及时给予关心和帮助。

(4) 为旅客提供服务时，要使用规范的服务用语。

(5) 当旅客结伴而行时，可为其调转座椅方向，使他们能够面对面乘车。若旅客与朋友或家人座位不在一起时，可尽量为其调换座位。

(6) 在保障安全、不违反政策的前提下适当为患病、身材高大等有特殊困难的旅客调整到更加舒适的座位或为其升级座位等级。

列车马上要开动前，如旅客尚未就座，可上前提醒旅客坐好，注意安全。

(7) 提醒旅客不要把容易滴洒的液体放在行李架上。

(8) 提醒旅客保管好笔记本电脑等贵重物品或易碎物品。

(9) 放置报纸后勤洗手，以免污染其他物品。要检查报纸日期，避免发放过期报纸。

(10) 乘务人员在车厢中走动，动作要轻，避免碰撞正在阅读报刊或休息的旅客，拉帘子的动作要轻并要提前和旅客打好招呼，避免惊扰旅客。

(11) 对于一等座旅客，如果旅客需要，可为其提供拖鞋。禁止用大、小托盘送拖鞋，送拖鞋时一次最多拿 4 双。可在旅客面前打开拖鞋的外包装，用手撑开拖鞋鞋面并将拖鞋整齐地摆放在旅客靠过道的脚边。

(12) 提前安排好视频播放顺序。乘务人员要提前在车厢感受音量大小，并做适当调整。

(13) 了解旅客对视频节目的反应，及时更换不受欢迎的节目。

(14) 为特等座旅客提供饮品时，主动协助旅客打开小桌板。检查列车提供的食品、饮料的品质，以及餐饮用具是否干净。特等座如图 3–1 所示。

(15) 服务特等座旅客时，不要等到旅客的饮料全部喝完后再为旅客添加。热水须保持一定的温度，禁止为旅客提供“温吞水”，提供茶水、咖啡、米饭或汤时，为了防滑避免烫着旅客，可在杯子、饭碗、汤碗与下面的垫盘之间垫张纸巾。

(16) 为旅客送茶和咖啡时，可使用杯托。

(17) 为特等座旅客服务时，要留心观察，最好在旅客开口之前就提供所需服务。如图 3–2 所示，乘务人员观察到旅客希望调整座椅靠背时，可主动上前询问，得到肯定答复后为旅客进行服务。

3. 餐食服务

如图 3–3 所示，乘务人员应热情地为旅客提供餐食服务。

(1) 旅客预定的特殊餐食要优先提供。

(2) 用委婉的语言提醒前排旅客调直座椅靠背，以方便后排旅客用餐。

(3) 为特殊旅客（老人、盲人等行动不便的旅客）提供餐食服务时，要征求旅客意见，在征得其同意后，帮助其打开餐盒。

(4) 为旅客冲泡热饮，须同时送上纸巾或湿纸巾。

图 3–1　特等座

图 3–2　为旅客调节座椅

(5) 为旅客提供餐饮服务时要主动协助旅客放下或取出小桌板。

(6) 如图 3–4 所示，乘务人员为旅客送热饮时要提醒旅客小心烫手。

(7) 有旅客在餐饮服务时提出其他的需求，要尽可能及时满足。如当时无法满足，为了避免遗忘，可将旅客的需求、座位号记录下来并尽快给予满足。

(8) 禁止将热饮或杂物从旅客头顶上方掠过，旁边旅客协助递送时须及时向提供帮助的旅客致谢。

(9) 服务过程中时刻提醒旅客注意安全，阻止儿童在过道上玩耍。

(10) 收餐时可在垃圾车的抽屉内准备一些餐巾纸和清洁袋，以及干净的湿毛巾（随时擦拭旅客小桌板上的汤汁）。

图 3–3　乘务人员热情地为旅客提供餐食服务

(11) 注意礼貌用语，对旅客提出的需求尽可能满足，确实无法满足时，委婉地向旅客说明原因，取得旅客的谅解。

(12) 掌握好服务节奏，减少旅客等待的时间。

(13) 列车变速运行时要固定好售货车内的物品，避免发出较大的声响。

乘务人员用托盘送餐的标准姿势如图 3–5 所示。

图 3–4　乘务人员为旅客送热饮

图 3–5　乘务人员用托盘送餐的标准姿势

4. 巡视车厢

(1) 动车组乘务人员须保持口腔清新，避免口腔异味干扰旅客。

(2) 要保持洗手间干净、卫生，定期打开洗手间通风口，及时喷洒香水，如部分洗手间马桶异味较大，须及时盖好马桶盖。

(3) 打扫洗手间时须关上洗手间的门，以免冲水的噪声和异味打扰旅客。

(4) 乘务人员单独回答旅客询问时，可以采用蹲式服务，音量以不影响其他旅客休息为宜；委婉提醒大声交谈的旅客，避免其影响其他旅客。

(5) 巡视车厢时避免碰撞看报或休息的旅客，如不小心碰撞旅客，应及时真诚地道歉。

(6) 旅客把报纸伸出过道阅读时，乘务人员应委婉地要求旅客把过道让出并及时对旅客的配合表示感谢。

(7) 提醒大声喧哗的旅客保持车厢的安静，要注意说话的态度及语气，充分尊重旅客，宜采用征求意见式劝阻法，而不是严肃的命令式劝阻法。

(8) 通过与旅客交谈、发放旅客征询意见表等形式，消除旅客旅途的寂寞，培养旅客乘坐动车组出行的偏好。发放旅客征询意见表时，还须为旅客提供笔。乘务人员听取旅客对服务工作的意见如图 3–6 所示。

图 3–6　乘务人员听取旅客对服务工作的意见

(9) 特等座旅客按了呼唤铃时，乘务人员应立即到车厢询问旅客："请问有什么可以帮你？" 之后关闭呼唤铃。禁止出现乘务人员直接关闭呼唤铃，不询问旅客需要什么帮助的情况。

(10) 询问特等座阅读书报的旅客是否需要打开阅读灯。

(11) 当洗手池水龙头出现故障时，乘务人员应主动为旅客提供湿纸巾。

(12) 列车上供旅客使用的服务设施出现故障时，乘务人员可以提前在出现故障的位置贴上一些提示性的告示。

(13) 如图 3–7 所示，乘务人员在工作中应时刻保持良好的精神面貌和训练有素的举止。

(14) 耐心倾听旅客的各种抱怨，力所能及地满足旅客的要求。

(15) 避免谈论有争议的话题，避免与旅客长谈。

(16) 列车快到站前，应及时将预计到站时间和到达地的天气等情况告知旅客。

(17) 特等座旅客暂时不用的毛毯应及时折叠，整齐地放在其座椅边缘；旅客看完后丢弃的报纸应及时收走。

图 3–7　乘务人员在工作中保持良好的精神面貌和训练有素的举止

(18) 从乘务人员座椅起身时，用手轻轻按压椅面，避免座椅强烈弹起而发出声响。

(19) 送客时，对行李较多的旅客应提供适当的帮助，当其堵住车厢通道时，应主动上前帮助旅客提拿行李；如旅客的背包肩带掉落，可帮其扶好。

5. 其他服务

(1) 旅客丢弃在车厢通道上的杂物，包括报纸、纸巾，包装纸，甚至是非常小的牙签、碎纸屑等都要及时清理干净。

(2) 注意观察旅客用餐的情况，及时回收旅客用完的餐盘及食品包装，回收时应避免将餐食的汤汁溅落在旅客身上。

(3) 为特等座旅客提供毛毯时，毛毯上的动车组标志应正面朝上。

(4) 当特等座旅客睡觉时，可协助旅客关闭阅读灯、拉上窗帘，根据旅客休息情况调暗车厢灯光。

(5) 旅客休息时，主动提醒旅客头朝窗户方向，避免餐车或行人碰撞其头部。

(6) 旅客休息时，应及时收走小桌板或座椅口袋中的杂物，避免杂物影响旅客休息，对于有水的水杯应及时收走或将盖子拧紧，以免水泼洒到旅客身上。

(7) 旅客睡着时，实行“零干扰”服务。

(8) 委婉阻止持低等级车票的旅客到高等级车厢就座，避免乘务人员及售货车频繁进出车厢。乘务人员说话要轻，动作也要轻，避免打扰旅客。

二、针对特殊旅客的服务礼仪

1. 贵宾旅客

(1) 了解贵宾旅客的职务、年龄、性别、服务喜好等信息，以方便为其提供个性化的服务。

(2) 贵宾旅客上车时，及时为贵宾旅客挂好衣物并向其介绍座位号和到达站。

(3) 列车长代表乘务组向贵宾旅客致欢迎词，表达竭诚为其服务的意愿。

(4) 主动向贵宾旅客介绍供餐程序和餐食品种，征求贵宾旅客的意见后，再确定其用餐的品种和时间。

(5) 尽量减少对贵宾旅客的不必要打扰，如贵宾旅客不需要服务，乘务人员之间应做好沟通，避免重复询问。

(6) 送客时帮助贵宾旅客提拿行李并交给接站人员或随行人员，真诚地向贵宾旅客道别，表达期待再次为其服务的意愿。

(7) 与贵宾旅客聊天时，话题应避免涉及商业机密或政治方面的内容。

(8) 不要忽视贵宾旅客的随行人员，对贵宾旅客随行人员的各项服务应优先于普通旅客。

(9) 列车乘务人员应真诚地询问贵宾旅客及其随行人员对列车服务质量的满意度。

(10) 贵宾旅客随行人员下车时，也须主动向其道别。

2. 孕妇、儿童及携带婴儿的旅客

(1) 孕妇旅客上车时，应主动帮助其提拿、安放随身携带品。

(2) 向孕妇旅客多提供几个清洁袋，主动询问孕妇旅客乘车感受，随时给予照顾。

(3) 下车时，乘务人员可协助孕妇旅客提取行李。

(4) 儿童旅客上车时可弯腰向其问好，以表示欢迎及爱护，要告知儿童旅客的监护人在列车运行期间不要让孩子随便跑动，以免发生危险。

(5) 根据车上现有条件向儿童旅客提供一些读物、玩具等。

(6) 主动关闭婴儿所在座位的通风孔，告知携带婴儿的旅客卫生间换尿布台的位置及使用方法。

(7) 主动帮助携带婴儿的旅客提拿行李并将行李安放整齐，事先提示其把婴儿用的物品取出，放在便于拿取的位置。

(8) 用餐时，提醒携带婴儿的旅客及周围的旅客注意避免将小桌板上的饮料（尤其是热饮）泼洒到婴儿身上。主动询问携带婴儿的旅客是否需要为婴儿准备食物，是否要冲奶粉，有无其他特殊要求等，为婴儿准备热水时，用小毛巾或餐巾纸将冲好的奶瓶包好，递给照顾婴儿的旅客。

(9) 提供饮料服务时，须先将饮料给儿童旅客的监护人后再由其转交给儿童旅客，根据需要为儿童旅客提供吸管。

(10) 要时刻关注携带婴儿的旅客，但除非旅客请乘务人员帮忙，否则不要主动去抱婴儿。

(11) 对于经过批准上车的无人陪伴、单独乘车儿童，须随时关注其情况并向其提供必要的帮助。

(12) 列车到站时，与接站人员做好无人陪伴、单独乘车儿童的交接工作。

3. 老年旅客

(1) 老年旅客上车时，需主动上前搀扶并将其送到座位上。

(2) 老年旅客腿部怕冷，应主动提供毛毯。

(3) 由于老年旅客听觉较差。经常听不清楚广播内容，乘务人员应主动告诉其广播内容并向其介绍车厢服务设备、洗手间的位置等信息。与老年旅客讲话时，音量要提高，但要注意保持友好亲切的说话语气和服务态度。

(4) 为老年旅客提供饮料时，应主动介绍饮料的相关情况，提醒老年旅客该饮料是否含有糖分。

(5) 老年旅客在用餐时，在征得其同意后，可主动为其打开餐盒及刀叉包。

(6) 旅途中经常看望老年旅客，主动问寒问暖。工作空余时多与他们交谈，消除老年旅客的寂寞。

(7) 主动帮助老年旅客填写旅客征询意见表。

(8) 到达目的地后，提醒老年旅客别忘记所携带的物品，搀扶其下车，与接站人员做好交接。

(9) 如老年旅客要使用洗手间，应及时满足并帮其放好马桶垫纸。

4. 伤残旅客

(1) 了解伤残旅客的到达站并将到达时间、换乘车次及时间等信息通过语言、手势或写字等多种有效的方式告诉伤残旅客。

(2) 将车上设备的使用方法、洗手间位置、餐饮品种等内容通过语言、手势或写字等多种有效的方式告诉伤残旅客。服务过程中要尊重伤残旅客的意愿。

(3) 将伤残旅客安排在离车门较近的位置。

(4) 伤残旅客就座后，应主动询问其是否需要枕头或毛毯。

(5) 对于下肢伤残的旅客，应及时用小纸箱等物品协助其垫高下肢，尽量使其感觉舒适。

(6) 乘务人员在为伤残旅客（特别是刚受伤的旅客）服务的时候，应保持正常的心态，以免伤其自尊心，不可出现歧视、怜悯等态度。

(7) 在供应饮料和餐食时，应帮助伤残旅客放好小桌板，在征得其同意后，帮助其打开餐盒。

(8) 无人陪伴的伤残旅客去洗手间时要主动搀扶。

(9) 到站后，帮助伤残旅客下车并与接站人员做好交接后，服务工作才结束。

(10) 高速铁路客运服务工作中经常会遇到有语言障碍的旅客，掌握基本的手语非常必要。下面介绍几种简单的手语动作。

“你好”的手语动作如图 3-8 所示。

(a) “你”的手语动作

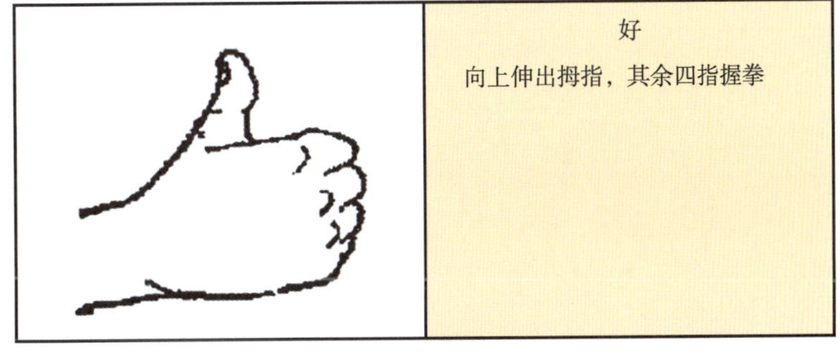

(b) “好”的手语动作

图 3-8　“你好”的手语动作

表示快的手语动作是一手拇、食指相捏，在眼前迅速划过。

表示慢的手语动作是一手掌心向下，慢慢地上下微动几下。

表示等的手语动作是一手横伸，手背贴于颌下。

“对不起”的手语动作如图 3-9 所示。

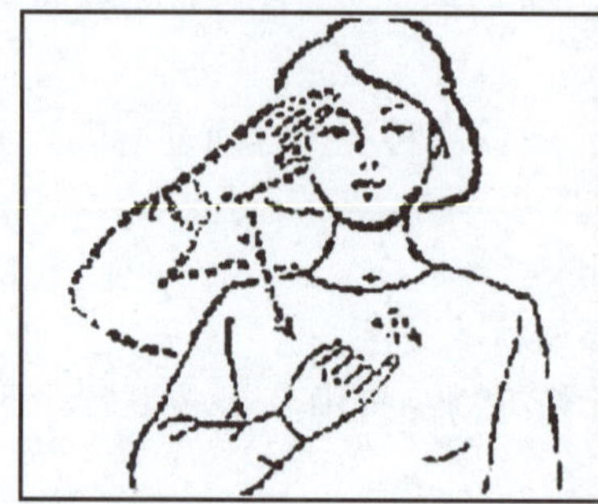	对不起 一手五指并拢，举于额际，先做“敬礼”手势，然后将手下放，伸出小指并在胸部点几下，表示向人致歉并自责之意

图 3-9 “对不起”的手语动作

“零”至“十”的手语动作如图 3-10 所示。

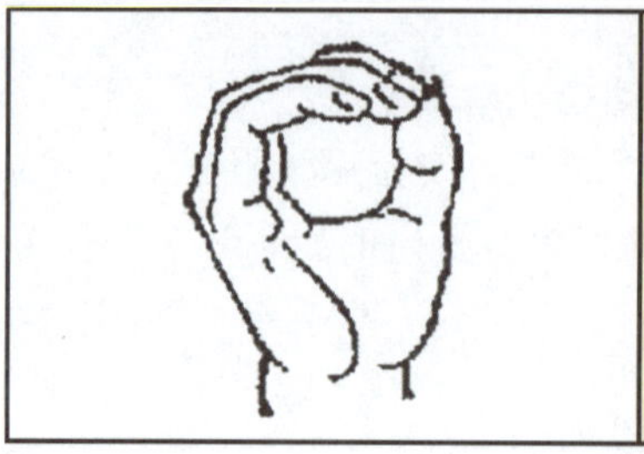

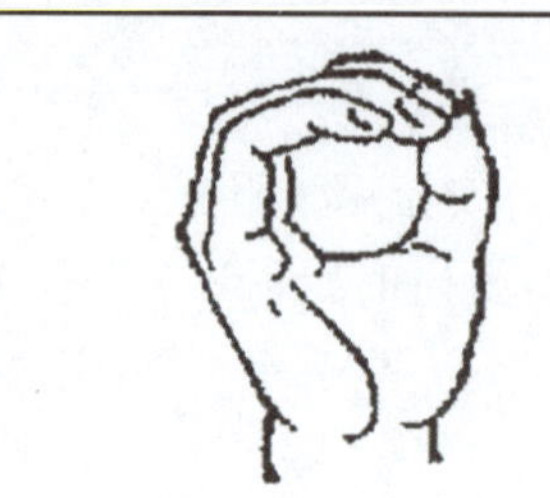	零 一手拇、食指相捏成圆圈，余指自然弯曲

(a) “零”的手语动作

	一 一手伸出食指，其余四指弯曲

(b) “一”的手语动作

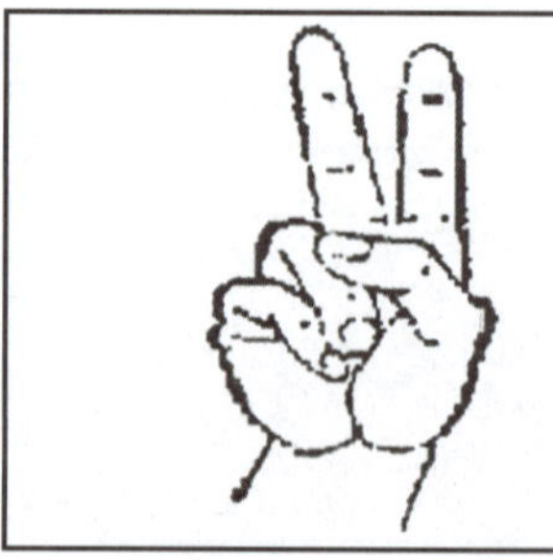	二 一手伸出食指、中指，其余三指弯曲

(c) “二”的手语动作

图 3-10 “零”至“十”的手语动作

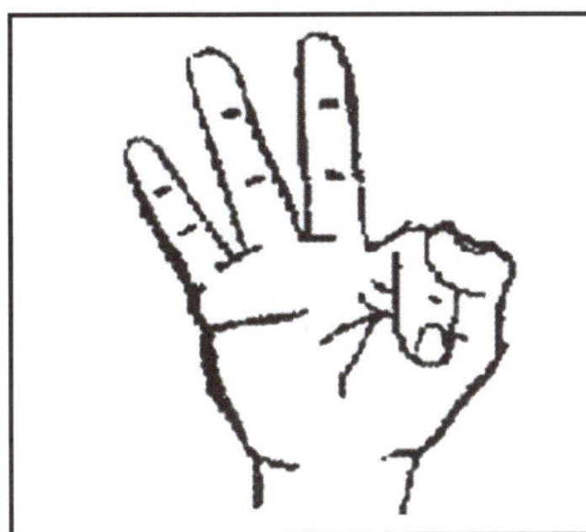	三 一手伸出中指、无名指、小指，拇指、食指弯曲

(d) “三”的手语动作

	四 一手伸出食指、中指、无名指、小指，拇指弯曲

(e) “四”的手语动作

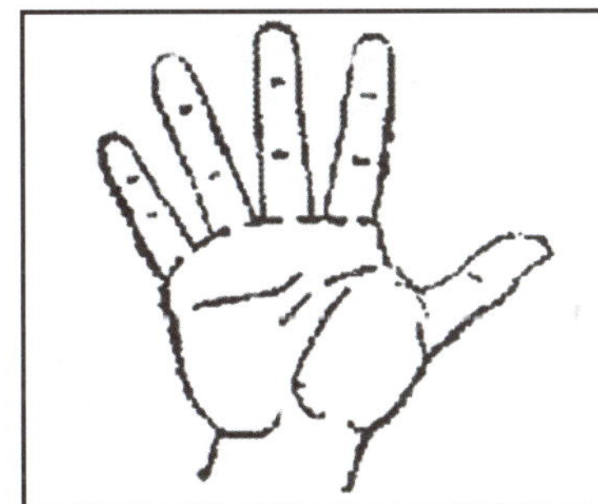	五 五指一起伸出

(f) “五”的手语动作

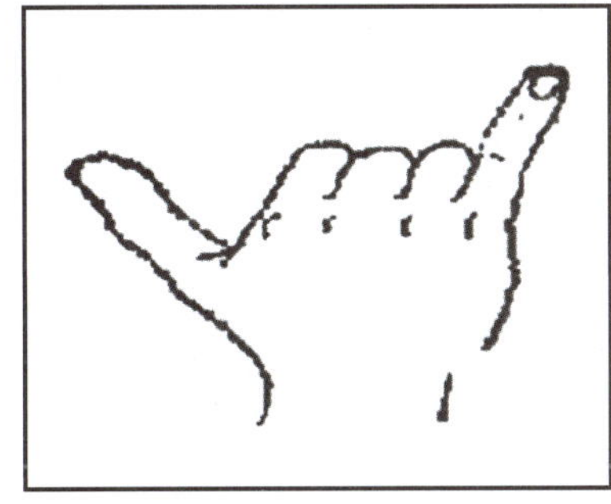	六 一手伸出拇指、小指，其余三指弯曲

(g) “六”的手语动作

图 3-10　“零”至“十”的手语动作（续）

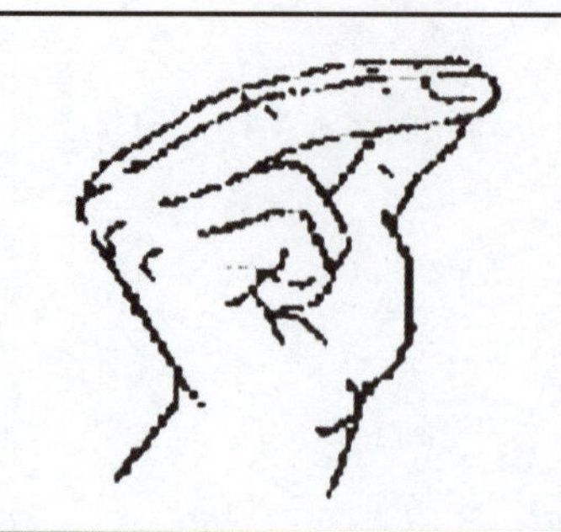	七 一手拇指、食指、中指相捏，其余两指弯曲

(h) “七”的手语动作

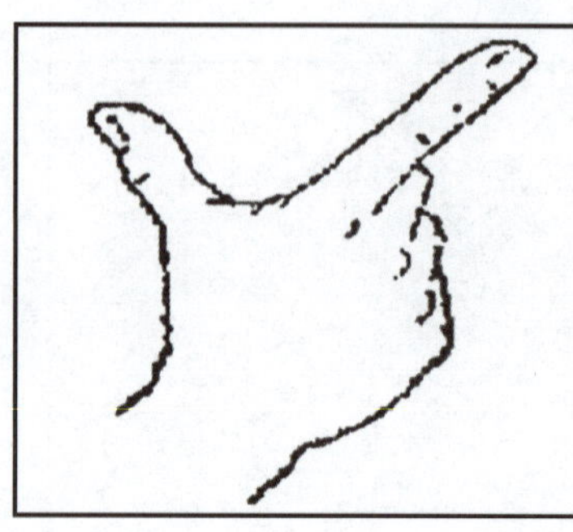	八 一手伸出拇指、食指，其余三指弯曲

(i) “八”的手语动作

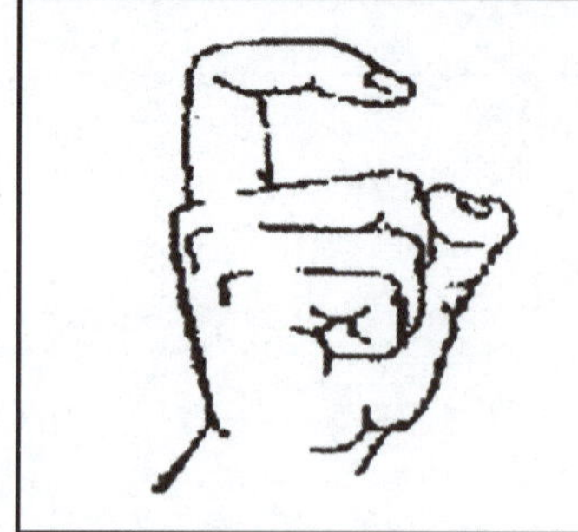	九 一手食指弯如钩形，其余四指弯曲

(j) “九”的手语动作

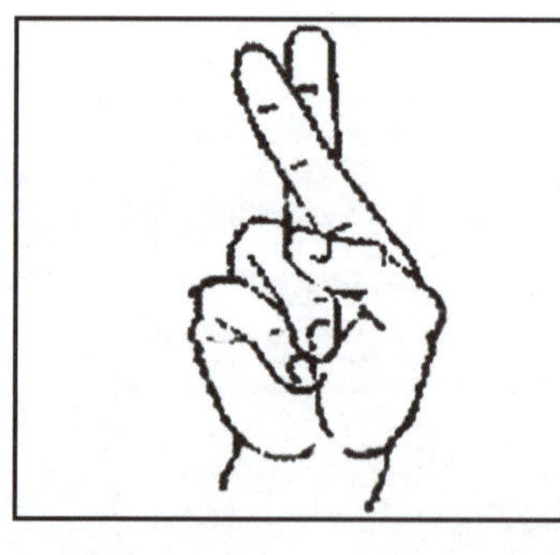	十 一手食指、中指交叉，其余三指弯曲

(k) “十”的手语动作

图 3-10 “零”至“十”的手语动作（续）

“上”“下”的手语动作如图 3-11 所示。

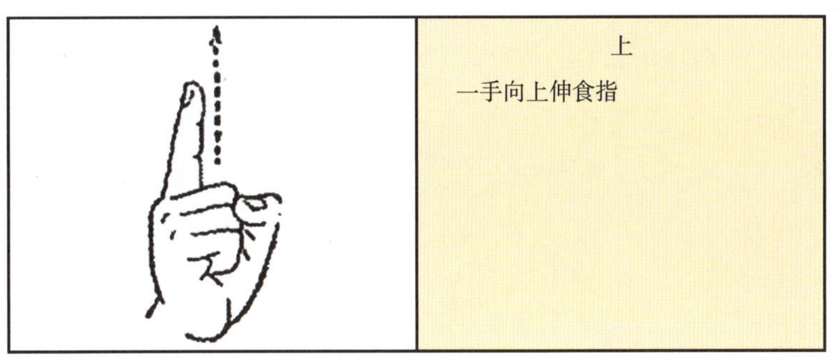

（a）“上”的手语动作

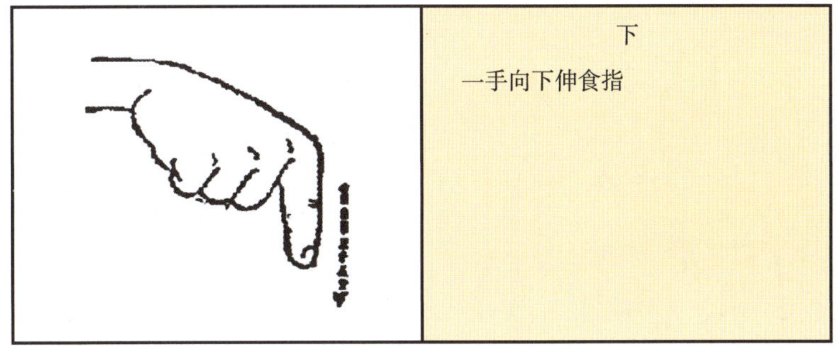

（b）“下”的手语动作

图 3-11　“上”“下”的手语动作

“前”“后”“左”“右”的手语动作如图 3-12 所示。

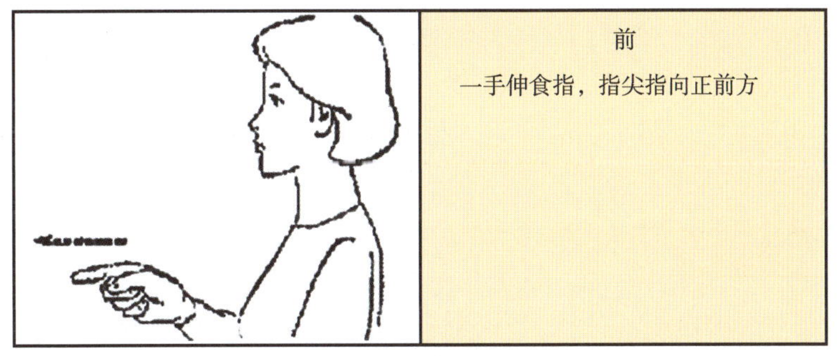

（a）“前”的手语动作

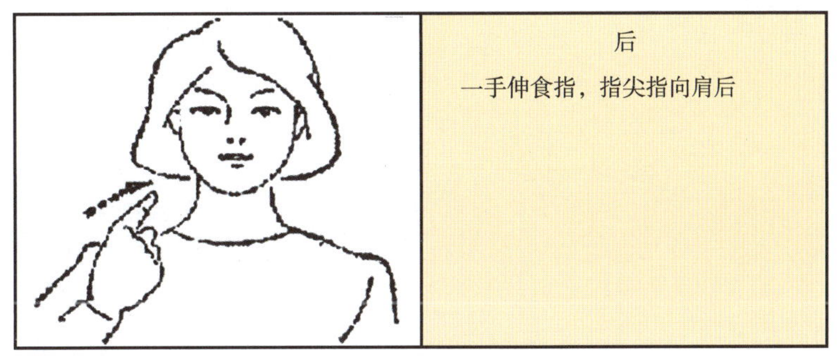

（b）“后”的手语动作

图 3-12　“前”“后”“左”“右”的手语动作

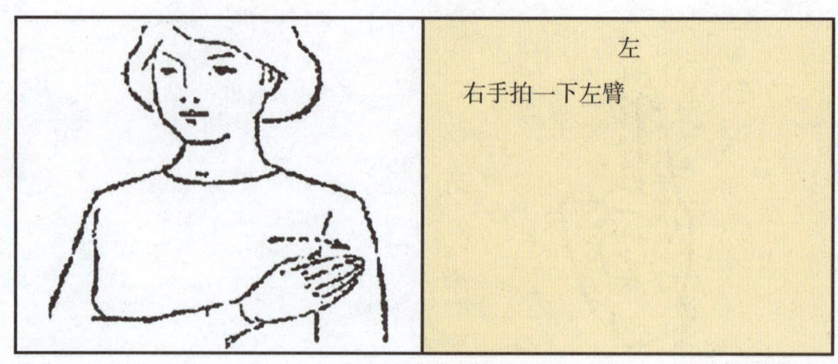

（c）“左”的手语动作

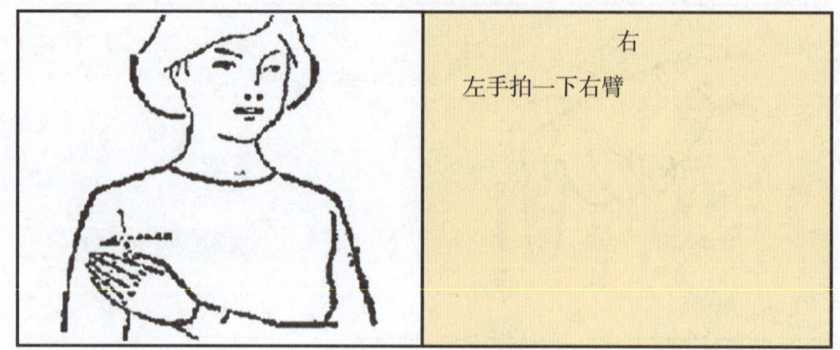

（d）“右”的手语动作

图 3–12 “前”“后”“左”“右”的手语动作（续）

5. 晕车旅客

(1) 轻声询问晕车旅客乘车前后的情况及有无晕车史，根据情况为旅客提供晕车药并加以安慰。

(2) 主动提供热毛巾、温水及清洁袋，建议晕车旅客解开过紧的领带或衣领扣。

(3) 可将晕车旅客转移到人少、通风良好的车厢。

(4) 待晕车旅客症状缓解后，适时为旅客提供服务。

(5) 下车时，主动帮助晕车旅客提拿行李并搀扶其下车。

项目四

涉外礼仪

教学目标

人们在涉外场合的行为举止，不单纯是个人行为，还代表着本部门、本行业的形象，甚至代表着国家的形象，因此，高速铁路客运服务人员必须掌握涉外礼仪知识、懂得涉外礼仪规范，才能更好地为外籍旅客服务，展现中国铁路的良好形象。

知识目标

(1) 涉外礼仪的基本要求；
(2) 涉外礼仪的禁忌；
(3) 涉外交际礼仪。

技能目标

(1) 能了解涉外礼仪的基本要求；
(2) 能掌握涉外礼仪的禁忌；
(3) 能掌握简单的涉外交际礼仪规范。

任务 高速铁路客运涉外礼仪基础

任务描述：

涉外礼仪在铁路涉外服务工作中占有十分重要的地位，是铁路外事接待工作的基础。接待外籍旅客一定要做到热情周到，有条不紊，体现出我国铁路部门的管理水平。

一、涉外礼仪的基本要求

1. 个人形象

高速铁路客运服务人员的个人形象包括仪容仪表，言谈举止，个人气质等，个人形象给人第一印象，非常重要。

2. 不卑不亢

高速铁路客运服务人员要意识到自己代表的是国家、民族、所在单位，言行应从容得体，堂堂正正，不应表现得畏惧、卑微、低三下四，也不应表现得狂傲自大、目中无人。对个别外籍旅客的不友好言行，要具体分析，正确对待，不能感情用事。发生特殊情况交由列车长和乘警处理。

3. 求同存异

高速铁路客运服务人员要树立正确的涉外礼仪观念（各国礼仪习俗存在差异，重要的是互相理解，而不是评判是非，鉴定优劣）。

4. 尊重对方的习俗

高速铁路客运服务人员要真正做到尊重外籍旅客，首先必须尊重对方所独有的风俗习惯。

5. 信守约定

高速铁路客运服务人员须严格地遵守自己的所有承诺，说话务必算数，许诺一定兑现。

6. 热情适度

高速铁路客运服务人员不仅对待外籍旅客要热情友好，更为重要的是要把握热情友好的具体分寸，否则就会事与愿违，过犹不及，会使人厌烦或怀疑你别有用心。

7. 谦虚适当

高速铁路客运服务人员一方面不能一味地抬高自己，另一方面也绝对没有必要妄自菲薄、自我贬低、自轻自贱，过度对外籍旅客谦虚客套。

8. 尊重隐私

高速铁路客运服务人员在对外交往中不要涉及收入、年龄、婚姻、健康、家庭住址、个人经历、信仰、政见等隐私方面的话题。

9. 女士优先

在一切社交场合，尊重、照顾、体谅、关心、保护妇女是世界通行的礼仪规则。

10. 以右为尊

在并排站立、行走、就座、会见、会谈、宴会桌次、乘车、挂国旗等方面都应遵循以右为尊的国际惯例。

二、涉外礼仪的禁忌

人们在交流中并不是想说什么就说什么的，在日常交际中不是任何话题都可以涉及的。在人际交往中，有些话题是要回避的，由于人们不愿或不敢随便谈论一些话题或词汇，于是就出现了禁忌现象。在日常生活和工作中，违反言语禁忌，往往会显得唐突和无理，容易造成不好的后果。

（一）言语禁忌

1. 称谓禁忌

与外籍旅客交往，对男性一般称“先生”，对女性一般称“夫人”“小姐”。在称呼的前面，也可以冠以姓名、职称、衔称等。对地位高的官方人士，如部长以上的高级官员，可称“阁下”，对有地位的女性可以称夫人，对有官阶、官衔的女性，也可称“阁下”。诸如“外国佬”“老外”等称谓是严禁使用的。

2. 词语禁忌

词语禁忌内容较多，例如，无论东方还是西方，都对“死”有忌讳，都不愿意提及“死”字。对于生理有缺陷的人，为避免伤害其自尊心，也要使用委婉的表达方式。要在平时多积累词语禁忌知识，才能做到有备无患。

（二）习俗禁忌

1) 隐私禁忌

在许多国家，个人隐私是人们最大的禁忌之一。个人隐私包括个人的年龄、财产、工资、婚姻、职业、政治倾向、宗教信仰等。除非本人乐意，否则询问别人的隐私会引起对方极大的不快。

2) 公共场合禁忌

许多国家在公共场合要严格遵守先来后到的顺序。在公共场合打电话或与他人交谈时，不能大声喧哗。

3) 饮食禁忌

饮食是一个人生活的重要组成部分，在长期的生活过程中，每一个国家或民族都形成了自己独特的饮食文化，而饮食禁忌便是饮食文化中的重要组成部分。饮食禁忌既涉及饮食的内容，即忌吃哪些食物，也涉及饮食方式，即进食时忌讳的行为或方式。西方人忌吃肥肉、粘骨和鸡鸭的皮（烤鸭、烤鸡的皮除外），忌食各种动物的头、脚、内脏做成的食品。另外，我们还知道进食时有各种规矩，西方人用刀叉吃饭，东方人用筷子，还有的民族用手抓饭吃，他们这样做的时候也有各种禁忌，比如西方人进食忌刀叉取食时叮当作响。西方人进食时，自己不喜欢的饭菜会少要，或不要，忌自己的菜盘剩下东西不吃；忌大吃大喝弄出声音；忌喝汤时弄出声；口中有食物时忌说话；忌饭后当众剔牙等。

4) 数字禁忌

对某些数字的禁忌是世界各民族共有的现象。例如对许多西方人来说，“13”是一个令人恐惧的数字，高速铁路客运服务人员在为其服务时，就应尽量不说这个数字。

三、涉外交际礼节

1. 鞠躬

在西方国家也有鞠躬的礼节，即用俯首、弯腰以示尊敬之意。比如，鞠躬迎客、鞠躬送客、鞠躬致意、鞠躬致谢，但是西方人没有东方人三鞠躬的“大礼”。在一般情况下西方人行鞠躬礼时，保持一种自然下倾，不超过 15° 的身体姿势。

2. 握手礼

握手礼是通用的交际礼节，使用范围很广。

握手时，双方都要站着握手，如果相距较远，则双方要走近后再握手。

西方人握手后马上松开，两人的距离也随即拉开。

3. 拥抱礼

拥抱是西方的礼节，在拥抱时，两个人相对而立，右臂偏上，左臂偏下，右手护着对方的左肩，左手扶着对方的右后腰，按各自的方位，两人头部及上身都先向左拥抱，再转向右拥抱，最后又向左拥抱。

项目五

铁路路风管理

教学目标

高速铁路客运服务人员要树立全心全意为旅客服务的思想，牢记人民铁路为人民的宗旨。高速铁路客运服务人员要加强路风知识的学习，维护铁路部门的良好形象。

知识目标

(1) 路风的概念；
(2) 路风管理的机构和职责；
(3) 路风问题的分类与定性；
(4) 路风问题的监察、监督程序；
(5) 路风问题的处罚规则；
(6) 路风问题的管理制度。

技能目标

(1) 了解路风的概念；
(2) 了解路风管理的机构和职责；
(3) 掌握路风问题的分类与定性；
(4) 了解路风问题的监察、监督程序；
(5) 熟悉路风问题的处罚规则；
(6) 了解路风问题的管理制度。

任务　铁路路风管理办法

任务描述：

加强路风管理是铁路部门强化监察、监督，纠正损害国家、企业、群众利益的不正之风，维护旅客合法权益，维护铁路形象和声誉的有效手段。

一、路风的概念

路风指铁路部门的行业风气，是铁路的性质、宗旨和经营方向在运输企业和职工中的综合表现。路风管理是铁路精神文明建设、党风廉政建设和企业经营管理的组成部分。加强路风管理，对提高铁路职工队伍素质，提升运输服务质量，促进铁路发展，推进和谐铁路建设，具有重要作用。

路风管理工作坚持“标本兼治、纠建并举”的方针，强化监察、监督，注重源头治理，切实解决损害旅客、货主利益的问题，为铁路发展创造良好的社会环境。

路风管理工作坚持谁主管谁负责的原则，实行领导负责、系统负责、逐级负责，党政工团齐抓共管，综合治理。

二、路风管理的机构和职责

中国铁路总公司设立路风监察办公室。铁路局（包括专业运输公司，下同）设立路风监察工作机构，配备专职人员。客货运输经营单位根据工作需要，设立或明确路风监察工作机构，配备专（兼）职人员。

铁路局路风监察工作机构的主要职责如下。

(1) 拟定工作规划、制度和办法并组织实施。

(2) 检查、监督有关法规和规章制度的执行情况。

(3) 受理、查处路风问题投诉及上级机关、新闻媒体等单位批转、移交的路风反映。

(4) 组织、参加路风问题的调查、认定和处理工作。

(5) 根据上级路风部门授权，实施跨单位路风检查。

(6) 协调与社会各界的联系，畅通社会监督渠道。

(7) 掌握路风动态，加强信息反馈，开展调查研究，为领导决策提供依据。

(8) 总结推广经验，树立、表彰先进典型。

(9) 对下属单位路风监察工作进行检查指导。

(10) 完成领导交办的其他任务。

路风监察人员的职权如下。

(1) 检查车站、列车及其他需要检查的单位和经营场所的路风情况。

(2) 听取被检查单位的情况介绍，查阅与路风监察事项有关的文件、档案、票据、账目和资料。

(3) 向有关单位或人员调查、取证。

(4) 对发生路风问题的单位，填发路风监察通知书。

(5) 责令被检查单位或人员停止损害路誉的行为。

路风监察人员必须忠于职守，严格执纪，公道正派，清正廉洁。有下列行为之一的，视情节给予组织处理或行政处分。

(1) 玩忽职守，工作失职，造成严重后果的。

(2) 滥用职权，侵犯他人合法权益的。

(3) 利用职权，谋取私利，索贿受贿的。

(4) 隐瞒事实，弄虚作假，包庇违纪行为的。

(5) 其他造成不良影响或后果的行为。

路风监察人员执行职务时，应持路风监察证，必要时佩戴路风监察臂章。中国铁路总公司将路风监察证和路风监察臂章发至铁路局专职路风监察人员手中。

路风监察人员执行职务时，免予签证登乘各次列车（国际列车、进港直通车按有关规定办理），不受车种、席别限制；准予使用铁路电报、电话。

路风监察人员执行职务时，被检单位要支持、配合检查人员工作并提供便利。任何单位或个人不得拒绝、阻碍路风监察人员执行检查任务。

三、路风问题的分类与定性

路风问题指铁路单位和从业人员凭借职务或工作便利条件营私谋利，以及违背职业道德，服务质量低劣，给旅客、货主造成经济损失或精神、身体伤害，在路内外造成不良影响和后果的行为。路风问题主要包括以车谋私，以票谋私，乱收费、乱加价，勒卡索要，粗暴待客，违规经营，违规贩运七类。

（一）以车谋私

以车谋私指凭借职权或通过关系，以车皮、集装箱等运输条件谋取私利的行为。

(1) 在受理运输计划，审批承运车，安排货位、装车、配车、配箱、装卸，变更装卸地点、到站，取送车等运输环节中谋取私利。

(2) 将车皮、集装箱计划切块分给路内外单位或个人，从中谋取私利。

(3) 违反运输纪律，采取无票运输、换票运输、伪报品名、少报重量等手段侵害运输收入，从中谋取私利。

(4) 违反规定进行运价下浮，从中谋取私利。

（二）以票谋私

以票谋私指凭借职务或工作之便，利用车票谋取私利的行为。

(1) 违反售票纪律，利用审批团体票、机动票，合同订票或切块、囤票等不正当手段在为他人提供车票的过程中谋取私利。

(2) 收长途钱补短途票，以侵吞票款；为旅行团体代办车票提供方便，以获取好处或不正当利益。

(3) 私带无票人员、行包和货物，安排越席及不符合乘车条件人员乘车。

(4) 内外勾结霸座、卖座，接送无票人员进出站、上下车，装运超过登记重量、件数的行包货物以从中谋取私利。

（三）乱收费、乱加价

(1) 超出国家、铁路部门规定的运、杂费收费项目和标准，收取或变相收取不合理费用。

(2) 在运输代理和客货延伸服务中，只收费不服务，多收费少服务，擅自设立收费项目、提高收费标准，以及不提供合法票据。

(3) 车站或票务管理部门不送票收取送票费，自办售票点超标准收费，车站售票窗口或车票计划室搭收其他费用。

(4) 车站或票务管理部门从客票代理销售点的乱收费、乱加价中分成。

（四）勒卡索要

勒卡索要指凭借职务或工作之便，采取刁难、要挟或威胁等手段，敲诈勒索旅客、货主。

（五）粗暴待客

(1) 对旅客、货主进行打、骂的行为。

(2) 有意设置障碍，刁难旅客、货主。

(3) 殴打旅客、货主或限制旅客、货主人身自由。

(4) 其他严重侵害旅客、货主人身权利构成违法犯罪的行为。

（六）违规经营

(1) 以不批计划、不配空车、拖延办理等手段，强制货主办理延伸服务。

(2) 铁路下属企业或与之联营的单位强制办理运输代理、延伸服务业务。

(3) 铁路货运业务与延伸服务或运输代理业务合并办理，以及代收延伸服务或运输代理费用。

(4) 站车强卖、搭售商品，或出售假冒伪劣商品。

(5) 列车餐车开办茶座、夜宵等经营业务，违规收费，变相卖座。

(6) 以提前进站、提供车票等手段误导旅客进茶座、休息厅等场所并收取费用，或在代办转乘车船、住宿、旅游等业务中违背承诺，欺诈旅客。

（七）违规贩运

凭借职务之便，利用列车搞营利性捎带或携带禁运、限运物品。

路风问题分为重大路风事件、严重路风事件、一般路风事件和路风不良反映四类。

构成下列路风问题之一的，定为重大路风事件。

(1) 以车谋私金额（含实物折算价值，下同）5 000 元以上，以票谋私金额 3 000 元以上。

(2) 乱收费、乱加价金额（从行为发生之日起累计计算，下同），客运在 100 000 元以上；货运在 500 000 元以上。

(3) 私带无票人员、行包、货物，安排越席及不符合乘车条件人员乘车，按已乘（运）区间票价（运价）计算，同时收取好处费的合并计算，金额在 3 000 元以上。

(4) 殴打旅客、货主造成重伤、死亡，或侵害旅客、货主人身权利情节特别严重。

(5) 敲诈勒索旅客、货主情节特别严重。

(6) 贩运物品一次性价值在 10 000 元以上，或情节特别严重。

(7) 违规经营造成特别恶劣影响。

(8) 其他造成特别恶劣影响，使路誉遭受严重损害的行为。

构成下列路风问题之一的，定为严重路风事件。

(1) 以车谋私金额 2 000 元以上不足 5 000 元，以票谋私金额在 1 500 元以上不足 3 000 元。

(2) 乱收费、乱加价金额，客运在 50 000 元以上不足 100 000 元；货运在 200 000 元以上不足 500 000 元。

(3) 私带无票人员、行包、货物，安排越席及不符合乘车条件人员乘车，按已乘（运）区间票价（运价）计算，同时收取好处费的合并计算，金额在 1 500 元以上不足 3 000 元。

(4) 殴打旅客、货主造成轻伤，或侵害旅客、货主人身权利情节严重。

(5) 敲诈勒索旅客、货主情节严重。

(6) 贩运物品一次价值在 5 000 元以上不足 10 000 元，或情节严重。

(7) 违规经营造成恶劣影响。

(8) 其他造成恶劣影响，使路誉遭受较大损害的行为。

构成下列路风问题之一的，定为一般路风事件。

(1) 以车谋私金额在 1 000 元以上不足 2 000 元，以票谋私金额在 500 元以上不足 1 500 元。

(2) 乱收费、乱加价金额，客运在 30 000 元以上不足 50 000 元；货运在 50 000 元以上不足 200 000 元。

(3) 私带无票人员、行包、货物，安排越席及不符合乘车条件人员乘车，按已乘（运）区间票价（运价）计算，同时收取好处费的合并计算，金额在 500 元以上不足 1 500 元。

(4) 殴打旅客、货主造成轻微伤，或侵害旅客、货主人身权利情节较严重。

(5) 敲诈勒索旅客、货主情节轻微。

(6) 贩运物品一次价值在 3 000 元以上不足 5 000 元，或情节较重。

(7) 违规经营造成很坏影响。

(8) 其他造成很坏影响，使路誉遭受损害的行为。

未构成路风事件的路风问题，定为路风不良反映。

重大路风事件和严重路风事件由中国铁路总公司认定；一般路风事件由铁路局认定；路风不良反映由站段认定。

上级对下级定性不准或处理不当的路风问题可予纠正，必要时可直接认定。

跨单位的路风问题，由上级机关协调处理。对定性与处理有争议的，由上级机关裁决。国家铁路主管部门的裁决为最终裁决。

四、路风问题的监察、监督程序

路风检查由路风监察人员实施，采取明察、暗访两种形式。明察时应主动出示路风监察证，在被检单位配合下开展工作。凡不出示有效证件的，被检单位可以拒绝检查。

路风监察人员查出路风问题，应填发路风监察通知书，也可视情况拍发铁路电报。路风监察通知书的填写要符合相关规定，事实清楚，表述准确，客观公正，并加盖路风监察人员名章。

检查结束后，向被检单位通报检查结果。凡填发路风监察通知书的，由被检单位负责人签字，一式两份，一份交被检单位处理，一份由检查单位留存。被检单位应在20日内做出定性处理，并逐级上报查处结果。

受理路风投诉，应视所反映问题性质及重要程度，按照登记、呈报、转办、交办、直接查办、审核结案、复信反馈等程序办理。铁路主管部门要求上报结果的，由铁路局调查处理，在两个月内上报查处结果（有特殊情况的除外）。

调查路风问题须由二人以上实施。调查中，要对发生路风问题的时间、地点、人员、情节、手段和所造成的后果认真核查，充分收集有关证明材料，综合分析、鉴别、归纳，形成结论，实事求是地撰写调查报告。

对检查、调查属实的路风问题，依据相关规定，对问题性质、严重程度做出认定，对责任单位或责任者进行处理。

路风问题经审核，对事实清楚、证据确凿、定性准确、处理恰当、手续完备的，结案归档；不符合要求的，要求重新调查。

五、路风问题的处罚规则

处理路风问题要坚持实事求是的原则，以事实为依据，准确定性，恰当处分；坚持从严执纪的原则，对发生路风问题的单位、个人不姑息迁就、袒护包庇；坚持惩前毖后、治病救人的原则，实行惩戒与教育相结合的方针。

对路风问题责任者的处理，劳动合同中有约定的，按劳动合同中的约定办理；没有约定的，按相关规定给予行政处分。行政处分分为：警告、记过、记大过、降职（级）、撤职、留用察看、开除。在给予行政处分的同时，可给予一次性经济处罚。

对路风问题责任单位的处罚如下。

(1) 通报批评。

(2) 经济处罚。

(3) 在企业经营业绩考核中扣分。

(4) 取消评选有关荣誉称号的资格。

构成路风不良反映的，给予决策者或直接责任者警告至记过处分，情节轻微的，可免予处分；构成一般路风事件的，给予决策者或直接责任者记过至撤职处分；构成严重路风事件的，给予决策者或直接责任者记大过至留用察看处分；构成重大路风事件的，给予决策者或直接责任者撤职至开除处分。对乱收费、乱加价的责任单位，在收缴其非法所得的同时，可按乱收费、乱加价数额给予一至两倍的罚款。

对路风问题责任者的处理，按干部、工人处分的批准权限和规定程序，由有关部门办理。

对路风问题责任单位的经济处罚，由路风监察部门填发一式三份的路风问题经济处罚（罚款）通知书，一份交责任单位，一份留路风监察部门存查，一份送同级财务部门实施。对责任者的经济处罚，由所在单位按有关规定办理。对乱收费、乱加价责任单位的罚款，由被处罚单位逐级上缴到处罚单位财务部门。责任单位逾期不交的，由处罚单位依照有关法规规定办理。

在一次检查或调查中，查出旅客列车不同乘务单位人员发生同类路风问题的，合并认定路风问题档次。对责任单位和责任者，根据其实际应承担的责任，分别从重处理。

旅客列车长时间、长距离存在无票人员或越席旅客，不能确定私带责任人的，按无票人员或越席旅客所在列车部位，追究相应乘务人员及列车长的管理责任。

两人以上共同发生路风问题，对主要责任者和其他责任者区别其作用和责任分别处理。涉及谋私的路风问题，主要责任者按谋私总额处罚，其他责任者按个人谋私数额分别处罚。

一人发生两种以上应当受到处分行为的，要合并处理。按应受数种处分中最高处分加重一档给予处分；如果其中一种处分是开除的，即给予开除处分。

有下列情形之一的，从轻或减轻处分。

(1) 主动交代问题或自查自纠的。

(2) 主动退回非法所得的。

(3) 主动挽回损失、影响或有效阻止不良后果发生的。

(4) 主动检举他人问题，经查证属实或有其他立功表现的。

有下列情形之一的，从重或加重处分。

(1) 拒不配合调查或伪造、销毁、藏匿证据的。

(2) 隐瞒不报，压而不查，查而不处的。

(3) 个人一年内发生两次以上路风事件的。

(4) 唆使、纵容下级发生路风问题的。

(5) 阻挠路风监察人员执行公务或打击报复举报人的。

在查处路风问题中，发现责任者的行为已构成违法犯罪的，有关单位应移交公安、司法机关处理。

路风问题责任者受到刑事追究或行政处罚的，仍按本办法追究单位的路风管理责任。

对发生严重路风问题和频发路风问题的单位追究有关领导责任。发生严重以上路风事件或一年内发生两起以上一般路风事件，给予站段负有领导和管理责任的人员行政警告至撤职处分；发生重大路风事件或一年内发生两起以上严重路风事件，给予铁路局负有领导和管理责任的人员行政警告至撤职处分。发生被中央级新闻媒体批评造成恶劣影响的严重以上路风事件，视情节给予铁路局负有领导和管理责任的人员组织处理或行政处分。

鼓励路风问题自查自纠。各单位受理的投诉举报和检查出的构成路风事件的问题，逐级主动汇报情况，在规定时限内认真调查并按相关标准定性处理，经上级部门审核批复，可视为自查自纠。

单位或个人对处罚决定不服的，可在接到处罚决定的次日起 15 日内向做出处罚决定的部门提出复查申请，做出处罚决定的部门应在 30 日内做出结论。仍然不服的，可向上一级单位提出复查申请，上一级单位应在 60 日内做出结论。复查期间，原处罚决定照常执行。

发生其他路风问题，比照以上规定处理。

六、路风问题的管理制度

1. 路风问题的报告制度

发生性质严重、影响较大的路风问题，责任单位应在 5 日内向上级路风监察部门报告。

凡瞒报、迟报造成不良后果的，追究责任单位领导的责任。

2. 路风问题的交班制度

发生路风事件，或性质严重、影响恶劣的路风问题，由责任单位主管领导带队到上级机关交班。

3. 路风问题的通报制度

对典型的路风事件、带有普遍性、倾向性的问题，以及其他要通报的路风问题，以文件、电报、网络等形式通报。凡被上级通报的问题，责任单位必须做出定性处理并上报结果。

4. 路风问题的责任追究制度

发生路风事件应追究有关领导及业务主管部门负责人的责任。一般路风事件追究车间（队）、站段有关领导及业务主管部门负责人的责任。严重以上路风事件追究车间（队）、站段、铁路局有关领导及业务主管部门负责人的责任。因企业行为构成路风事件，追究决策者和有关领导责任。

5. 路风管理的考核制度

各级铁路单位要把路风工作纳入相关考核。国家铁路控股的合资公司的路风工作，纳入相关铁路局路风工作考核。

6. 路风问题接受社会监督制度

铁路单位要坚持办事公开，对外公布收费项目、收费依据、收费标准和监督电话，公开车皮计划审批结果，销售的商品要明码标价，工作人员要佩戴标志上岗。要重视新闻舆论监督，定期走访旅客、货主，畅通社会监督渠道。

项目六

非正常情况下的客运服务礼仪

教学目标

在正常情况下，高速铁路客运服务人员根据服务礼仪规范井然有序地开展服务工作，但出现非正常情况时，怎样保持良好的心态，临危不乱，继续提供符合礼仪规范的服务是本项目的主要内容。

知识目标

(1) 高速铁路客运应急处置机构及职责；
(2) 高速铁路车站应急处理原则；
(3) 高速铁路车站面对列车晚点时的应急服务礼仪；
(4) 动车组列车晚点时的应急服务礼仪；
(5) 高速铁路车站突发大客流时的应急服务礼仪；
(6) 高速铁路车站大量旅客滞留时的应急服务礼仪；
(7) 发生旅客争执时的应急服务礼仪；
(8) 动车组旅客丢失、被盗物品时的应急服务礼仪；
(9) 动车组旅客受伤时的应急服务礼仪；
(10) 动车组旅客食物中毒时的应急服务礼仪；
(11) 对精神病旅客的应急服务。

技能目标

(1) 熟悉高速铁路客运应急处置机构的构成及职责分工；
(2) 按照高速铁路客运应急处理原则处理特殊情况；
(3) 针对高速铁路车站不同的突发情况，采取有效的服务举措；
(4) 能够有效解决在动车组上发生的各种突发情况，为旅客提供符合礼仪规范的服务；
(5) 加强训练，提升职业素养。

任务一　高速铁路客运应急处置机构

任务描述：

高速铁路运输过程中，难免发生突发情况。确定高速铁路客运应急处置小组的人员及职责，是提供优质应急服务的第一步。本任务对高速铁路客运应急处置机构进行介绍。

一、铁路局应急领导小组

1. 铁路局应急领导小组的构成

组　长：分管运输的副局长。

副组长：总调度长（运输处处长）。

成　员：运输处、客运处、调度所、机务处、车辆处、工务处、电务处、铁路公安局等部门领导。

铁路局应急领导小组下设应急领导小组办公室，其设在铁路局调度所，负责铁路局应急领导小组的日常工作。

2. 铁路局应急领导小组成员单位的主要职责

(1) 运输处负责动车组非正常情况行车组织方案的制定和调整。根据非正常情况对动车组行车组织的影响程度，制定切实可行的行车组织调整方案；协调事故现场的行车指挥工作。

(2) 客运处负责指导客运段制定因动车组或动车组救援列车晚点造成的站车滞留旅客的组织、疏导方案。

(3) 调度所负责收集、掌握管内动车组情况和故障信息，负责督办落实上级调度中心和铁路局领导关于动车组应急处置的指示、命令；协调车务、机务、供电、车辆、工务、电务等有关部门、单位的应急处置工作；统一指挥非正常情况下动车组的行车组织工作，协调救援力量进行支援。

(4) 机务处负责指导机务段制定动车组机车、牵引动力等故障的应急处置方案。及时提供与动车组牵引动力、救援列车、救援基地相关的各种设施、装备材料，为故障处理提供物资基础。

(5) 车辆处负责制定动车组车辆设备故障的应急处置方案，及时提供与动车组车辆救援相关的各种设施、装备材料，为故障处理提供物资基础。

(6) 工务处负责指导工务段制定与高速铁路工务相关故障的应急处置方案。

(7) 电务处负责指导电务段、通信公司制定与动车组通信、信号、调度指挥系统故障相关的应急处置方案。

(8) 铁路公安局负责组织警力维护故障现场秩序，协助客运部门做好站车滞留旅客的组织、疏导工作，必要时应立即封闭现场，设置警戒线。

二、段级应急领导小组

段级应急领导小组组长由车务段段长担任，成员由机务、电务、车辆、客运、铁路公安等单位领导组成。

(1) 车务部门具体负责现场抢修、救援指挥、善后处理等工作，其主要职责如下。

① 提供动车组设备故障的现场准确信息。

② 负责现场的具体救援指挥工作和行车组织工作。

③ 负责制定动车组机车、牵引动力等故障的应急处置方案。

④ 负责指导司机及时处理故障，尽最大能力组织、恢复动车组运行。

(2) 车辆部门（车辆段、动车组运用所）主要职责如下。

① 负责指导随车机械师及时处理故障，尽最大能力组织动车组恢复运行。

② 负责替换车底的编组、整修，提供状态良好的车底。

③ 负责与相关厂家的技术专家联系，保证厂家的全天候技术支持。

(3) 电务部门主要职责如下。

① 负责制定动车组通信、信号、调度指挥系统故障的应急预案，协调通信公司提供应急通信保障。

② 做好列控系统、列车调度指挥系统、通信、信号等设备故障的处理。

(4) 客运部门主要职责如下。

① 负责因动车组或动车组救援列车晚点造成的站、车滞留旅客的组织、疏导工作。

② 负责因动车组或动车组救援列车晚点造成的相关旅客的退票、改签工作。

(5) 铁路公安部门主要职责如下。

① 维护现场秩序，协助客运部门做好站、车滞留旅客的组织、疏导工作。

② 打击利用故障进行的违法犯罪活动，维护铁路运输秩序。

三、高铁站应急领导小组

1. 高铁站应急领导小组的构成

组　长：站长。

副组长：其他站级领导。

成　员：各科科长，各车间主任，铁路公安派出所所长。

2. 高铁站应对突发情况的应急处理原则

为提高高铁站客运各部门在出现突发情况时的应急反应能力和应急处置水平，最大限度地减少损失和影响，要求在执行应急预案时必须遵循以下原则。

(1) 以人为本，安全第一。

始终把确保群众的生命、财产安全放在首位，减少损失和影响，提升服务水平和服务

质量。

(2) 依法依规，强化学习。

车站业务科室制定的应急预案要符合法律法规的规定，要不断完善应急预案，改进应急装备、设施和手段。各车间要按要求组织本部门人员对预案进行学习，保证现场作业人员处理突发情况时有据可依。

(3) 统一领导，分级管理。

高铁站客运系统各部门在高铁站应急领导小组的统一领导下，本着科学、有序的组织原则处理各类突发事故。启动应急预案后，各部门人员必须明确各自职责，按章办理，逐级汇报，严禁盲目行事。

3. 应急响应时间规定。

日间应急预案启动 5 分钟内，客运车间主任、主管副主任必须赶到现场。

日间应急预案启动 10 分钟内，值班站长必须赶到现场。

夜间应急预案启动 10 分钟内，客运值班干部必须赶到现场。

应急预案遵循谁宣布启动，谁负责宣布结束的原则。

任务二 高速铁路列车晚点的服务礼仪

任务描述：

高速铁路运输的特点是高速度、高密度、高舒适度，但是由于天气等特殊原因，高速铁路难免发生晚点情况。此时，旅客通常会出现不满情绪，高速铁路客运服务人员要稳定旅客情绪，尽量减少列车晚点带来的不利影响。本任务主要介绍列车晚点时的应急服务要领。

一、列车晚点应急处理程序（高铁站）

1. 信息通报

(1) 接到铁路局调度所通知有列车大面积晚点时，综控室值班员立即向主管站长、客运车间主任、客运值班主任、售票值班主任、安检值班员通报。

(2) 车站总值班室调度员要根据综控室值班员提供的信息经主管站长批准后以短信形式通报客运处相关人员。

(3) 主管站长接到通知后，立即赶到现场，宣布启动应急预案。

2. 加强联控

(1) 发生列车大面积晚点后，综控室值班员要加强与行车室值班员的联系，了解晚点原因，及时掌握列车的运行信息，及时传递信息，确保车站客运人员及时掌握晚点列车运行情况。

(2) 发生列车大面积晚点后，综控室值班员加强与列车长的联控、互控，将列车反馈信息第一时间通报车站相关人员。

3. 发布公告

发生列车晚点后，客运业务科根据铁路局调度命令整理列车运行信息、退票组织信息、改签组织信息、乘降组织信息、候车方案信息等内容，将整理后内容提供给客运车间，由客运车间负责进行广播并将晚点信息录入车站信息显示屏，以确保信息发布的及时性。

4. 退票改签

(1) 打开足量的退票（改签）窗口，实施退、售分开。遇有停运、晚点列车较多时，为防止退票、售票客流交织，相互干扰，车站应立即开启售票备用厅，开放多个退票窗口和一定数量的改签窗口。客运车间主管售票副主任要在售票备用厅内组织进行旅客退票、改签工作并及时解答旅客疑问。

(2) 客运车间日常配备 5 名应急票务人员，应急票务人员手机 24 小时开机。列车大面积晚点导致票务人员人数紧张的情况下，客运车间值班员立即电话通知应急票务人员迅速到达车站。

(3) 放开退票时限。如遇退票客流较大，车站售票厅能力紧张，客运收入科和客运业务科应及时请示铁路局收入稽查处、客运处，申请适当放开退票时限，使旅客可以在较长的时间内到车站办理退票、改签手续，以减轻售票厅的压力。

(4) 备足退票资金。停运列车较多时，客运收入科应提前与铁路局财务部门取得联系，申请备用金，同时积极与地方银行沟通备足找零资金。

5. 乘降组织

(1) 各部门强化联控、互控，保证乘降秩序。由于列车到达、开车时间的不确定性，为防止出现安全隐患及旅客漏乘情况，候车区、站台、出站口、综控室在开检、停检环节强化联控、互控，尤其是立即折返列车，必须在旅客全部出站后，候车区方可检票。

(2) 检票前，相关客运员要对扶梯、自动感应门进行检查。

(3) 加强信息发布及晚点致歉工作。综控室要加强与高铁调度室及行车室的联系，了解列车运行情况，及时向旅客通报相关信息。遇有列车调整站台，相关部门要做好候车区进站显示屏、检票显示屏、站台显示屏的调整、核对工作。

(4) 加强检票力度，尤其要加强软质车票的验票力度。晚点列车具备发车条件后，检票时，检票口客运员要仔细核对软质车票，防止持其他列车车票的旅客或持后续列车车票的旅客登乘该次列车。

(5) 加强与市政部门及相关单位的联动，做好善后处理工作。得到晚点列车到达的确切时间及车上的旅客人数信息后，车站总值班室调度员将有关信息发送至站前管理办公室信息指挥中心。由站前管理办公室信息指挥中心协调市政公共交通部门，保证列车到达后，有足够的公交车、出租车接送旅客。

(6) 如晚点列车的旅客无法赶上所要转乘的飞机，客运值班主任要安排问讯处客运员帮助旅客询问机票改签事宜，对于到市内其他火车站换乘的旅客要主动联系相关车站值班人员，保证旅客可以顺利进站上车。

6. 强化旅客引导工作

(1) 综控室值班员提前与列车长联系，要求列车长将有改签、退票需求的旅客集中到一节车厢，列车到站后客运值班主任与列车长做好交接，指派专人引导办理改签、退票业务的旅客前往售票厅办理相关手续。

(2) 出站口客运员将检票闸机全部置于开放状态并将应急通道门全部打开。

(3) 指派 2 名客运员引导出站旅客至出租车等候区、公交车等候区。

7. 应急状态结束

列车恢复正常运行秩序后，主管站长宣布应急处理状况结束。

二、列车晚点服务礼仪（高铁站）

(1) 加强对重点旅客的引导。对“老、弱、病、残、孕”旅客加强帮扶、引导。

(2) 提前准备应急食品。发生列车大面积晚点后，客运业务科与相关食品供应商联系，通知其准备好应急食品。

(3) 保证旅客饮用水供应及候车区温度。客运值班主任指派专人对站内旅客用电茶炉进行检查，发现故障及时报修。站内温度过高或过低时，客运值班主任通知整备车间及时调整冷、热风设备，保证站内温度适宜。

(4) 列车晚点超过 15 分钟时，高铁站站长代表铁路部门向旅客致歉。致歉内容为：女士们、先生们，我是 ×× 高铁站站长，×× 次列车因 ×× 原因晚点，现大约晚点 ×× 小时 ×× 分钟。因列车晚点给您造成不便，我代表铁路部门向您表示诚挚的歉意。

(5) 若列车长时间晚点，车站每次致歉间隔时间不超过 20 分钟。

(6) 车站应掌握售票、候车及旅客滞留情况，维持好站内秩序并立即向客运主管部门报告。

(7) 列车晚点 1 小时以上且逢用餐时间时，车站应免费为等候该次动车组列车的旅客提供饮、食品；按客运调度员的安排，为晚点动车组列车提供饮、食品。

(8) 车站应加强列车运行信息公告，积极为旅客办理退票、改签等手续。办理相关手续时，要代表铁路部门向旅客再次表达歉意。

三、列车晚点应急处理程序（动车组）

1. 信息通报

铁路局调度所应按规定做好动车组晚点信息的预报和通报工作。列车运行晚点超过 15 分钟时，司机应当将晚点原因及时通知列车长。

2. 途中晚点列车处置

动车组途中晚点时，列车长要及时联系铁路局客运调度员，报告车内情况和请求协助解决的问题，组织乘务人员积极主动做好服务。晚点 15 分钟以上时，应做好向旅客致歉、解释的工作。乘警应与列车长密切配合，经常巡视车厢，维持好车内治安秩序。

3. 列车始发晚点时车站的处理

动车组在始发站晚点 30 分钟以上时，车站应及时通知旅客，旅客在始发站乘车前要求退票或改签时，车站应及时办理退票或改签手续。

4. 干部添乘

动车组在始发站晚点 30 分钟以上时，始发站铁路局客运处或客运段须派科长级干部添乘，组织列车乘务组做好服务、解释和安抚旅客工作。

5. 免费用餐

动车组晚点 1 小时以上并恰逢用餐时间时，由客运调度员安排车站向列车提供食品，列车免费为旅客供餐，免费供餐费用列运输成本。必要时，要求车上的第三方餐饮公司免费向旅客提供食品的，第三方餐饮公司应积极配合。所用食品凭列车长签认单按成本价由列车担当单位向餐饮公司支付。

6. 热备及更换车底

(1) 铁路局应当有具备技术设备条件和服务备品的热备动车组和相应数量的乘务人员可随时投入运营。特殊情况使用非动车组列车替代时，有关车站应备足票款、开启足够数量的窗口，及时为旅客退还车票差价款。

(2) 启用热备车底时，列车调度员（动车调度员）应通知客运调度员，客运调度员要与相关站段和餐饮、保洁公司联系。

(3) 运行中必须更换车底时，司机根据调度命令立即转告列车长，原则上应在车站更换车底。车站应当与列车一起组织旅客换车。只能在区间换车时，列车长接到司机通知后，组织旅客安全换车。

(4) 在组织旅客换乘到与故障动车组不同车型的热备车底时，乘务员要熟悉各种车型各车厢的定员，掌握一等、二等车厢的分布，根据故障动车组所乘坐旅客数量情况，积极主动做好服务，有目的、有针对性地做好宣传组织工作，稳定旅客情绪。

(5) 热备车底不能完全满足旅客座席或一等座席不足时，应积极做好向旅客致歉和解释的工作。对持一等座席车票改乘二等座席的，编制客运记录，按规定退还票价差额。乘警应与列车长密切配合，经常巡视车厢，维持好车内治安秩序。

四、列车晚点服务礼仪（动车组）

(1) 列车运行晚点超过 15 分钟时，列车长应代表铁路部门向旅客致歉并通报晚点原因，每次致歉间隔时间不超过 20 分钟。

(2) 致歉时，态度要诚恳。所有乘务人员应加强旅客服务，安抚旅客情绪。

(3) 列车晚点 1 小时且逢用餐时间，列车长应提前统计车上旅客人数，通过司机向列车调度员报告，列车调度员通知客运调度员，客运调度员接到信息后，应安排前方停车站为列车提供饮、食品。列车将饮、食品免费提供给旅客。

(4) 提供免费餐食时，注意双手递上，遇重点旅客可询问其是否需要打开。

(5) 遇旅客情绪波动大，甚至出现过激语言时，动车组乘务人员必须以礼相待，注意安抚，不可刺激旅客，时刻注意文明服务，以免旅客不满情绪扩散，造成列车秩序混乱。

(6) 当启动热备车，更换车底时，在转移旅客的过程中注意提醒旅客不要拥挤，有序转移。

(7) 若发生旅客以滞留列车的方式向铁路部门要求晚点赔偿时，列车工作人员应以说服劝解、诚恳道歉为主，耐心细致地做好解释和相关法律法规的宣传工作，稳定旅客情绪，化解怨气，争取得到旅客的理解和配合，严禁与旅客发生冲突。

任务三 高速铁路车站突发情况的应急服务

任务描述：

在客运高峰期间，旅客由于某些原因大量出行，致使高速铁路车站（高铁站）突发大客流，或者由于天气原因导致旅客滞留车站，针对这些突发情况，高铁站客运服务人员须采取怎样的服务呢？本任务主要介绍高铁站突发情况的应急服务。

一、高铁站突发大客流的应急服务

1. 客运组织

1) 立即报告

遇有因特殊原因造成客车密集到达，客流急剧增长时，各处所值班员应通知综控室值班员、客运值班主任，由综控室值班员通知值班干部及客运车间主任、主管客运副站长。

2) 做好秩序维护

各岗位工作人员要坚守岗位，做好进出站旅客的宣传引导工作，重点处所增派人员做好防护，保证进出站口的通道畅通。

3) 做好旅客乘降组织

候车区、站台工作人员要与综控室值班员加强联系，确定列车的检票时间，认真查验票面，严格控制无票和持日期、车次不符车票的旅客进站并做好进站旅客的秩序维护工作，防止挤伤、踩伤事件发生。

4) 维护好出站口秩序

当值出站口客运员要全员出场，了解下车旅客的出站情况，在出站闸机旁打开人工检票通道，快速有序地引导旅客出站。

2. 售票组织

车站售票区遇到春、暑运，大、小长假等购票客流高峰时，或因运行秩序等原因造成退票、改签旅客大量增加时，应采取以下处置方案。

(1) 增加窗口数目、增加售票人力。售票值班主任接到通知后，应在站房售票区增开售票窗口，再由车间干部、客运员及休班的售票员组建临时班组，以应对旅客的票务需求。

(2) 由客运部门抽调人员组建售票区维护秩序小组，负责组织疏导旅客，维护售票区秩序。通知铁路公安派出所加强售票区秩序的维护。

(3) 利用广播系统向旅客宣传窗口的功能布局并进行引导。

(4) 必须保证信息沟通渠道畅通，确保在人流高峰时，设备设施平稳、有效地运行。

(5) 指派业务素质高的售票员担负退票和改签工作。

二、到站后旅客滞留动车组的应急服务

1. 信息通报

(1) 晚点列车到站后，因晚点等原因，旅客拒绝下车，车站接到列车通知后，综控室值班员立即报告主管站长、客运车间主任、党群办宣传助理、客运值班主任、售票值班主任、铁路公安派出所所长。

(2) 车站总值班室调度员根据站长指示将情况以短信形式上报铁路局客运处相关人员。

(3) 综控室值班员要将上级命令向车站领导及现场指挥负责人进行汇报，做好信息传递工作。

2. 现场组织

(1) 主管站长立即到站台进行组织工作，宣布启动应急预案。

(2) 综控室值班员根据调度命令做好列车股道、广播、引导、自动检票闸机等的调整及核对工作并将铁路局命令及时转达至现场。

(3) 售票值班主任立即增开退票、改签窗口。

(4) 客运值班主任接到通知后立即到站台，协助列车工作人员、铁路公安人员劝导旅客下车，增派 2 名工作人员分别在列车首尾部立岗，做好防护。

(5) 对于立即折返列车，检票口客运员必须与站台客运员、出站口客运员、综控室值班员做好联控、互控，滞留旅客没有下车，检票口客运员严禁进行检票作业。

(6) 如立即折返列车因滞留旅客时间过长，须启动热备动车组时，按启动热备动车组应急预案办理。

(7) 车站各级人员须严守纪律，所有工作必须经请示后方可进行相关承诺，严禁随意答应旅客要求。

(8) 如现场情况紧急，主管站长须通知车站总值班室调度员向地方政府或公安部门请求支援。

3. 善后处理

(1) 滞留旅客全部出站，列车恢复运行秩序，主管站长宣布应急状态结束。

(2) 车站总值班室调度员根据主管站长指示，以短信形式向铁路局客运处领导汇报应急状态结束。

三、高铁站站台紧急停车的应急服务

1. 动车组列车在车站无法启动

因动车组列车车门夹住旅客衣服、肢体、行李等导致无法关闭，列车无法启动时，应采取以下服务措施。

(1) 站台客运员发现动车组列车车门因夹住旅客衣服、肢体、行李等导致无法关闭，

列车无法启动时，利用对讲机与列车长联系并立即赶到事发车门处，用对讲机向客运值班员、客运值班主任、综控室值班员汇报简要情况，同时安抚被夹旅客，消除其恐惧害怕心理，平复其情绪，协助列车工作人员进行处理并做好站台防护工作。

(2) 客运值班员或客运值班主任接到通知后立即赶到现场开展工作，宣布启动应急预案并与列车长做好对接。如车门将旅客夹伤或产生其他后果，由列车长开具客运记录。客运值班员或客运值班主任首先在保证旅客人身、财产安全的前提下，积极组织恢复列车开行。现场处理完毕，具备开车条件后，通知列车长，列车长通知司机开车，列车开出后，客运值班员或客运值班主任利用对讲机将情况上报综控室值班员。

(3) 综控室值班员发现列车未启动或接到列车未启动的报告，须与司机联系，询问司机列车未启动的原因并认真核对列车运行计划，确定处理突发事件所需时间。因列车推迟发车，影响其他列车接发车，综控室值班员凭调度命令调整、变更股道并将情况上报车站总值班室调度员。

(4) 车站总值班室调度员将综控室值班员汇报的情况上报车站主管客运副站长，根据主管客运副站长的指示用短信的形式通知铁路局和车站相关人员。

(5) 列车开出后，客运值班员或客运值班主任宣布结束应急状态。

2. 动车组列车在车站启动后紧急停车

动车组列车在车站已经启动，列车尾部未过出站信号机，站台客运员发现动车组列车车门将旅客衣服、肢体、行李等夹住，危及行车安全及旅客人身安全，须紧急叫停列车。

(1) 站台客运员使用全路统一的站车专用无线通信频率，呼叫司机停车。呼叫用语为“× × 次司机，请立即停车，× × 站站台客运员报告”。

(2) 列车紧急停车后，呼叫司机停车的站台客运员要告知司机本次列车停车的事由，之后向客运值班员、客运值班主任、综控室值班员报告叫停列车的原因，同时立即到事发地点与列车工作人员共同对突发事件进行处理。

(3) 接到站台客运员的通知后，综控室值班员要立即向车站总值班室调度员报告临时停车的详细信息，并向铁路公安派出所相关人员通报情况，同时要向值班站长汇报。

(4) 客运值班员或客运值班主任接到报告后立即赶往现场，宣布启动应急预案，与列车长做好对接，如有旅客发生伤害由列车长按规定开具客运记录。

(5) 客运值班员或客运值班主任要询问司机停车地点及处理突发事件所需的时间，遇列车晚点等情况造成部分股道不能接发列车时，积极与车站总值班室调度员联系，凭调度命令变更股道。

(6) 车站各级人员到达现场后，要在保证旅客人身、财产安全的前提下，积极组织恢复列车开行。现场处理完毕，具备开车条件后，通知列车长，列车长通知司机开车，列车开出后，客运值班员或客运值班主任利用对讲机将情况上报综控室值班员。

(7) 综控室值班员将情况通知车站总值班室调度员，车站总值班室调度员将情况上报值班站长，根据值班站长的指示用短信形式通知铁路局和车站相关人员。

(8) 列车开出后，客运值班员或客运值班主任宣布结束应急状态。

任务四　动车组列车突发情况的应急服务

任务描述：

高速铁路运输途中，动车组列车可能发生各种突发状况，如旅客物品丢失或被盗，旅客突发疾病等情况，此时，动车组乘务人员如何稳定旅客情绪，向旅客提供服务呢？本任务将动车组列车突发状况进行分类，指导高速铁路客运服务人员根据不同情况的特点，提供有效的应急服务。

一、旅客之间发生争执的应急服务

(1) 乘务员先安抚旅客并简单了解事情的起因，同时报告列车长。

(2) 尽可能为旅客调整座位，协助旅客妥善放置好随身物品，调解、缓解旅客间的矛盾，注意语言技巧，减少事件对周围旅客的影响。

(3) 对于不听乘务员劝阻，争执行为过激引发打架斗殴，且经乘警调节，仍无法平息矛盾的，应及时报告列车长，由列车长决定是否需要铁路公安派出所人员协助，旅客是否可以继续旅行。

(4) 如列车长同意旅客继续旅行，乘务员在列车运行途中应加强监控，以避免矛盾再次激发。

(5) 乘务员向相关旅客提供优质的服务，消除旅客不愉快的记忆，缓解矛盾。

二、旅客丢失或被盗物品后的应急服务

1. 旅客物品丢失的处置

(1) 得知旅客丢失物品后，乘务员应及时向列车长和乘警通报，配合列车长和乘警询问当事人是否确定物品在列车上丢失。

(2) 了解丢失物品的基本特征，通过广播播放寻物启示并积极配合当事人寻找丢失物品。

(3) 记录丢失物品的名称、型号、形状，颜色、大小，包括当事人的姓名、联系地址，电话等详细信息。

(4) 询问旅客是否需要通知相关车站的公安部门协助寻找。

(5) 如需要排查，须对其他旅客做好解释工作，广播说明车上有旅客丢失了贵重物品，请大家协助检查。应注意语言技巧，避免引起其他旅客的反感。如部分旅客已经下车，通

知铁路公安派出所在出口处对已下车的旅客进行排查。

(6) 列车长按规定填写乘务报告，及时将旅客丢失物品情况反馈给客运值班室及有关部门进行备案。

(7) 如果旅客是在中途车站丢失物品，须马上报告列车长，列车长联系中途车站工作人员，将旅客丢失物品特征告知中途车站工作人员并请中途车站工作人员协助查找，为向旅客通报信息须留下旅客姓名、联系方式及有效地址。

2. 旅客物品被盗的处置

(1) 发生盗窃案后，乘务人员应在第一时间将事件报告列车长，各岗位密切配合、分工明确、稳而不乱。

(2) 与其他旅客交谈时，言辞得当，同时细心观察其他旅客的表现，锁定嫌疑人。

(3) 列车长应迅速做出判断，果断处理并能够及时中止相关旅客下车，请铁路公安派出所对已下车的旅客进行调查，做好车上其他旅客的安抚工作。

(4) 锁定嫌疑对象后，与列车长、乘警协商，决定是否可以让其他旅客下车，并让案件的几名当事人在乘警的监督下离开列车等候进一步的处理，以免带来安全隐患。

(5) 发生车上盗窃事件后，列车长将旅客信息及事件经过，在值乘结束后1个工作日内，反馈给有关部门。

三、旅客受伤的应急服务

(1) 发现旅客受伤（颠簸、餐车撞伤、烫伤、行李砸伤等）情况，应注意语言技巧，体现出乘务人员的关心和真诚并及时查看伤情、安抚旅客，根据旅客的受伤情况，按照“列车乘务应急预案”进行急救处理。

(2) 及时将事情的经过、处理方法、旅客要求等情况向列车长报告。

(3) 广播找医生时，尽可能多广播几次，让旅客感觉乘务人员很尽心。

(4) 请周围的旅客提供书面证明时，尽量回避当事人，设法留下旅客基本资料、旅客证词，当事旅客有责任的，须在书面材料中提及旅客责任，留下周围旅客的联系电话。

(5) 如需要援助，请求列车长联系最近的具备医疗抢救条件的车站，由该车站联系当地的医护人员做好救援准备。

(6) 如旅客提出赔偿等要求，不能私自向旅客进行任何承诺，应婉言告知旅客相关事宜将由铁路有关单位出面给予解决。

(7) 记录旅客的详细资料，必要时请乘警协助，如旅客姓名、国籍、年龄、性别、家庭住址、联系电话、受伤情况、处理方法等，按照列车乘务应急预案视情节轻重及时处理，并将事件相关情况记录在乘务报告中。

四、旅客发生食物中毒的应急服务

(1) 旅客发生食物中毒时，列车长应立即向司机和客运段值班员、客运调度员、客运处值班员报告，司机向列车调度员报告，列车调度员立即向铁路局调度所值班主任报告，铁路局调度所值班主任通知铁路疾控部门。

(2) 须停站处理时，列车调度员应安排动车组在最近的具备医疗抢救条件的车站停车并通知前方停车站做好救援准备。

(3) 列车工作人员应对有关人员进行登记，封锁现场，封存可疑食品、餐具等，铁路疾控部门应上车收集中毒人员的呕吐物、排泄物。

(4) 站车应积极配合现场的医疗和疾控部门工作。

(5) 处理过程中，注意安抚中毒旅客，将其转移到通风良好的空间，必要时进行催吐等处理，避免中毒旅客产生不良情绪，同时注意做好防护工作，以免引起其他旅客恐慌。

五、精神病旅客的应急服务

(1) 列车员在车门立岗时，发现有精神病征兆的旅客未有正常旅客陪同的情况时，应拒绝其上车并向列车长汇报，由列车长联系车站并终止该旅客旅行。

(2) 列车上发现无人护送的精神病旅客乘车时，列车长必须安排专人看护并落实责任。精神病旅客如厕时，不得让其锁闭厕所门。

(3) 乘警应协助列车员将精神病旅客的物品进行清点，列车长编制客运记录，将精神病旅客及其物品移交到站或换乘站处理，不得移交中途站处理。

(4) 发现有人护送的精神病旅客乘车时，列车长和列车员要主动向护送人员交代安全注意事项，积极协助护送人员监护精神病旅客。

(5) 对在乘车途中发作的精神病旅客应采取有效措施，行为剧烈者应使用“约束带”限制其行为并由乘警收缴其携带的锐器，防止其伤害其他旅客。

(6) 精神病旅客到站下车时，列车长须按规定编制客运记录，通过客运记录与车站办理交接。

项目七

常用客运服务技巧

教学目标

客运服务技巧是客运服务工作经验的总结，掌握常用客运服务技巧对于高速铁路客运服务人员至关重要。本项目对常用客运服务技巧进行介绍，帮助高速铁路客运服务人员掌握这些技巧。

知识目标

(1) 补票工作技巧；

(2) 旅客车票座位号码重号的处理技巧；

(3) 避免二等座旅客打扰一等座旅客的处理技巧；

(4) 乘务人员损坏或弄脏旅客衣服的处理技巧；

(5) 餐车的服务没有满足旅客的需求，引起旅客投诉时的处理技巧；

(6) 在车厢遇有旅客接听手机声音较大、使用计算机时声音较大或大声说话时的处理技巧。

技能目标

(1) 掌握补票工作技巧；

(2) 掌握旅客车票座位号码重号的处理技巧；

(3) 掌握避免二等座旅客打扰一等座旅客的处理技巧；

(4) 掌握乘务人员损坏或弄脏旅客衣服的处理技巧；

(5) 掌握餐车的服务没有满足旅客的需求，引起旅客投诉时的处理技巧；

(6) 掌握在车厢遇有旅客接听手机声音较大、使用计算机时声音较大或大声说话时的处理技巧。

任务　高速铁路常用客运服务技巧

任务描述：

高速铁路乘务工作面临着客流大、旅客要求高等情况，如何在这种情况下服务好旅客，需要相关服务人员掌握一定的技巧，在发生问题时，既避免与旅客发生矛盾冲突，又能根据乘务服务标准完成服务工作。

一、补票工作技巧

车票是旅客乘车的凭证，是铁路与旅客的运输合同，也是铁路盛情相邀的“请柬”。

查票前要事先做好广播宣传或口头宣传：“旅客们，现在开始查验车票，请大家把车票准备好，谢谢！”要在提醒当中传递着一份善解人意的关怀。

查票的时机要在适当时候，以免影响旅客休息。

注意查票时的语言，要亲切礼貌，“请”字当头，如“请出示您的车票”“请收好您的车票，谢谢”，切忌用“查票啦，把车票拿出来”“为什么不买票”“补票去”等生硬、冷漠的话语。

在查票时往往会碰上不理不睬、不配合的旅客。无论他出于什么原因，都不能计较，可略提高音量，态度和蔼地说“先生（女士），请出示您的车票，如果您没来得及买票，可以办理补票手续。”只要据理说事，态度和蔼，大部分旅客是会积极配合的。

切不可有“终于让我逮到你了”的心态，得理不让人。要有理说理，就事论事，绝不能把话题引向旅客的品格、修养上，进行人身攻击。

二、旅客车票座位号码重号的处理技巧

(1) 遇到车票座位号码重号的旅客，应认真核对两位旅客的车票，如果确认两张车票座位号码重号，应先向旅客致歉，听取两名旅客的意见，观察哪一名旅客有想要调换其他座位的意向。

(2) 乘务人员应及时将情况报告列车长，列车长根据旅客人数判断同等级车厢是否有空座，尽快安排旅客就座，并委婉告诉旅客如果有空座的话，会协助他调整到其他座位，不要让旅客自行在车厢内找空位就座，以免造成新的问题。

(3) 如处理问题需要较长的时间，乘务人员可以帮助其中一位持重号车票的旅客提拿行李，到乘务员室内稍加等候，等全部旅客上车后，协助旅客选择相同等级的空余座位入座。

三、避免二等座旅客打扰一等座旅客的处理技巧

(1) 一等座车厢乘务人员应随时监控车厢情况，防止无关人员进入。

(2) 发现二等座旅客就座一等座时，可以友善地询问："请问，您是想办理升级手续吗？"处理过程中尽量不要影响一等座旅客休息。

(3) 有一等座旅客就座时，应委婉阻止其他旅客在一等座车厢拍照或参观；无一等座旅客就座的情况下，乘务人员可让二等座旅客在一等座车厢做短暂停留，在此过程中须灵活掌握时机，提示二等座旅客及时回原座位就座。

四、乘务人员损坏或弄脏旅客衣物的处理技巧

(1) 当乘务人员在服务过程中，由于自身或其他原因损坏或弄脏旅客的衣物时，应马上向旅客致歉（语言要亲切，语气要充满关心），尽量帮助旅客做整理、清洗等弥补工作，将损失降到最低。

(2) 对于弄脏的衣物，乘务人员应主动提出帮助旅客清洗，如果在车上无法清洗，应将旅客的联络方式留下，待衣物清洗干净后，以邮寄等方式送还旅客。

(3) 对于损坏程度较大，需要赔偿的衣物，应酌情给予赔偿（尽量平息旅客的怒气，以尽快解决问题为首要原则），一般情况下，由列车所属单位承担赔偿费用，如果是乘务人员故意损坏或弄脏旅客衣物，则由乘务人员承担赔偿费用。

(4) 如衣物的损坏或弄脏是由不可抗拒的原因引起的，列车所属单位也应给予旅客适当的补偿，以体现铁路部门对旅客的关心。

五、餐车的服务没有满足旅客的需求，引起旅客投诉时的处理技巧

餐车上的盒饭都是冷藏的，当客流量较大时，餐服员应提前加热部分盒饭，尽量避免在用餐高峰期让旅客排长队。如旅客强烈不满，其他乘务人员应积极配合，耐心解释，安抚旅客情绪。不要当着全体旅客的面处理旅客的投诉，尽量把旅客请到车厢连接处，认真倾听旅客意见（让旅客说出他的意见，发泄出他的情绪，也是缓解旅客不满意的一种方法），再向其解释道歉。

六、在车厢遇有旅客接听手机声音较大、使用计算机时声音较大或大声说话时的处理技巧

乘务人员要走到旅客旁边，劝旅客尽量降低接听手机时的声音或到车厢连接处接听手机；用婉转的语言劝使用计算机的旅客戴上耳机或把计算机音量调小；建议旅客说话时要声量适当，尽量不对其他旅客造成影响，最后要对旅客的配合表示感谢。

附录 A 某铁路局动车组列车质量标准

一、人员素质

(1) 列车乘务员应具有大专以上文化程度。身体健康，五官端正，身材匀称，年龄在 18 ～ 35 岁，男性身高不低于 1.70 米；女性身高不低于 1.60 米。定期体检，持有健康证。

(2) 列车乘务员上岗前应通过安全、技术业务培训，参加乘务实习及动车组专业技术培训，经理论、实作考试合格，持证上岗。

客运乘务员每年进行脱产培训不少于 10 天，学习新设备、新知识、新标准，确保技术业务素质达标。

(3) 列车乘务员应熟知本岗位业务知识和职责，能够熟练使用列车相关设施、设备，熟练执行规章制度；具有较高的服务技能和应变能力；具有良好的语言文字表达能力，能进行常用英语会话。

(4) 列车长从事乘务工作时间满二年以上，具有大专及以上文化程度，能进行常用英语会话，经路局组织的岗位培训考试合格，男性身高 1.72 ～ 1.80 米，女性身高 1.62 ～ 1.70 米，初次任职在 32 岁及以下，岗位年龄在 40 岁及以下。熟悉旅客列车其他工种业务，有较强的组织管理、妥善处理问题及良好的语言、文字表达能力。

二、设备设施

1. 车辆设备设施

(1) 列车车内各种标牌齐全醒目、型号一致、位置统一，质地高档，电子显示屏显示的内容准确、规范。

(2) 广播系统、照明、空调、给水装置、影视系统、列车多功能室、乘务员室、监控室、备品室、储物柜、电茶炉（饮水机）、工具室（柜）、垃圾箱、盥洗间、厕所等设施齐全，能正常使用。

(3) 车厢的紧急按钮、灭火器、紧急开门阀、紧急破窗锤、逃生窗、防火隔断门、烟雾报警器、紧急门锁、防护网（带）、应急梯、渡板等安全、应急设施齐全，作用良好。

(4) 可调节式座椅、脚蹬、折叠式小桌板、遮阳帘、卧铺、茶桌、座席号牌、铺位号牌、包房号牌、卧铺吊带（栏杆）、扶手、梯子、婴儿护理台、座椅、车厢内外电子显示屏、电源插座、大件行李处、通风装置、残疾人服务设施、感应式内端门、车门、行李架、梳妆台、面镜、脸盆、洗手盆、便器、手纸架、餐桌、冰箱、冷藏柜、微波炉等服务设施设备齐全、良好，检修及时，符合动车组运用标准。

(5) 动车组 CRH_2A 允许配置额定功率 3 kW 微波炉 1 台，额定功率 1.5 kW 微波炉 1 台；动车组 CRH_2B、CRH_2E 允许配置额定功率 3 kW 微波炉 4 台。

(6) 加强对动车组上部设施的维修工作。发现上部设施故障时，乘务员立即向列车长报告并通知随车机械师。随车机械师须及时到达故障车厢进行维修，对在运行中修复不了的，应向列车长详细说明情况。

2. 服务备品

(1) 列车的各种服务设施齐全完整，作用良好；备品要质地良好，色调协调、美观，装饰典雅，清洁卫生。及时更新车厢宣传框所标示的时刻表。

(2) 头枕片、座椅头枕质地良好、平整洁净，无破损、无褪色；头枕片一天一换、定期更新；座椅头枕定期更换。清洁袋具有防水、承重性能，配备充足。

(3) 卧具使用高档纯棉制品，做到消毒、烫平、干燥、整洁、无污渍、无折痕。卧具使用周期不超过半年，一站直达卧铺动车组卧具按全列增加 10 套配备，其他卧铺动车组按全列增加 20 套配备，并做到定位摆放。

(4) 卧车备品配置标准：台布，不锈钢果皮盘和带盖垃圾桶，高档台式热水瓶、积水盘，按定员配置布艺衣架、一次性拖鞋。包房内有棉被、被套、枕套、垫背（垫毯）、小单、枕芯、卧铺套、背靠套、书报架和报纸杂志；洗脸间有洗手液（皂）；坐式便器备有一次性垫圈；高级包厢内有花瓶和鲜花（往返换）。包房视频系统耳机，应在列车终到前及时回收，必须经消毒处理后入袋保管。

(5) 售货车按照规定数量配置，刹车装置作用良好并有防撞胶条。

(6) 盥洗室（洗脸间）应配有洗手液、擦手纸；厕所内配备芳香片、水溶性好的卫生纸；男用厕所小便池内放置芳香球。垃圾袋符合垃圾箱规格，质地良好并印有担当段名称。配有一次性纸杯。杂志、服务指南按规定配备。洗手液、垃圾袋、卫生纸等低值易耗品要及时补充，保证使用。

(7) 加强对备品的管理。要根据担当动车组客流的规律，按规定配置服务备品，保证正常使用，加强对服务备品的管理，防止流失和浪费。服务备品须在库内摆放，特殊情况需要在始发站摆放的，应将所配的服务备品分装，不得上车分包。服务备品做到定位摆放、定置管理，将备品定置管理工作纳入考核范围。遇有厕所、电茶炉等设备故障，要悬挂设备故障提示牌。

三、安全制度

(1) 安全行车，避免发生火灾、爆炸、旅客伤亡和食物中毒事故。

(2) 应急预案完善，具有可操作性。当动车组运行中发生火灾、爆炸等事故，危及列车安全时，列车乘务人员应当立即使用紧急制动阀或按下火灾报警按钮，通知司机停车，并将旅客疏散到安全车厢，及时关闭防火隔断门，并将情况通报司机、列车长、乘警、随车机械师，司机和列车长应当迅速启动应急预案。

(3) 对于消防器材等应急安全设施，乘务员要做到知位置、知性能、会熟练操作。

(4) 适时进行安全常识和正确使用车辆设备的宣传工作，设置警示标志，提示旅客遵守安全乘车规定。动车组内及中途停靠站台禁止吸烟，要做好禁烟宣传，及时制止吸烟行为。

(5) 动车组到站停稳后，司机或机械师开启车门；开车前，列车长确认旅客乘降完毕后，通知司机或机械师关闭车门；运行中，禁止旅客倚靠车门。列车在运行中与司机室相连接的车厢内端门应锁闭。

(6) 正确使用电器设备，安全使用电源，不乱接电源，不超过允许负载；公共区域的电源插座应保证旅客正常使用，但仅限旅行生活用的小型电器。配电室（箱）锁闭，保持清洁干净，严禁放置物品。

四、服务要求

(1) 应通过图形符号、电子显示、广播、服务指南等方式宣传设备使用方法和乘车须知，方便旅客实现自助服务。

(2) 仪容端庄，精神饱满，举止得体，微笑服务，具有亲和力。

(3) 对需要重点帮助的旅客及时提供相应服务，做到有登记、有服务、有交接。

(4) 途中晚点 15 分钟以上，列车长应代表铁路向旅客致歉；晚点 1 小时以上，逢用餐时间，列车长向客调汇报车内人数，客调安排车站向列车提供食品，由列车免费为旅客供餐，并积极做好服务工作。

(5) 及时帮助寻求帮助的旅客，礼貌接待旅客问讯，认真受理投诉，做到首问首诉负责，不推诿、不延误；对涉及非本职范围的询问应转告相应岗位乘务人员，及时妥善处理。

(6) 应配备服务指南和列车免费读物。服务指南按规定印制和摆放，并及时补充；免费读物按规定摆放。

具体摆放标准：一等车厢从左至右分别为：①《和谐之旅》；②《旅伴》；③《上海铁道》；④《报林》和《旅客报》；二等车厢从左至右分别为：①《和谐之旅》；②《旅伴》；③《上海铁道》；④《报林》；⑤《旅客报》。《人民铁道》的摆放按有关要求执行。若上级对动车组摆放期刊种类做出调整或提出新要求，则按照新规定执行。

(7) 启用热备车时，乘务人员应做好解释和服务工作，认真解决旅客换车过程中出现的问题。

(8) 大件行李存放处用于摆放旅客的大件行李，不应挪作他用；乘务人员应引导携带大件行李的旅客使用大件行李存放处。

五、着装管理

1. 基本要求

分工种统一着装，着装整洁，佩戴相应标志；动车组制服原则上每二年更换一次。

2. 换装时间

根据季节、气温变化进行换装，做到换装统一。原则上 3 月 1 日换春秋装制服；6 月 1 日换夏装制服； 10 月 1 日换春秋装制服；12 月 1 日至 2 月底换冬装制服。

制服由各客运段统一负责洗涤，洗净后，做到熨烫平整，无污渍、斑点、皱褶、脱线、缺扣、残破、毛边等现象。洗涤费用由单位与个人按 8 : 2 的比例分摊。

六、人员管理

1. 定期培训

各客运段定期对动车组乘务人员的仪容仪表、礼节礼貌进行培训，培训主要内容为仪容仪表、言谈举止、姿态（站姿、坐姿、行走）、面部表情、说话方式、服务技能等。

2. 人事管理

路局客运处与各客运段对现有动车组乘务人员进行核定，登记造册，建立档案。

七、保洁卫生

1. 基本要求

列车保洁实行专业化管理，运行中有随车保洁人员适时保洁。车体外壳见本色、无污痕；车厢内明亮、美观、整洁，地面干净、无污渍，厕所、洗脸间清洁、干燥、无异味；途中适时整理废弃物；备品定位，保洁工具隐蔽存放；拖把、抹布等备品分类使用，更换及时。定期清洗空调通风设施，定时强制通风，保持空气清新。合理确定排污时间，及时排污，确保厕所正常使用。

2. 出库保洁卫生标准

(1) 厨房空调口、天花板无污迹、无灰尘，地板无污渍。

(2) 废物箱内外壁清洁，桶内无垃圾，无异味。

(3) 餐台、餐桌、座椅干净整洁，无杂物，餐车地板洁净。

(4) 垃圾分类收集、装袋扎口、定点投放，废物箱清空无异味，桶壁擦抹干净。

(5) 洗手盆、便器通畅，无污物、无异味，金属部件清洁，无水迹，桶壁内外擦抹干净，洗脸间、厕所镜表面干净、明亮。

(6) 卫生间门及内壁板、天花板干净，地板洁净。

(7) 纸架、用品存放格表面无积灰、内无杂物。各类易耗品配放齐全。

(8) 车厢天花板、壁板、空调口、窗户内玻璃无积尘、无污迹。

(9) 窗台、小桌板、行李架、大件行李存放格里外擦抹干净、无污迹和杂物，座椅扶手清洁无积尘污垢。

(10) 地板洁净、无污迹，座位后网兜清洁无杂物，各类杂志和服务手册、清洁袋摆放整齐。

(11) 更换座椅头枕片和一等座枕套，对明显污迹的座椅面及时清洁、洗净。

(12) 座椅转向到位，窗帘拉放位置统一。

(13) 清洁工具及备品定位摆放。

(14) 动卧车卧具折叠整齐，备用卧具装袋保管，已使用与未使用的分别存放。

3. 折返保洁卫生标准

(1) 座椅转向到位。

(2) 窗帘拉放位置统一。

(3) 台面、座椅、网兜、窗台、地面垃圾清理干净。

(4) 地面拖抹干净。

(5) 便器、洗手池无污物，厕所地面拖抹干净、板壁面板、镜面、部件无污迹。

(6) 车门框擦抹干净。

(7) 折返保洁时，应在车门处设置提示标志。

4. 随车保洁卫生标准

(1) 洗脸盆、洗手盆、便器通畅无污物，厕所废物箱及时清理。

(2) 洗脸间、厕所地面无污迹、无水迹。

(3) 洗脸间、厕所壁板、面板、玻璃镜面、部件无污迹、无水迹。

(4) 车厢地板无污迹、无水迹。

(5) 车厢台面、座椅后网兜、座椅、窗台杂物清理及时。

(6) 废物箱表面无污迹。

(7) 各类服务备品补充及时。

(8) 清洁工具及备品定位摆放。

(9) 垃圾袋扎口，按规定投放。

5. 深度保洁卫生工作规定

(1) 有计划进行深度保洁。动车客运段每月 28 日前，将次月的动车组二级修月度计划报路局车辆处、客运处，并书面通知保洁公司。保洁公司安排相应的深度保洁作业，并与动车客车段建立联系制度。

(2) 认真做好深度保洁工作。保洁公司加强对动车组列车在顶棚、门帘等部位的隐蔽污垢进行深度保洁。每季度对座位进行保洁清洗，每季度对动车组饮水机进行消毒清洗。相关客运段客运质检员做好对保洁公司深度保洁质量的验收，并建立台账。

(3) 完善考核制度。相关客运段每月 5 日前将上月的深度保洁验收考核情况汇总后报路局客运处。路局客运处依据《动车组列车保洁合同》，进行动车组月度深度保洁质量的综合考评。

(4) 强化协调机制。将动车组二级修与深度保洁工作进行协调，并将其纳入路局动车组月度例会议题，协调解决有关动车组深度保洁工作中存在的问题。

6. 动车组列车长与折返保洁人员交接位置

根据动车组的车型确定列车长与折返保洁人员交接位置，CRH_1A 为 1 号车（重联为 9 号车）、CRH_2A 为 7 号车、CRH_1B 为 9 号车、CRH_2B 为 3 号车、CRH_2E 为 9 号车。折返保洁签收单没有列车长和折返站保洁组长签字的，一律不支付保洁费，因列车晚点、保洁时间不足 5 分钟的，在折返保洁签收单上注明。

八、饮食供应

(1) 严格执行食品卫生方面的相关法律法规。商品、餐料的采购、保管、加工、出售符合相关规定。销售的配餐符合国家食品卫生规定。

(2) 餐饮供应卫生管理制度健全，有卫生许可证。从业人员穿着规定服装，佩戴标志，持健康证上岗。

(3) 餐车环境布置优雅、舒适，方便旅客用餐和选购商品。必须坚持方便、快捷、面向大众的原则，以满足旅客不同需求为目的。

(4) 建立商品目录库管理制度，并根据不同线路配置商品，印制价目表，满足旅客需要；餐车提供订、送餐服务，饮食品、配餐种类丰富，价格合理，正餐不高于 15 元的盒饭必须不少于两种，禁止捆绑销售、搭售商品。

(5) 列车上销售的食品，必须由餐饮公司统一采购。餐饮公司销售人员应将上车食品的出库单交列车长以备检查。列车销售的食品应当明码标价、一货一签，有“CRH”标记，并按旅客要求提供发票。

(6) 加强对餐车的管理，餐饮人员要正确使用冰箱、微波炉等电器设备，餐车冰箱内设有专用食品箱，只限于放置供乘务人员食用的熟食品；报废食品不得销售，并贴有“报废签”。

(7) 餐饮人员负责列车运行中餐车的清洁卫生，食品、备品存放不得侵占通道和影响安全。列车到站、开车时，餐饮人员应当在餐车门内立岗迎送旅客。

(8) 所有商品必须有食品安全“QS”标志，移动售货在列车始发 5 分钟后方可开始，终到前 10 分钟停止。销售餐食应戴一次性手套，旅客要求提供送餐服务时，要在规定时间内送到旅客手中，推车销售食品不得高声叫卖，不得干扰旅客，服务过程中主动避让旅客。

(9) 严格乘务用餐和招待餐管理，乘务用餐仅限于乘务班组人员，包括客运人员、机械师、司机、乘警和保洁人员及车队添乘人员，除此之外，各级添乘人员、出差人员一律按销售价格购买。需招待客人的，一律由客运段协调餐饮公司，明确餐食标准、数量并及时结算。

九、广播宣传

(1) 动车组广播要体现较高的品位，广播员必须具备相应的资质，具有国家或地方语言文字委员会普通话水平测试等级证书。

(2) 广播员播音必须使用标准普通话，做到发音标准、口齿清晰、语调亲切、语速适度、富有感情。

(3) 运行时间在 3 小时以内的列车，一般只播迎送词、服务设备介绍、安全提示、站名和背景音乐。运行时间超过 3 个小时的列车，可在不干扰旅客休息的前提下，适当增加播放内容。

(4) 列车旅客信息服务及影音播放系统播放的内容应由客运部门提供，由车辆部门录入。

(5) 动车组遇有临时停车、晚点、设备故障等突发情况，应立即通过广播做好宣传工作，播放的临时稿件由列车长审定后方可播出。

(6) 建立广播员日常管理档案，对广播员日常播音质量及优缺点进行记载并备案，作为广播员考核的依据。

十、乘务管理

(1) 乘务组在列车长的领导下按各工种岗位说明书分工协作，开展乘务工作。

(2) 定员标准：动车组客运乘务人员单组实行 1 名列车长 2 名列车员，大编组实行 1 名列车长 4 名列车员，卧铺动车组实行 1 名列车长 5 名列车员。

(3) 建立乘务例会制度。动车组列车在始发放客前或开车后 10 分钟内和进库终到前 15 分钟，由列车长召集乘警、机械师、餐饮领班和保洁组长在餐车召开动车组工作会议，布置工作、沟通情况、协调相关事宜。

(4) 适当调整乘务交路。客运段应在路局核定的总定员内，配齐动车组乘务人员，并按照国家法定工作时间合理组织交路，动车组每天乘务交路连续值乘时间原则上不超过 14 小时，确保乘务人员以充沛的精力、饱满的精神状态出乘。

(5) 加强乘务员的培训。各客运段和餐饮、保洁公司要制订动车组乘务人员培训计划，定期组织对列车长、乘务员和餐饮保洁人员的岗位轮训，不断提升综合素质。

① 列车长培训。各客运段每季组织对列车长培训一次，主要针对作业现场存在的普遍性和倾向性问题，开展形式多样、有针对性的培训，同时，将岗位培训纳入日常考核工作中。

② 乘务员培训。按照轮班制度，组织全体客运乘务员进行岗位轮训。重点对应急处理、作业标准和服务礼仪等方面进行培训。

③ 餐饮、保洁人员培训。餐饮、保洁公司要利用班前点名和休班时间做好作业人员的日常岗位培训，不断提高餐饮、保洁人员的岗位技能。

(6) 严格动车组查验票制度。列车长根据车站提供乘车人数通知单，在开车后组织对空余席位和无座人员进行核对、验票，卧铺动车组核对作业应在始发后20分钟内完成。列车在始发站、中途站，应将一等车的端门锁闭，列车长要指定专人负责验票。列车在办理旅客越站手续时，必须严格按照动车组列车超员率的规定，合理控制列车超员情况。

(7) 完善结合部管理。明确动车组各工种岗位职责，动车组餐饮、保洁、机械师和乘警的工作流程由相关单位报客运段，客运段组织列车长进行学习，作为列车长应加强结合部管理，做好运行途中各工种作业的督促和监管工作。

附录B 高铁中型及以上车站服务质量规范

一、规范的基本要求

高铁中型及以上车站服务质量规范对中国铁路总公司所属铁路运输企业的高铁特大型、大型、中型车站旅客运输服务提出了质量要求。办理动车组列车客运业务的特、一等普速车站，其动车组列车和普速列车旅客共用区域及实行物理隔离的动车组列车旅客专用售票窗口、候车室、检票口、站台等区域的管理、作业和服务比照高铁中型及以上车站服务质量规范执行。

二、术语和定义

1. 高铁中型及以上车站

高铁中型及以上车站指办理动车组列车客运业务，建筑规模为特大型、大型、中型的高速铁路（含客运专线）车站。

2. 普速车站

普速车站指办理普速旅客列车客运业务的车站。

3. 动车组列车

动车组列车指由若干带动力和不带动力的车辆以固定编组组成、两端设有司机室的一组列车。

4. 普速旅客列车

普速旅客列车指运送旅客或行包、邮件的非动车组列车。

5. 重点旅客

重点旅客指老、幼、病、残、孕旅客。特殊重点旅客是指依靠辅助器具才能行动等需特殊照顾的重点旅客。

6. 照度（平面照度）

照度（平面照度）指单位面积的光通量，单位为勒克斯(lx)。

三、客运安全

(1) 安全制度健全有效，安全管理职责明确，能满足安全生产需要。

① 有安全生产责任制、安全检查和安全质量考核、劳动安全、消防管理、食品安全、设施设备、安检查危、实名验证、结合部、现金票据安全、站台作业车辆安全、旅客人身伤害处理等管理制度和办法。

② 有旅客候车、乘降、进出站、高铁快件保管和装卸等安全防范措施。

③ 与保洁、商业、物业、广告、安检、高铁快件等结合部有安全协议。

④ 有恶劣天气、列车停运、大面积晚点、启动热备车底，突发大客流、设备故障、客票（服）系统故障、火灾爆炸、重大疫情、食物中毒、作业车辆（设备）坠入站台、旅客人身伤害等非正常情况下的应急预案。

(2) 安全设备设施配备齐全到位，作用良好。

① 按规定配备危险品检查仪、安全门、危险品处置台、手持金属探测器、防爆罐等安全检查设施设备，显示器满足查验不同危险品的需求。危险品检查仪、安全门、危险品处置台、防爆罐设在进站口旅客进站流线、高铁快件营业场所适当位置，不影响旅客通行。危险品检查仪延长端适当。

② 按规定配备消防设备、器材，定期检测维护，确保其合格有效。

③ 应急照明系统覆盖进出站、候车、售票、站台、天桥、地道等处所，状态良好。

④ 备有喇叭、手持应急照明灯具、应急车次牌、隔离设施等应急物品，定点存放。有应急食品储备或定点食品供应商联系供应机制。

⑤ 安全标志使用正确，位置恰当，便于辨识。电梯、天桥、地道口、楼梯踏步、站台有引导、安全标志。落地玻璃前有防撞装置和警示图形标志。

⑥ 电梯、天桥、楼梯悬空侧按规定设置防护装置，高度不低于 1.7 米。

(3) 执行安全检查规定。

① 配备安检人员，担负引导、值机、手检、处置等职责。开启的危险品检查仪数量满足旅客进站需求。

② 所有旅客均须通过安全门和手持金属探测器的检查，所有携带品均须通过行李安检仪的检查。安检口外开设的车站小件寄存处对寄存物品进行安全检查。

③ 安检人员持证上岗，佩戴标志。

④ 对检查发现和列车移交的危险品、违禁品按规定处理。

(4) 站区实行封闭式管理，旅客进出站乘降有序，站内无闲杂人员。进出站通道流线清晰，有管理措施。站台两端设置防护栅栏并有“禁止通行”标志。夜间不办理客运业务时，可关闭站区相应服务紧急处所但应对外公告。疏散通道、紧急出口、消防车通道等有专人管理，无堵塞。

(5) 进入站台的作业车辆及移动小机具、小推车不影响旅客乘降，不堵塞通道；停放在指定位置，与列车平行，有制动措施；行驶或移动时，不与本站台的列车同时移动，不侵入安全线，速度不超过 10 千米／时。无非作业车辆进入站台。

(6) 安全使用电源，不违规使用电源、电器。

(7) 工作人员均须通过生产作业、消防、电器、电气化、卫生防疫、劳动人身等安全培训，特定岗位工作人员按规定通过相应岗位安全培训。安全培训有计划，有记载，有考核。

(8) 发生旅客人身伤害、突发疾病或接受列车移交的伤、病人员时，及时联系医疗机构；造成旅客死亡或涉及违法犯罪的，及时报告（通知）公安机关。

四、设备设施

(1) 基础设施设备符合设计规范，定期维护，作用良好，无违规改造和改变用途情况。

① 有售票处、公安制证处、候车室、补票处、高铁快件营业场所、天桥或地道、站台、

风雨棚、围墙（栅栏）等基础设施，地面硬化平整，房屋、风雨棚、天桥、地道无渗漏，墙面、天花板无开裂、翘起、脱落，扶手、护栏、隔断、门窗牢固完好，楼梯踏步无缺损，独立进出站楼梯有行李坡道。

② 有通风、照明、广播、供水、排水、防寒、防暑、空调等设备设施。

(2) 图形标志符合标准，齐全醒目，位置恰当，安装牢固，内容规范，信息准确。

① 有位置标志、导向标志、平面示意图、信息板等引导标志，指引准确。站台两端各设有一个站名牌，进出站地道围栏、无障碍电梯、广告牌、垃圾箱（桶）、基本站台栅栏等站台设施设有便于列车内旅客以正常视角快速识别的站名标志。各站台设有出站方向标志。

② 根据各服务处所和服务设备设施的功能、用途设置揭示揭挂，采取电子显示屏、公告栏等方式公布规章文电摘抄、旅客乘车安全须知、客运杂费收费标准、客运服务质量规范摘要、高铁快件办理范围等服务信息。

③ 电子显示引导系统信息显示及时，每屏信息的显示时间适当，便于旅客阅读。

④ 售票处、候车区（室）、出站检票处和补票处设有儿童票标高线。

⑤ 售票窗口、自动售（取）票机、自动检票机前设置黄色“一米线”，宽度 10 厘米。

⑥ 采用中、英文；少数民族自治地区车站可按规定增加当地通用的民族语言文字。

⑦ 办理动车组列车旅客乘降业务的普速车站，设有动车组旅客专用的售票窗口、候车室，相关标志含有“和谐号”、CRH 图标、图形符号内容三个基本元素，“和谐号”的字体为隶书、加粗，字号大于标志中的其他文字；高铁快件营业场所相关标志含有“高铁快递”“CRHE”图标和高铁图形符号内容三个基本元素。

(3) 旅客服务系统运行稳定可靠，自动检票、导向、广播、时钟、查询、求助、监控等旅客服务设备设施齐全，状态良好。

① 有管理平台，采用“铁路局集中控制、大站集中控制、车站独立控制”模式，有用户管理和安全保密制度。

② 售票处、候车区、站台有时钟，显示时间准确。

③ 广播覆盖各服务处所，具备无线小区广播和分区广播功能；音箱（喇叭）设备设置合理，音响效果清晰。

④ 有电子显示引导系统，满足温度环境使用要求，室外显示屏具有防雨、防湿、防寒、防晒、防尘等性能。

- 特大、大型车站进站大厅（集散厅）设置进站显示屏，显示车次、始发站、终到站、开车时刻、候车区（检票口）、状态等发车信息。
- 候车区内设置候车引导屏，显示车次、始发站、终到站、开车时刻、检票口、状态等信息。
- 检票口处设置进站检票屏，显示车次、终到站、开车时刻、站台、状态等信息。
- 天桥、地道内设置进、出站通道屏，显示当前到发列车车次、始发站、终到站、站台、到开时刻、编组前后顺位等信息。
- 站台设置站台屏，显示当前车次、始发站、终到站、实际开点（终到站为到点）、列车前后顺位编组、引导提示等信息。
- 出站口外侧设置出站屏，显示到达车次、始发站、到达时刻、站台、状态等信息。

待机状态显示站名、安全提示、欢迎词等信息。

⑤ 售票处、候车区有自助查询终端，内容完整、准确。

⑥ 视频监控系统覆盖车站各服务处所，具备自动录像功能。录像资料留存时间不少于 15 天，涉及旅客人身伤害、扰乱车站公共秩序等重要的视频资料为一年。

⑦ 特大、大型车站候车等场所能为旅客提供无线互联网接入服务。

(4) 售票设施设备满足生产需要，作用良好。

① 售票窗口配备桌椅、计算机、制票机、居民身份证阅读器、双向对讲器、窗口屏、保险柜、验钞机等售票设备及具有录像、拾音、录音功能的监控设备，发售学生票、残疾军人票的窗口配备学生优惠卡、残疾军人证的识读器，退票、改签窗口配备二维码扫描仪，电子支付窗口配备 POS 机。

- 在窗口正上方设置窗口屏，显示窗口号、窗口功能、工作时间或状态等信息。
- 有对外显示屏，同步显示售票员操作的售票信息。
- 设置工号牌或采用电子显示屏，显示售票人员姓名、工号、本人正面二英寸工作服彩色白底照片等信息。

② 有剩余票额信息显示屏，及时、正确显示日期、车次、始发站、终到站、开车时刻、各席别剩余票额等售票信息。

③ 配备自动售、取票机，自动售票机具备现金或银行卡支付功能。

④ 补票处邻近出站检票闸机，配备桌椅、计算机、制票机、保险柜、验钞机、学生优惠卡识读器等售票设备和衡器，有防盗、报警设施。

⑤ 有存放票据、现金的处所和设备，具备防潮、防鼠、防盗、监控和报警功能。

(5) 候车区布局合理，方便旅客。

① 配备适量座椅，摆放整齐，不影响旅客通行。

② 设有问讯处（服务台、遗失物品招领处），位置适当，标志醒目，配备信息终端和存放服务资料、备品的设备。

③ 设有饮水处，配备电开水器，有加热、保温标志，水质符合国家标准要求。可开启箱盖的电开水器加锁，箱盖与箱体无间隙。

④ 设有卫生间，厕位适量。有通风换气和洗手池、干手器等盥洗设备，能正常使用。厕位间设置挂钩。

⑤ 电梯正常启用，作用良好。安全标志醒目，遇故障、维修时有停止使用等提示，操作人员持证上岗（仅操作停止、启动、调整方向的除外）。

⑥ 省会城市所在地高铁特大、大型车站为商务座旅客设置独立的贵宾候车区，其他车站提供候车区域。

⑦ 检票口设自动检票通道和人工检票通道，配备自动检票机。已检票区域与候车区有围栏，封闭良好。

(6) 实施车站全封闭实名制验证的，设有相对独立的验证口、验证区域、验证通道和复位口，并配备验证设备。

(7) 高铁快件营业场所外有机动车作业场地和停车位。办理窗口有桌椅、计算机、制票机、扫描枪，使用行包信息系统，配有电子衡器和装卸搬运机具，电子支付窗口配备 POS 机。有施封钳等包装工具；有专用箱、集装袋、锁等包装材料。高铁快件作业场地分区合理，有防火、防爆、防盗、防水、防鼠设备。

(8) 站台设有响铃设备，作用良好；地面标示站台安全线或安装安全门（屏蔽门），内侧铺设提示盲道；安全线内侧或安全门（屏蔽门）左侧设置上下车指示线标志，位置准确，醒目易识；设置的座椅、垃圾箱（桶）、广告灯箱等设施设备安装牢固，不影响旅客通行。

(9) 给水站按规定设置水井、水栓，给水系统作用良好，水源保护、水质符合国家标准。按规定办理吸污作业的车站有吸污设备。

(10) 客运人员每人配置手持电台，其他岗位按需配备，作用良好，具备录音功能。站台客运人员手持电台具备与司机通话功能。

(11) 有设备管理制度和设备登记台账。有巡视检查、维护保养记录。发生故障立即报告，及时维修，影响旅客使用时设有提示。

五、文明服务

(1) 仪容整洁，上岗着装统一，干净平整。

① 头发干净整齐、颜色自然，不理奇异发型、不剃光头。男性两侧鬓角不得超过耳垂底部，后部不长于衬衣领，不遮盖眉毛、耳朵，不烫发，不留胡须；女性发不过肩，刘海长不遮眉，短发不短于两寸。

② 面部、双手保持清洁，指甲修剪整齐，长度不超过指尖2毫米，身体外露部位无文身。女性淡妆上岗，保持妆容美观，不浓妆艳抹，不染彩色指甲。

③ 换装统一，衣扣拉链整齐。着裙装时，丝袜统一，无破损。系领带时，衬衣束在裙子或裤子内。外露的皮带为黑色。佩戴的外露饰物款式简洁，限手表一只、戒指一枚，女性还可佩戴发夹、发箍或头花及一副直径不超过 3 毫米的耳钉。不歪戴帽子，不挽袖子和卷裤脚，不敞胸露怀，不赤足穿鞋，不穿尖头鞋、拖鞋、露趾鞋，鞋跟高度不超过 3.5 厘米，跟径不小于 3.5 厘米。

④ 佩戴职务标志（售票员除外）。胸章牌（长方形职务标志）戴于左胸口袋上方正中，下边沿距口袋 1 厘米处（无口袋的戴于相应位置），包含单位、姓名、职务、工号等内容。菱形臂章佩戴在上衣左袖肩下四指处。按规定应佩戴制帽的，在执行职务时戴上制帽，帽徽在制帽折沿上方正中。

(2) 表情自然，态度和蔼，用语文明，举止得体，庄重大方。

① 使用普通话，表达准确，口齿清晰。服务语言表达规范、准确，使用“请、您好、谢谢、对不起、再见”等服务用语。对旅客、货主称呼恰当，统称为“旅客们”“各位旅客”“旅客朋友”，单独称为“先生”“女士”“小朋友”“同志”等。

② 旅客问讯时，面向旅客站立（售票员、封闭式问讯处工作人员办理业务时除外），目视旅客，有问必答，回答准确，解释耐心。遇有失误时，向旅客表示歉意。对旅客的配合与支持，表示感谢。

③ 坐立、行走姿态端正，步伐适中，轻重适宜。在旅客多的地方先示意后通行；旅客迎面走来时，主动让路，面向旅客侧身让行，不与旅客抢行。列队出（退）勤时，按规定线路行走，步伐一致。多人行走时，两人成排，三人成列。

④ 立岗姿势规范，精神饱满。站立时，挺胸收腹，两肩平衡，身体自然挺直，双臂自然下垂，手指并拢贴于裤线上，脚跟靠拢，脚尖略向外张呈“V”形。女性可双手四指并拢，交叉相握，右手叠放在左手之上，自然垂于腹前；左脚靠在右脚内侧，夹角为 45°。

⑤ 迎送列车时，足踏安全线，不侵入安全线外，面向列车方向目迎目送，以列车进入站台开始，开出站台为止。办理交接时行举手礼，右手五指并拢平展，向内上方举手至帽檐右侧边沿，小臂成45°角。

⑥ 清理卫生时，清扫工具不触碰旅客及携带物品。挪动旅客物品时，征得旅客同意。需要踩踏座席时，戴鞋套或使用垫布。占用洗脸间洗漱时，礼让旅客。

⑦ 不高声喧哗、嬉笑打闹、勾肩搭背，不在旅客面前吃食物、吸烟、剔牙齿和进行其他不文明、不礼貌的动作，不对旅客评头论足，接班前和工作中不食用异味食品。

(3) 站容整洁，环境舒适。

① 干净整洁，窗明地净，物见本色。

• 地面干净、无垃圾；玻璃透明、无污渍；墙壁无污渍、涂鸦。电梯、扶手、护栏、座椅、台面、危险品检查仪、危险品处置台等处无积尘、污渍。卫生间通风良好，干净、无异味，地面无积水，便池无积便、积垢，洗手池清洁、无污垢。饮水处地面无积水，饮水机表面清洁、无污渍，沥水槽无残渣。站台、天桥、地道等地面无积水、积冰、积雪，股道无杂物。

• 各服务处所设置适量的垃圾箱(桶)，外皮清洁，内配的垃圾袋的材质符合国家标准、厚度不小于0.025毫米，无破损、渗漏，每日消毒一次。垃圾车外表无明显污垢，垃圾不散落，污水不外溢。垃圾及时清运，储运密闭化，固定通道，日产日清。

• 保洁工具定点隐蔽存放。设有供保洁作业使用的水、电设施和存放保洁机具、清扫工具的处所。

• 由具备资质的专业保洁企业保洁，使用专业保洁机具和清洁工具，清洗剂符合环保要求，不腐蚀、污染设备备品。保洁人员须经过保洁专业知识和铁路安全知识培训，持证上岗。墙壁、玻璃、隔断、护栏等2米以下的部位每日保洁，2米以上的部位及顶、棚等设施定期保洁。车站对保洁作业有检查，有考核。

② 通风良好，温度适宜，空气质量符合国家规定。室内温度冬季18～20℃、夏季26～28℃。高寒地区站房进出口处有门斗和风幕(防寒挡风门帘)。

③ 照明充足，售票处、问讯处(服务台)、高铁快件营业场所照明照度不低于150勒克斯，候车区照明照度不低于100勒克斯，站台、天桥及进出站地道照明照度不低于50勒克斯。

④ 各服务处所按规定开展“消毒、杀虫、灭鼠”工作，蚊、蝇、蟑螂等病媒昆虫指数及鼠密度符合国家规定。

⑤ 服务备品齐全完整，质地良好，符合国家环保规定。卫生间配有卫生纸、芳香球、洗手液(皂)、擦手纸(干手器)，坐便器配一次性坐便垫圈，及时补充。落客平台、站台设置的垃圾箱(桶)上有烟灰盒。分设照明开关，使用节能灯具，根据自然光照度及时开启或关闭照明。用水处有节水宣传揭示。

(4) 广播语音清晰，音量适宜，用语规范，内容准确，播放及时。

① 通告列车运行情况、检票等信息，有禁止携带危险品进站上车、旅行安全常识、公共卫生和候车区禁止吸烟等宣传内容。

② 使用普通话。少数民族自治地区车站可根据需要增加当地通用的民族语言播音。特大、大型车站使用普通话和英语双语播报客运作业信息，中型车站可增加英语播报客运作业信息。

③ 采用自动语音合成方式，日常重点内容播音录音化。

(5) 全面服务，重点照顾。

① 无需求无干扰。配备自动售（取）票机、自动检票机、电子显示屏等服务设备，通过广播、揭示揭挂、电子显示等方式宣传服务设备的使用方法，方便旅客自助服务。

② 有需求有服务。售票处、候车区公布中国铁路客户服务中心客户服务电话（区号+电话号码），特大、大型车站设有服务品牌，受理旅客咨询、求助、投诉，专人负责，及时回应。实行首问首诉负责制，旅客问讯时，有问必答，回答准确；对旅客提出的问题不能解决时，指引到相应岗位，并做好解释工作。接听电话时，先向旅客通报单位和工号。

③ 重点关注，优先照顾，保障重点旅客服务。

• 按规范设置无障碍设施设备。售票厅设无障碍售票窗口。特大、大型车站候车室设有重点旅客候车区和特殊重点旅客服务点（可与问讯处、服务台等合设），位置醒目、便于寻找，并配备轮椅、担架等辅助器具；特大型车站内设相对封闭的哺乳区；在检票口附近等方便的区域设置黄色标志的重点旅客候车专座。卫生间设无障碍厕所。设有无障碍电梯，能正常使用。盲道畅通、无障碍。

• 重点旅客优先购票、优先进站、优先检票上车。

• 根据需求为特殊重点旅客提供帮助，有服务，有交接，有通报。

④ 尊重民族习俗和宗教信仰。少数民族自治地区车站可按规定在图形标志中增加当地通用的民族语言文字，可根据需要增加当地通用的民族语言播音。

⑤ 旅客在站内遗失物品时，帮助（或广播）查找；收到旅客遗失物品及时登记、公告，登记内容完整，保管措施妥当，处置措施合法。

六、客运组织

1. 售票

(1) 提供窗口、自动售（取）票机、铁路客票代售点等多种售票渠道，售票网点布局合理，管理规范。

① 售票窗口和自动售（取）票机设置、开放的数量适应客流量，日常窗口排队不超过 20 人。

② 办理售票、退票、改签、换票、取票、挂失补办、中转签证等业务，发售学生票、残疾军人票等各种特殊车票，支持现金、银行卡等支付方式。

(2) 在售票处的醒目位置公布售票时间和停售时间，开窗时间不晚于本站首趟列车开车前 1 小时，关窗时间不早于本站最后一趟列车办理客运业务后 30 分钟。工作时间内暂停售票时设有提示。用餐或交接班时间实行错时暂停售票。

(3) 自动售（取）票机及时补充票据、零钞和凭条。设备故障等异常状况处置及时。

(4) 票据、现金妥善保管，票面完整、清晰。票据填写规范，内容准确、无涂改，按规定加盖站名戳和名章。

2. 进站、候车、检票组织

(1) 按规定实行实名制验证，核验车票、有效身份证件原件、旅客的一致性。无法实施全封闭实名制验证的，在检票口组织验证。验证与检票分离的车站对热门车次在检票口进行二次验证。

(2) 秩序良好，通道畅通，时间日常旅客排队进站、等候安检时间不超过 5 分钟。

(3) 候车室（区）旅客可视范围内有客运人员，及时巡视、解答旅客咨询、妥善处置异常情况。特大、大型车站设有值班站长。贵宾候车区按规定配备专职服务员及验票终端等服务设备，提供免费小食品、饮品、报刊等服务。

(4) 开始、停止检票时间的设置适应客流量和站场条件，进站口有提前停止检票时间的提示。开始检票或列车到站前，通告车次、停靠站台等检票信息。

(5) 自动检票机通道和人工检票通道正常启用，通道数量适应客流情况，并设有商务座旅客快速检票通道。设两侧检票口的，对长编组、重联动车组列车同时开启。按照先重点、后团体、再一般的原则，引导旅客通过自动检票机、人工检票通道分别排队等候、检票进站，宣传自动检票机的使用方法，提醒旅客拿好车票或身份证，防止尾随。具备居民身份证自动识读检票条件的自动检票机正常启用。人工检票口核验车票和其他乘车凭证，对车票加剪。

(6) 对无票、日期车次不符、减价不符、票证人不一致等人员按规定拒绝进站、乘车。

(7) 停止检票前，通告候车室，确保无旅客漏乘；停止检票时，关闭检票口，通告候车室和站台。

3. 站台组织

(1) 站台客运人员提前到岗，检查引导屏状态和显示内容、站台及股道情况。

(2) 按站台车厢位置标志在站台安全线或屏蔽门内组织旅客排队等候，有序乘降。铃响时巡视站台。

(3) 办理站车交接，短编组动车组列车在 4、5 号车厢之间；长编组动车组列车在 8、9 号车厢之间；重联动车组列车在列车运行方向前组第 7、8 号车厢之间。

(4) 开车时间前 30 秒打响开车铃，铃声时长 10 秒。同一站台有两趟动车组列车同时进行乘降作业时，有宣传，有引导，无误乘。站台一侧邻靠线路有动车组列车通过时，另一侧停止旅客乘降或设防护栏防护。

4. 出站组织

(1) 出站检票人员提前到岗，检查自动检票机、出站显示屏状态和内容。

(2) 引导旅客通过自动检票机和人工检票通道检票出站，具备居民身份证自动识读检票条件的自动检票机正常启用。人工检票口核对车票及其他乘车凭证，对未加剪的车票补剪，秩序良好，防止尾随。

(3) 对违章乘车旅客及违章携带品正确处理，票款收付准确。

(4) 列车出站后督促旅客及时出站，站台、通道无滞留人员。

(5) 换旅客流大的车站根据需要设置站内换乘流线，配备相应的设备和引导标志。

5. 高铁快件作业

(1) 设置承运、交付办理窗口，提供托运单、高铁快件快递单和必要的填写用具。

(2) 承运高铁快件及时准确，品名相符，实名验证，逐件安检，正确检斤、制票，唱收唱付。“站到站”和“站到门”高铁快件按到站和服务产品正确分拣、装箱。

(3) 装卸、搬运高铁快件轻搬轻放，堆码整齐。装车时，合理计划，按方案装载，站、车认真核对、准确交接，装车完毕及时信息确认，做到不逾期、不破损、不丢失。

(4) 运输过程中发生高铁快件包装松散、破损时，有记录，有交接。

(5) 到站卸车提前到位，立岗接车，准确交接。集装件外包装、施封破损或集装件短少的，凭客运记录或现场检查，核实现状，办理交接。

(6) 到达高铁快件核对票据，妥善保管，及时通知，正确交付。“站到站”和“站到门”集装件双人拆箱，一箱一清。对无法交付的高铁快件按规定处理。

(7) 认真处理站间运输高铁快件差错，发生高铁快件损失比照行李包裹损失处理有关规定执行，先赔付，后定责。

(8) 作业区无闲杂人员出入，无非高铁快件工作人员查找、搬运高铁快件。发现非工作人员持集装件出站时当场制止。

(9) 高铁快件装卸人员须经过装卸作业知识、技能和铁路安全知识培训，持证上岗。

6. 列车给水、吸污作业

(1) 给水站根据给水方案配备给水人员，防护用具齐全，按指定线路提前到指定位置接送车，有人防护，同去同回。

(2) 按规定程序及时上水，始发列车辆辆满水，中途站按给水方案补水，有注水口的挡板锁闭，水管回卷到位(管头插入上水井内)。吸污站按规定进行吸污作业，保持作业清洁。作业完毕，向站台客运人员报告。

7. 应急处置

(1) 遇恶劣天气、列车停运、大面积晚点、启动热备车底、突发大客流、设备故障、客票(服)系统故障、火灾爆炸、重大疫情、食物中毒、作业车辆(设备)坠入站台、旅客人身伤害等非正常情况时，及时启动应急预案，掌握售票、候车、旅客滞留、高铁快件等情况，维持站内秩序，准确通报信息，做好咨询、解释、安抚等善后工作。

① 列车晚点 15 分钟以上时，根据调度通报，公告列车晚点信息，说明晚点原因、晚点时间，广播公告每次间隔不超过 30 分钟，电子显示屏实时显示公告信息。按规定办理退票、改签或提供免费饮、食品，协调市政交通衔接。

② 遇列车在车站空调失效时，站车共同组织；必要时，组织旅客下车、换乘其他列车或疏散到车站安全处所。到站按规定退还票价差额。

③ 遇车底变更时，车站按车底变更计划调整席位，组织旅客换乘，告知列车，并按规定办理改签、退票。

④ 遇售票、检票系统故障时，组织维护部门进行故障排查，按规定启用应急售票、换票程序，组织人工办理检票。

⑤ 遇列车故障途中须更换车底时，在车站换乘的，由客调通知换乘站、高铁快件到站，由换乘站组织集装件换车。在区间换乘的，集装件不换至救援车，由故障车所在地铁路局根据救援方案一并安排随车运送至动车所所在地高铁车站，动车所所在地高铁车站编制客运记录并安排最近车次运送至到站。

(2) 有应急预案培训和演练，有记录，有结果，有考核。

(3) 春、暑运等客流高峰时期，换票、验证、安检、进站等处所设有快速(绿色)通道。

七、商业、广告经营

(1) 站内商业场所、位置、面积、业态布局统一规划，不占用旅客候车空间，不影响旅客乘降流线；统一标志，统一服务内容，统一服务标准，有商业经营管理规范，对经营行为有检查，有考核。

(2) 经营单位持有效经营许可证，经营行为规范，明码标价，文明售货，提供发票。不出售禁止或限量携带的商品，不出售影响运输安全的商品，不出售无生产单位、无生产日期、无保质期、过期、变质及口香糖等严重影响环境卫生的食品。提供代搬行李等服务时，不能诱导旅客消费。

(3) 餐饮食品经营场所环境卫生符合要求，用具清洁，消毒合格，生熟分开。销售散装熟食品时，有防蝇、防尘措施，不徒手接触食品。

(4) 站内广告设置场所、位置、面积、形式统一规划，广告设施安全牢固，形式规范，内容健康，与车站环境相协调。不挤占、遮挡图形标志、业务揭示、安全宣传等客运服务信息，不影响客运服务功能，不影响安全。旅客通道内安装的广告牌使用嵌入式灯箱，突出墙面部分不超过 200 毫米，棱角部位采取打磨、倒角处理。除围墙、栅栏外，无直接涂写、张贴式广告。广播系统不发布音频广告。播放视频时不得外放声音。

八、基础管理

(1) 管理制度健全，有考核，有记载。定期分析安全和服务质量状况，有具体整改措施。

(2) 业务资料配置到位，内容修改及时、正确。

(3) 各工种按岗位责任各负其责，相互协作，落实作业标准。

(4) 业务办理符合规定，票据、台账、报表填写规范、清晰。营运进款结算准确，票据、现金入柜加锁，及时解款。

(5) 定期召开站区结合部协调会，有监督，有检查，有考核。

(6) 定期开展职业技能培训，培训内容适应岗位要求，评判准确。

九、人员素质

(1) 身体健康，五官端正，持有效健康证明。新职人员具备高中（职高、中专）及以上文化程度。

(2) 持有效上岗证，经过岗前安全、技术业务培训合格。客运值班员、售票值班员、客运计划员、综控室值班员从事客运服务工作满 2 年。综控室值班员具备广播员资质。

(3) 熟练使用本岗位相关设备设施，熟知本岗位业务知识和职责，掌握本岗位应急处置作业流程，具备应对突发事件的能力。

附录C 高铁小型车站服务质量规范

一、规范的基本要求

高铁小型车站服务质量规范对中国铁路总公司所属铁路运输企业的高铁小型车站旅客运输服务提出了质量要求。办理动车组列车客运业务的二、三等普速车站，其动车组列车和普速旅客列车旅客共用区域及实行物理隔离的动车组列车旅客专用售票窗口、候车室、检票口、站台等区域的管理、作业和服务比照高铁小型车站服务质量规范执行。

二、术语和定义

1. 高铁小型车站

高铁小型车站指办理动车组列车客运业务，建筑规模为小型的高速铁路（含客运专线）车站。

2. 普速车站

普速车站指办理普速旅客列车客运业务的车站。

3. 动车组列车

动车组列车指由若干带动力和不带动力的车辆以固定编组组成、两端设有司机室的一组列车。

4. 普速旅客列车

普速旅客列车指运送旅客或行包、邮件的非动车组列车。

5. 重点旅客

重点旅客指老、幼、病、残、孕旅客。特殊重点旅客是指依靠辅助器具才能行动等需特殊照顾的重点旅客。

6. 照度（平面照度）

照度（平面照度）指单位面积的光通量，单位为勒克斯(lx)。

三、客运安全

(1) 安全制度健全有效，安全管理职责明确，能满足安全生产需要。

① 有安全生产责任制、安全检查和安全质量考核、劳动安全、消防管理、食品安全、设施设备、安检查危、实名验证、结合部、现金票据安全、站台作业车辆安全、旅客人身伤害处理等管理制度和办法。

② 有旅客候车、乘降、进出站、高铁快件保管和装卸等安全防范措施。

③ 与保洁、商业、物业、广告、安检、高铁快件等结合部有安全协议。

④ 有恶劣天气、列车停运、大面积晚点、启动热备车底、突发大客流、设备故障、客票（服）系统故障、火灾爆炸、重大疫情、食物中毒、作业车辆（设备）坠入站台、旅

客人身伤害等非正常情况下的应急预案。

(2) 安全设备设施配备齐全到位，作用良好。

① 按规定配备危险品检查仪、安全门、危险品处置台、手持金属探测器、防爆罐等安全检查设施设备，显示器满足查验不同危险品的需求。危险品检查仪、安全门、危险品处置台、防爆罐设在旅客进站流线、高铁快件营业场所适当位置，不影响旅客通行。危险品检查仪延长端适当。

② 按规定配备消防设备、器材，定期检测维护，合格有效。

③ 应急照明系统覆盖进出站、候车、售票、站台、天桥、地道等处所，状态良好。

④ 备有喇叭、手持应急照明灯具、应急车次牌、隔离设施等应急物品，定点存放。有食品储备或定点食品供应商联系供应机制。

⑤ 安全标志使用正确，位置恰当，便于辨识。电梯、天桥、地道口、楼梯踏步、站台有引导、安全标志。落地玻璃前有防撞装置和警示图形标志。

⑥ 电梯、天桥、楼梯悬空侧按规定设置防护装置，高度不低于 1.7 米。

(3) 执行安全检查规定。

① 配备安检人员，担负引导、值机、手检、处置等职责。

② 旅客均须通过安全门和手持金属探测器的检查，所有携带品均须通过行李安检仪的检查。

③ 安检人员持证上岗，佩戴标志。

④ 对检查发现和列车移交的危险品、违禁品按规定处理。

(4) 站区实行封闭式管理，旅客进出站乘降有序，站内无闲杂人员。进出站通道流线清晰，有管理措施。站台两端设置防护栅栏并有“禁止通行”标志。夜间不办理客运业务时，可关闭站区相应服务处所，但应对外公告。疏散通道、紧急出口、消防车通道等有专人管理，无堵塞。

(5) 进入站台的作业车辆及移动小机具、小推车不影响旅客乘降，不堵塞通道；停放在指定位置，与列车平行，有制动措施；行驶或移动时，不与本站台的列车同时移动，不侵入安全线，速度不超过 10 千米 / 时。无非作业车辆进入站台。

(6) 安全使用电源，不违规使用电源、电器。

(7) 工作人员均须通过生产作业、消防、电器、电气化、卫生防疫、劳动人身等安全培训，特定岗位工作人员按规定通过相应岗位安全培训。安全培训有计划，有记载，有考核。

(8) 发生旅客人身伤害、突发疾病或接受列车移交的伤、病人员时，及时联系医疗机构；造成旅客死亡或涉及违法犯罪的，及时报告（通知）公安机关。

四、设备设施

(1) 基础设施设备符合设计规范，定期维护，作用良好，无违规改造和改变用途情况。

① 有售票处、公安制证处、候车室、补票处、高铁快件营业场所、天桥或地道、站台、风雨棚、围墙（栅栏）等基础设施，地面硬化平整，房屋、风雨棚、天桥、地道无渗漏，墙面、天花板无开裂、翘起、脱落，扶手、护栏、隔断、门窗牢固完好，楼梯踏步无缺损，独立进出站楼梯有行李坡道。

② 有通风、照明、广播、供水、排水、防寒、防暑等设备设施。

(2) 图形标志符合标准，齐全醒目，位置恰当，安装牢固，内容规范，信息准确。

① 有位置标志、导向标志、信息板等引导标志，指引准确。站台两端各设有一个站名牌，进出站地道围栏、无障碍电梯、广告牌、垃圾箱（桶）、基本站台栅栏等站台设施设有便于列车内旅客以正常视角快速识别的站名标志。各站台设有出站方向标志。

② 根据各服务处所和服务设备设施的功能、用途设置揭示揭挂，采取电子显示屏、公告栏等方式公布规章文电摘抄、旅客乘车安全须知、客运杂费收费标准、客运服务质量标准摘要、高铁快件办理范围等服务信息。

③ 电子显示引导系统信息显示及时，每屏信息的显示时间适当，便于旅客阅读。

④ 售票处、候车区（室）、出站检票处和补票处设有儿童票标高线。

⑤ 售票窗口、自动售（取）票机、自动检票机前设置黄色“一米线”，宽度 10 厘米。

⑥ 采用中、英文；少数民族自治地区车站可按规定增加当地通用的民族语言文字。

⑦ 办理动车组列车旅客乘降业务的普速车站，设有动车组旅客专用的售票窗口、候车室，相关标志含有“和谐号”、CRH 图标、图形符号内容三个基本元素，“和谐号”的字体为隶书、加粗，字号大于标志中的其他文字；高铁快件营业场所相关标志含有“高铁快递”“CRHE”图标和高铁图形符号内容三个基本元素。

(3) 旅客服务系统运行稳定可靠，自动检票、导向、广播、时钟、查询、求助、监控等旅客服务设备设施齐全，状态良好。

① 有应急操作平台，有用户管理和安全保密制度。

② 售票处、候车区、站台有时钟，显示时间准确。

③ 广播覆盖各服务处所；音箱（喇叭）设备设置合理，音响效果清晰。

④ 有电子显示引导系统，满足温度环境使用要求，室外显示屏具有防雨、防湿、防寒、防晒、防尘等性能。

- 候车区内设置候车引导屏，显示车次、始发站、终到站、开车时刻、检票口、状态等信息。
- 检票口处设置进站检票屏，显示车次、终到站、开车时刻、站台、状态等信息。
- 天桥、地道内设置进、出站通道屏，显示当前到发列车车次、始发站、终到站、站台、到开时刻、编组前后顺位等信息。
- 站台设置站台屏，显示当前车次、始发站、终到站、实际开点（终到站为到点）、列车前后顺位编组、引导提示等信息。
- 出站口外侧设有出站屏的，显示到达车次、始发站、到达时刻、站台、状态等信息。
- 待机状态显示站名、安全提示、欢迎词等信息。

⑤ 视频监控系统覆盖车站各服务处所，具备自动录像功能。录像资料留存时间不少于 15 天，涉及旅客人身伤害、扰乱车站公共秩序等重要的视频资料为一年。

(4) 售票设施设备满足生产需要，作用良好。

① 售票窗口配备桌椅、计算机、制票机、居民身份证阅读器、双向对讲器、窗口屏、保险柜、验钞机等售票设备及具有录像、拾音、录音功能的监控设备，发售学生票、残疾军人票的窗口配备学生优惠卡、残疾军人证的识读器，退票、改签窗口配备二维码扫描仪，电子支付窗口配备 POS 机。

- 在窗口正上方设置窗口屏，显示窗口号、窗口功能、工作时间或状态等信息。
- 有对外显示屏，同步显示售票员操作的售票信息。

• 设置工号牌或采用电子显示屏，显示售票人员姓名、工号、本人正面二英寸工作服彩色白底照片等信息。

② 有剩余票额信息显示屏，及时、正确显示日期、车次、始发站、终到站、开车时刻、各席别剩余票额等售票信息。

③ 配备自动售（取）票机，自动售票机具备现金或银行卡支付功能。

④ 补票处邻近出站检票闸机，配备桌椅、计算机、制票机、保险柜、验钞机、学生优惠卡识读器等售票设备和衡器，有防盗、报警设施。

⑤ 有存放票据、现金的处所和设备，具备防潮、防鼠、防盗、监控和报警功能。

(5) 候车区布局合理，方便旅客。

① 配备适量座椅，摆放整齐，不影响旅客通行。

② 设有饮水处，配备电开水器，有加热、保温标志，水质符合国家标准要求。可开启箱盖的电开水器加锁，箱盖与箱体无间隙。

③ 设有卫生间，厕位适量。有通风换气和洗手池等盥洗设备，能正常使用。厕位间设置挂钩。

④ 电梯正常启用，作用良好。安全标志醒目，遇故障、维修时有停止使用等提示，操作人员持证上岗（仅操作停止、启动、调整方向的除外）。

⑤ 检票口设自动检票通道和人工检票通道，配备自动检票机。已检票区域与候车区有围栏，封闭良好。

(6) 实施车站全封闭实名制验证的，设有相对独立的验证口、验证区域、验证通道和复位口，并配备验证设备。

(7) 高铁快件营业场所外有机动车作业场地和停车位。办理窗口有桌椅、计算机、制票机、扫描枪，使用行包信息系统，配有电子衡器和装卸搬运机具，电子支付窗口配备POS机。有施封钳等包装工具；有专用箱、集装袋、锁等包装材料。高铁快件作业场地分区合理，有防火、防爆、防盗、防水、防鼠设备。

(8) 站台设有响铃设备，作用良好；地面标示站台安全线或安装安全门（屏蔽门），内侧铺设提示盲道；安全线内侧或安全门（屏蔽门）左侧设置上下车指示线标志，位置准确，醒目易识；设置的座椅、垃圾箱（桶）、广告灯箱等设施设备安装牢固，不影响旅客通行。

(9) 客运人员每人配置手持电台，其他岗位按需配备，作用良好，具备录音功能。站台客运人员手持电台具备与司机通话功能。

(10) 有设备管理制度和设备登记台账。有巡视检查、维护保养记录。发生故障立即报告，及时维修，影响旅客使用时设有提示。

五、文明服务

(1) 仪容整洁，上岗着装统一，干净平整。

① 头发干净整齐、颜色自然，不理奇异发型，不剃光头。男性两侧鬓角不得超过耳垂底部，后部不长于衬衣领，不遮盖眉毛、耳朵，不烫发，不留胡须；女性发不过肩，刘海长不遮眉，短发不短于两寸。

② 面部、双手保持清洁，指甲修剪整齐，长度不超过指尖2毫米，身体外露部位无文身。

女性淡妆上岗，保持妆容美观，不浓妆艳抹，不染彩色指甲。

③ 换装统一，衣扣拉链整齐。着裙装时，丝袜统一，无破损。系领带时，衬衣束在裙子或裤子内。外露的皮带为黑色。佩戴的外露饰物款式简洁，限手表一只、戒指一枚，女性还可佩戴发夹、发箍或头花及一副直径不超过 3 毫米的耳钉。不歪戴帽子，不挽袖子和卷裤脚，不敞胸露怀，不赤足穿鞋，不穿尖头鞋、拖鞋、露趾鞋，鞋跟高度不超过 3.5 厘米，跟径不小于 3.5 厘米。

④ 佩戴职务标志（售票员除外）。胸章牌（长方形职务标志）戴于左胸口袋上方正中，下边沿距口袋 1 厘米处（无口袋的戴于相应位置），包含单位、姓名、职务、工号等内容。菱形臂章佩戴在上衣左袖肩下四指处。按规定应佩戴制帽的，在执行职务时戴上制帽，帽徽在制帽折沿上方正中。

(2) 表情自然，态度和蔼，用语文明，举止得体，庄重大方。

① 使用普通话，表达准确，口齿清晰。服务语言表达规范、准确，使用“请、您好、谢谢、对不起、再见”等服务用语。对旅客、货主称呼恰当，统称为“旅客们”“各位旅客”“旅客朋友”，单独称为“先生”“女士”“小朋友”“同志”等。

② 旅客问讯时，面向旅客站立（售票员、封闭式问讯处工作人员办理业务时除外），目视旅客，有问必答，回答准确，解释耐心。遇有失误时，向旅客表示歉意。对旅客的配合与支持，表示感谢。

③ 坐立、行走姿态端正，步伐适中，轻重适宜。在旅客多的地方先示意后通行；旅客迎面走来时，主动让路，面向旅客侧身让行，不与旅客抢行。列队出（退）勤时，按规定线路行走，步伐一致。多人行走时，两人成排，三人成列。

④ 立岗姿势规范，精神饱满。站立时，挺胸收腹，两肩平衡，身体自然挺直，双臂自然下垂，手指并拢贴于裤线上，脚跟靠拢，脚尖略向外张呈“V”形。女性可双手四指并拢，交叉相握，右手叠放在左手之上，自然垂于腹前；左脚靠在右脚内侧，夹角为 45°。

⑤ 迎送列车时，足踏安全线，不侵入安全线外，面向列车方向目迎目送，以列车进入站台开始，开出站台为止。办理交接时行举手礼，右手五指并拢平展，向内上方举手至帽檐右侧边沿；小臂成 45°角。

⑥ 清理卫生时，清扫工具不触碰旅客及携带物品。挪动旅客物品时，征得旅客同意。要踩踏座席时，须戴鞋套或使用垫布。占用洗脸间洗漱时，礼让旅客。

⑦ 不高声喧哗、嬉笑打闹、勾肩搭背，不在旅客面前吃食物、吸烟、剔牙齿和出现其他不文明、不礼貌的动作，不对旅客评头论足，接班前和工作中不食用异味食品。

(3) 站容整洁，环境舒适。

① 干净整洁，窗明地净，物见本色。

• 地面干净、无垃圾；玻璃透明、无污渍：墙壁无污渍、涂鸦。电梯、扶手、护栏、座椅、台面、危险品检查仪、危险品处置台等处无积尘、污渍。卫生间通风良好，干净、无异味，地面无积水，便池无积便、积垢，洗手池清洁、无污垢。饮水处地面无积水，饮水机表面清洁、无污渍，沥水槽无残渣。站台、天桥、地道等地面无积水、积冰、积雪，股道无杂物。

• 各服务处所设置适量的垃圾箱（桶），外皮清洁，内配的垃圾袋的材质符合国家标准、厚度不小于 0.025 毫米，无破损、渗漏，每日消毒一次。垃圾车外表无明显污垢，垃圾不散落，污水不外溢。垃圾及时清运，日产日清。

• 保洁工具定点隐蔽存放。设有供保洁作业使用的水、电设施和存放保洁机具、清扫工具的处所。

由具备资质的专业保洁企业保洁，使用专业保洁机具和清洁工具，清洗剂符合环保要求，不腐蚀、污染设备备品。保洁人员须经过保洁专业知识和铁路安全知识培训，持证上岗。墙壁、玻璃、隔断、护栏等 2 米以下的部位每日保洁，2 米以上的部位及顶、棚等设施定期保洁。车站对保洁作业有检查，有考核。

② 通风良好，温度适宜，空气质量符合国家规定。有空调的服务处所室内温度冬季 18 ～ 20℃、夏季 26 ～ 28℃；无空调的服务处所室内温度冬季不低于 14℃，夏季超过 28℃时使用电风扇。高寒地区站房进出口处有门斗和防寒挡风门帘（风幕）。

③ 照明充足，售票、高铁快件营业场所处照明照度不低于 150 勒克斯，候车区照明照度不低于 100 勒克斯，站台、天桥及进出站地道照明照度不低于 50 勒克斯。

④ 各服务处所按规定开展“消毒、杀虫、灭鼠”工作，蚊、蝇、蟑螂等病媒昆虫指数及鼠密度符合国家规定。

⑤ 服务备品齐全完整，质地良好，符合国家环保规定。卫生间配有卫生纸、芳香球、洗手液（皂），坐便器配一次性坐便垫圈，及时补充。分设照明开关，使用节能灯具，根据自然光照度及时开启或关闭照明。用水处有节水宣传揭示。

(4) 广播语音清晰，音量适宜，用语规范，内容准确，播放及时。

① 通告列车运行情况、检票等信息，有禁止携带危险品进站上车、旅行安全常识、公共卫生和候车区禁止吸烟等宣传内容。

② 使用普通话。少数民族自治地区车站可根据需要增加当地通用的民族语言播音。可增加英语播报客运作业信息。

③ 采用自动语音合成方式，日常重点内容播音录音化。

(5) 全面服务，重点照顾。

① 无需求无干扰。配备自动售（取）票机、自动检票机、电子显示屏等服务设备，通过广播、揭示揭挂、电子显示等方式宣传服务设备的使用方法，方便旅客自助服务。

② 有需求有服务。售票处、候车区公布中国铁路客户服务中心客户服务电话（区号 + 电话号码），受理旅客咨询、求助、投诉。实行首问首诉负责制，旅客问讯时，有问必答，回答准确；对旅客提出的问题不能解决时，指引到相应岗位，并做好解释工作。接听电话时，先向旅客通报单位和工号。

③ 重点关注，优先照顾，保障重点旅客服务。

• 按规范设置无障碍设施设备。售票厅设无障碍售票窗口。在检票口附近等方便的区域设置黄色标志的重点旅客候车专座。卫生间设无障碍厕所。如设有无障碍电梯或相关设备，须能正常使用。盲道畅通、无障碍。

• 重点旅客优先购票、优先进站、优先检票上车。根据需求为特殊重点旅客提供帮助，有服务，有交接，有通报。

④ 尊重民族习俗和宗教信仰。少数民族自治地区车站可按规定在图形标志中增加当地通用的民族语言文字，可根据需要增加当地通用的民族语言播音。

⑤ 旅客在站内遗失物品时，帮助（或广播）查找；收到旅客遗失物品及时登记、公告，登记内容完整，保管措施妥当，处置措施合法。

六、客运组织

1. 售票

(1) 提供窗口、自动售（取）票机等多种售票渠道，布局合理，管理规范。

① 售票窗口和自动售（取）票机设置、开放的数量适应客流量，日常窗口排队不超过 20 人。

② 办理售票、退票、改签、换票、取票、挂失补办、中转签证等业务，发售学生票、残疾军人票等各种特殊车票，支持现金、银行卡等支付方式。

(2) 在售票处的醒目位置公布售票时间和停售时间，开窗时间不晚于本站首趟列车开车前 1 小时，关窗时间不早于本站最后一趟列车办理客运业务后 30 分钟。工作时间内暂停售票时设有提示。用餐或交接班时间实行错时暂停售票。

(3) 自动售（取）票机及时补充票据、零钞和凭条。设备故障等异常状况处置及时。

(4) 票据、现金妥善保管，票面完整、清晰。票据填写规范，内容准确、无涂改，按规定加盖站名戳和名章。

2. 进站、候车、检票组织

(1) 按规定实行实名制验证，核验车票、有效身份证件原件、旅客的一致性。无法实施全封闭实名制验证的，在检票口组织验证。

(2) 秩序良好，通道畅通，日常旅客排队进站、等候安检时间不超过 5 分钟。

(3) 候车室（区）旅客可视范围内有客运人员，及时巡视、解答旅客咨询、妥善处置异常情况。

(4) 开始、停止检票时间的设置适应客流量和站场条件，进站口有提前停止检票时间的提示。开始检票或列车到站前，通告车次、停靠站台等检票信息。

(5) 自动检票机通道和人工检票通道正常启用，通道数量适应客流情况，并提供商务座旅客快速检票进站服务。引导旅客通过自动检票机、人工检票通道分别排队等候、检票进站，提醒旅客拿好车票或身份证，防止尾随。具备居民身份证自动识读检票条件的自动检票机正常启用。人工检票口核验车票和其他乘车凭证，对车票加剪。

(6) 对无票、日期车次不符、减价不符、票证人不一致等人员按规定拒绝进站、乘车。

(7) 停止检票前，通告候车室，确保无旅客漏乘；停止检票时，关闭检票口，通告候车室和站台。

3. 站台组织

(1) 站台客运人员提前到岗，检查引导屏状态和显示内容、站台及股道情况。

(2) 按站台车厢位置标志在站台安全线或屏蔽门内组织旅客排队等候，有序乘降。铃响时巡视站台。

(3) 办理站车交接，短编组动车组列车在 4、5 号车厢之间；长编组动车组列车在 8、9 号车厢之间；重联动车组列车在列车运行方向前组第 7、8 号车厢之间。

(4) 开车时间前 30 秒打响开车铃，铃声时长 10 秒。

(5) 同一站台有两趟动车组列车同时进行乘降作业时，有宣传，有引导，无误乘。站台一侧邻靠线路有动车组列车通过时，另一侧停止旅客乘降或设防护栏防护。

4. 出站组织

(1) 出站检票人员提前到岗，检查自动检票机、出站显示屏状态和内容。

(2) 引导旅客通过自动检票机和人工检票通道检票出站，具备居民身份证自动识读检票条件的自动检票机正常启用。人工检票口核对车票及其他乘车凭证，对未加剪的车票补剪，秩序良好，防止尾随。

(3) 对违章乘车旅客及违章携带品正确处理，票款收付准确。

(4) 列车出站后督促旅客及时出站，站台、通道无滞留人员。

5. 高铁快件作业

(1) 设置承运、交付办理窗口，提供托运单、高铁快件快递单和必要的填写用具。

(2) 承运高铁快件及时准确，品名相符，实名验证，逐件安检，正确检斤、制票，唱收唱付。“站到站”和“站到门”高铁快件按到站和服务产品正确分拣、装箱。

(3) 装卸、搬运高铁快件轻搬轻放，堆码整齐。装车时，合理计划，按方案装载，站、车认真核对、准确交接，装车完毕及时信息确认，做到不逾期、不破损、不丢失。

(4) 运输过程中发生高铁快件包装松散、破损时，有记录，有交接。

(5) 到站卸车提前到位，立岗接车，准确交接。集装件外包装、施封破损或集装件短少的，凭客运记录或现场检查，核实现状，办理交接。

(6) 到达高铁快件核对票据，妥善保管，及时通知，正确交付。“站到站”和“站到门”集装件双人拆箱，一箱一清。对无法交付的高铁快件按规定处理。

(7) 认真处理站间运输高铁快件差错，发生高铁快件损失比照行李、包裹损失处理有关规定执行，先赔付，后定责。

(8) 作业区无闲杂人员出入，无非高铁快件工作人员查找、搬运高铁快件。发现非工作人员持集装件出站时当场制止。

(9) 高铁快件装卸人员须经过装卸作业知识、技能和铁路安全知识培训，持证上岗。

6. 应急处置

(1) 遇恶劣天气、列车停运、大面积晚点、启动热备车底、突发大客流、设备故障、客票（服）系统故障、火灾爆炸、重大疫情、食物中毒、作业车辆（设备）坠入站台、旅客人身伤害等非正常情况时，及时启动应急预案，掌握售票、候车、旅客滞留、高铁快件等情况，维持站内秩序，准确通报信息，做好咨询、解释、安抚等善后工作。

① 列车晚点15分钟以上时，根据调度通报，公告列车晚点信息，说明晚点原因、晚点时间，广播公告每次间隔不超过30分钟，电子显示屏实时显示公告信息。按规定办理退票、改签或提供免费饮、食品，协调市政交通衔接。

② 遇列车在车站空调失效时，站车共同组织；必要时，组织旅客下车、换乘其他列车或疏散到车站安全处所。到站按规定退还票价差额。

③ 遇车底变更时，组织旅客换乘，按规定办理改签和退票。

④ 遇售票、检票系统故障时，组织维护部门进行故障排查，按规定启用应急售票、换票程序，组织人工办理检票。

⑤ 遇列车故障途中须更换车底时，在车站换乘的，由客调通知换乘站、高铁快件到站，由换乘站组织集装件换车。在区间换乘的，集装件不换至救援车，由故障车所在地铁路局根据救援方案一并安排随车运送至动车所所在地高铁车站，动车所所在地高铁车站编制客运记录并安排最近车次运送至到站。

(2) 有应急预案培训和演练，有记录，有结果，有考核。

(3) 春、暑运等客流高峰时期，换票、验证、安检、进站等处所设有快速（绿色）通道。

七、商业、广告经营

(1) 站内商业场所、位置、面积、业态布局统一规划，不占用旅客候车空间，不影响旅客乘降流线；统一标志，统一服务内容，统一服务标准。有商业经营管理规范，对经营行为有检查，有考核。

(2) 经营单位持有效经营许可证，经营行为规范，明码标价，文明售货，提供发票。不出售禁止或限量携带的商品，不出售影响运输安全的商品，不出售无生产单位、无生产日期、无保质期、过期、变质及口香糖等严重影响环境卫生的食品。

(3) 餐饮食品经营场所环境卫生符合要求，用具清洁，消毒合格，生熟分开。销售散装熟食品时，有防蝇、防尘措施，不徒手接触食品。

(4) 站内广告设置场所、位置、面积、形式统一规划，广告设施安全牢固，形式规范，内容健康，与车站环境相协调。不挤占、遮挡图形标志、业务揭示、安全宣传等客运服务信息，不影响客运服务功能，不影响安全。旅客通道内安装的广告牌使用嵌入式灯箱，突出墙面部分不超过 200 毫米，棱角部位采取打磨、倒角处理。除围墙、栅栏外，无直接涂写、张贴式广告。广播系统不发布音频广告。播放视频时不得外放声音。

八、基础管理

(1) 管理制度健全，有考核，有记载。定期分析安全和服务质量状况，有具体整改措施。

(2) 业务资料配置到位，内容修改及时、正确。

(3) 各工种按岗位责任各负其责，相互协作，落实作业标准。

(4) 业务办理符合规定，票据、台账、报表填写规范、清晰。营运进款结算准确，票据、现金入柜加锁，及时解款。

(5) 定期开展职业技能培训，培训内容适应岗位要求，评判准确。

九、人员素质

(1) 身体健康，五官端正，持有效健康证明。新职人员具备高中（职高、中专）及以上文化程度。

(2) 持有效上岗证，经过岗前安全、技术业务培训合格。客运值班员、售票值班员、应急操作平台操作人员从事客运服务工作满 2 年。

(3) 熟练使用本岗位相关设备设施，熟知本岗位业务知识和职责，掌握本岗位应急处置作业流程，具备应对突发事件的能力。

附录 D 动车组列车服务质量规范

（一）相关术语和定义

1. 动车组列车

动车组列车指运行时速在 200 km 及以上，由若干带动力和不带动力的车辆以固定编组组成并且两端设有司机室的一组列车。

2. 旅客

旅客持有铁路有效乘车凭证的人和同行的免费乘车儿童。根据铁路货物运输合同押运货物的人视为旅客。

3. 重点旅客

重点旅客指老、幼、病、残、孕旅客。特殊重点旅客是指依靠辅助器具才能行动等需特殊照顾的重点旅客。

4. 客运记录

客运记录指在旅客或行李、包裹运输过程中因特殊情况，承运人与旅客、托运人、收货人之间要记载某种事项或车站与列车之间办理业务交接的文字凭证。

（二）安全规范

(1) 防火防爆、人身安全、食品安全、现金票据、结合部等安全管理制度健全有效。

(2) 出、入动车所前，由车辆、客运人员对上部服务设施状态进行检查，办理一次性交接；运行途中，发现上部服务设施故障时，客运乘务人员应立即向列车长报告，并通知随车机械师共同确认、处理。

(3) 各车厢灭火器、紧急制动阀（手柄或按钮）、烟雾报警器、应急照明灯、防火隔断门、紧急门锁、紧急破窗锤、气密窗、厕所紧急呼叫按钮及车门防护网（带）、应急梯、紧急用渡板、应急灯、手电筒、扩音器等安全设施设备配置齐全，作用良好，定位放置。乘务人员知位置、知性能、会使用。

(4) 安全使用电源，正确使用电器设备。电器元件安装牢固，接线及插座无松动，按钮开关、指示灯作用良好。不乱接电源和增加电器设备，不超过允许负载。配电室（箱）、电气控制柜锁闭，不堆放物品。不用水冲刷车内地板、连接处和车内电器设备。

(5) 餐车配置的微波炉、电烤箱、咖啡机等厨房电器符合规定的数量、规格、额定功率，规范使用，使用中不离开操作区域，用后及时断电、清洁。

(6) 执行以下车门管理制度。

① 列车到站停稳后，司机或随车机械师开启车门，并监控车门开启状态。开车前，列车长（重联时为运行方向前组列车长）确认站方开车铃声结束，旅客乘降、高铁快件和餐车物品装卸完毕后，通知司机或随车机械师关闭车门。

② CRH_5 型动车组列车停靠低站台时，到站前乘务人员提前锁闭辅助板指示锁并打开翻板，开车后及时将翻板及辅助板指示锁复位。

③ 餐车上货门仅供餐车售货人员补充商品、餐料时使用，无旅客乘降。

④ 列车运行中，车门、气密窗锁闭状态良好。检查人员应定期巡视，保持通道畅通，发现车门未锁闭或锁闭状态不良时，指派专人看守并及时通知随车机械师处理。

(7) 安全标志设置齐全、规范，符合标准。乘务人员应采用广播、视频、图形标志、服务指南等方式，宣传安全常识和车辆设备设施的使用方法，提示旅客遵守安全乘车规定。

(8) 运行中做好安全宣传和防范，车内秩序、环境良好，无闲杂人员随车叫卖、捡拾、讨要。发现可能损坏车辆设施和影响安全、文明的行为及时制止。

(9) 全列各处所禁止吸烟，加强禁烟宣传，发现吸烟行为及时劝阻，并由公安机关依法查处。

(10) 行李架、大件行李存放处物品摆放平稳、牢固、整齐。大件行李放在大件行李存放处，不占用席（铺）位，不堵塞通道。锐器、易碎品、杆状物品及重物等放在座（铺）位下面或大件行李存放处。衣帽钩限挂衣帽、服饰等轻质物品。使用小桌板不超过承重范围。

(11) 认为旅客携带品可疑及发现无人认领的物品时，配备乘警的列车通知乘警到场处理；未配备乘警的列车由列车长处理。对危险品做好登记、保管及现场处置，并交前方停车站（公安部门）处理。

(12) 发现行为、神情异常旅客时，应重点关注，配备乘警的列车通知乘警到场处理；未配备乘警的列车由列车长处理，情形严重时交列车运行前方停车站处理。

(13) 旅客受伤、生病时，提供协助，通过广播寻求医护人员帮助。情形严重的，报告客运调度。

(14) 乘务人员进出车站和动车所（客技站）时走指定通道，通过线路时走天桥、人行地道，走平交道时做到"一停二看三通过"，不横越线路，不钻平底，不跨越车钩，不与运行中的机车车辆抢行，进出车站时集体列队。

(15) 乘务人员在接班前充分休息，保持精力充沛，不在班前、班中、折返站饮酒。

（三）设备设施

(1) 车辆设备设施齐全，符合动车组出所质量标准。

① 乘务员室、监控室、多功能室、洗脸间、厕所、电气控制柜、备品柜、储藏柜、清洁柜、衣柜、大件行李存放处、软卧会客室等不挪作他用或改变用途。其中多功能室用于照顾重点旅客。

② 车辆外观整洁，内外部油漆无剥落、褪色、流坠；车内顶棚不漏水，内外墙板及车内地板无破损、无塌陷、不鼓泡；渡板及各部位压条、压板、螺栓不松动、无翘起；脚蹬安装牢固，无腐蚀破损；手把杆无破损、松动；各部位金属部件无锈蚀。

③ 广播、空调、电茶炉、饮水机、照明灯具、电子显示屏、电视机、车载视频监控终端、控制面板、电源插座、车门、端门、儿童票标高线、地板、车窗、翻板、站台补偿器、窗帘、座椅、脚蹬、小桌板、靠背网兜、茶桌、座席号牌、衣帽钩、行李架、垃圾箱、洗手盆、水龙头、梳妆台、面镜、便器、洗手液盒、一次性坐便垫盒、卫生纸盒、擦手纸盒、婴儿护理台、镜框、洗脸间门帘、干手器，商务座车小吧台、呼唤应答器、阅读灯、软卧车铺位号牌、包房号牌、卧铺栏杆、扶手、呼叫按钮、沙发、报刊栏、餐车侧门、餐桌、吧台、冰箱、展示柜、微波炉、电烤箱、售货车等服务设备设施齐全，作用良好，正常使用，外观整洁，故障、破损及时修复。

④ 车厢通过台外端门框旁设儿童票标高线。儿童票标高线宽 10 mm、长 100 mm，

距地板面分别为 1.2 m 和 1.5 m，以上缘为限，距内端门框约 100 mm。

(2) 车内各种服务图形标志型号一致，位置统一，安装牢固，齐全醒目，符合规定。

(3) 车厢外部的电子显示屏显示列车运行区间、车次、车厢顺号等信息，车内电子显示屏显示列车运行区间、车次、车厢顺号、停站、运行速度、温度、中国铁路客户服务中心客户服务电话（区号 + 电话号码）、安全提示等信息，显示及时、准确。

（四）服务备品

(1) 服务备品符合国家环保规定，质量符合要求，色调与车内环境相协调。

(2) 服务备品齐全，干净整洁，定位摆放。布制品、易耗备品准备充足，保证使用。布制备品按规定的时间使用和换洗，有启用时间（年、月）标识。

① 软卧车（含高级软卧车）包房内有被套、被芯、枕套、枕芯、床单、垫毯、卧铺套、靠背套、茶几布、一次性拖鞋、衣架、不锈钢果皮盘、带盖垃圾桶、热水瓶、积水盘、面纸盒及服务指南、免费读物。软卧车备有托盘、热水瓶和一次性硬质塑料水杯。

② 软卧代座车包房内有卧铺套、靠背套、不锈钢果皮盘。软卧代座车包房门框上原铺位号牌处有座席号牌。软卧代座车备有热水瓶和一次性硬质塑料水杯。

③ 商务座车提供小毛巾，就餐时提供餐巾纸、牙签，提供有耳塞、靠垫、鞋套、一次性拖鞋、清洁袋和专项服务项目单、服务指南、免费读物。商务座车还备有防寒毯、耳机、眼罩、托盘、热水瓶和一次性硬质塑料水杯。

④ 特、一、二等座车有清洁袋、免费读物和服务指南，放置在座椅靠背袋内或其他指定位置，特、一、二等座车有座椅套、头枕片，特、一等座车座椅还配有头枕。电茶炉配有纸杯架的，有一次性纸杯。乘务组备有热水瓶、耳塞和一次性硬质塑料水杯。

⑤ 餐车有座椅套，有售货车、托盘、热水瓶、一次性硬质塑料水杯，还备有餐巾纸、牙签。

⑥ 洗脸间有洗手液、擦手纸（或干手器）。

⑦ 厕所内有芳香盒和水溶性好的卫生纸、擦手纸，坐便器有一次性坐便垫圈，小便池内放置芳香球。

(3) 贴身卧具（被套、床单、枕套）和头枕片干燥、清洁、平整，无污渍、无破损，已使用的与未使用的折叠整齐，分别装袋保管。卧具袋防水、耐磨、干净、无破损。贴身卧具与其他布质备品分类洗涤；洗涤、存储、装运及更换不落地、无污染。

(4) 卧车垫毯、被芯、枕芯等非贴身卧具备品干燥、清洁，无污渍、无破损，定期晾晒。被芯、枕口先加装包裹套，再使用被套、枕套。包裹套定期清洗，保持干燥整洁。

(5) 布制备品定位存放在储物（藏）柜内。无储物（藏）柜或储物（藏）柜容量不足的，软卧车定位放置在 3、7、11 号卧铺下。

(6) 有厕所专用清扫工具，与车内清扫工具分开定位存放在清洁柜内；无清洁柜的定位隐蔽存放。商务座、特等座、一等座车厢不存放清洁工具。清扫工具、清洁剂材质符合相关规定。

(7) 清洁袋质地、规格符合规定，具有防水、承重性能。

(8) 每标准编组车底配备 2 辆垃圾小推车，垃圾小推车、垃圾箱（桶）内用垃圾袋，垃圾袋符合国家标准，印有使用单位标志，与垃圾箱（桶）规格匹配，厚度不小于 0.025 mm。

(9) 列车配有票剪、补票机、站车客运信息无线交互系统手持终端和 GSM-R 通信设备，乘务人员配置手持电台。设备电量充足，作用良好。站车客运信息无线交互系统手持终端在始发前登录，途中及时更新信息。

（五）整备作业

1. 出库标准

(1) 车厢内外各部位整洁，窗明几净，四壁无尘，物见本色。

① 外车皮、站台补偿器、窗门框及玻璃、扶手无污渍。

② 天花板（顶棚）、板壁、边角、地板、连接处、灯罩、座椅（铺位）、空调口、通风口、电茶炉、靠背袋网兜等部位保持洁净、无尘、无垢、无杂物。

③ 热水瓶、果皮盘、垃圾箱（桶）、洗脸间内外洁净。

④ 餐车橱、柜、箱干净，无异味，分类标志清晰，商品、餐饮品和备品等分类定位放置。

⑤ 厕所无积便、积垢、异味，地面干净、无杂物，污物箱内污物排尽。

(2) 深度保洁结合检修计划安排在白天作业，范围包括车厢天花板、板壁、遮阳板（窗帘）灯罩、连接处、车梯、商务座椅表面、座椅（铺位）缝隙、座椅扶手及旋转器卡槽、小桌板、脚踏板、暖气罩缝隙、洗手液盒、车厢边角，以及电茶炉、饮水机内部。

(3) 布制品、消耗品和保洁工具等服务备品配备齐全，定位放置，定型统一。

① 卧具叠放整齐，摆放统一，床单、头枕片、座席套、茶几布等铺设平整，干净整洁。

② 清洁袋、洗手液、卫生纸、擦手纸、一次性坐便垫圈、服务指南、免费读物、商务座专项服务单等备品补足配齐，定位放置。服务指南中含有旅客须知、乘车安全须知、本车型的设备设施介绍、主要停靠站公交信息、客运服务质量标准摘要及本趟列车销售的商品价目表、菜单。

③ 垃圾小推车等保洁工具及售货车等备品定位放置，不影响旅客使用空间。

④ 可旋转式座椅转向列车运行方向。

⑤ 定期进行“消、杀、灭”，蚊、蝇、蟑螂等病媒昆虫指数及鼠密度符合国家规定。

2. 途中标准

(1) 使用垃圾小推车和专用工具适时进行保洁，保持车内整洁。旅客下车后及时恢复车容。

① 各处所地面墩扫及时，保持干燥、干净；台面、桌面、面镜擦抹及时，保持干净、无水渍。

② 洗脸（手）池、电茶炉沥水盘清理、擦抹及时，无污渍、无残渣、无堵塞、无积水；垃圾车、垃圾箱（桶）、清洁袋、靠背袋网兜、果皮盘清理及时，确保无残渣；厕所畅通、无污物、无异味，按规定吸污。

③ 餐车餐桌、吧台、工作台、微波炉及各橱、箱、柜保持洁净。

(2) 清洁袋、洗手液、卫生纸、擦手纸、一次性坐便垫圈等备品补充及时；卧具被污染及时更换。

(3) 垃圾装袋、封口、无渗漏，定位放置，在指定站定点投放；不向车外扫倒垃圾、抛扔杂物。

3. 终到标准

列车到达终到站时，车内无垃圾、污水、粪便、异味。垃圾装袋、封口、无渗漏，到站定点投放。

4. 到站立即折返标准

(1) 站台侧车外皮、门框、车窗干净、无污物、无积尘。

(2) 车内地面清洁，行李架、大件行李存放处、扶手及座椅（铺位）、窗台上和靠背网兜内干净整洁；垃圾箱（桶）内无垃圾、无异味。

(3) 热水瓶、果皮盘内外洁净，垃圾箱（桶）洗脸间四周洁净。

(4) 餐车橱、柜、箱干净、无异味，分类标志清晰，商品、餐饮品和备品等分类定位放置。

(5) 洗脸间、厕所面镜洁净，洗脸（手）池、便器无污物、无异味，电茶炉沥水盘洁净。

(6) 布制品、消耗品和保洁工具等服务备品配备齐全，定位放置，定型统一。

① 卧具叠放整齐，摆放统一，床单、头枕片、座席套、茶几布等铺设平整，干净整洁。

② 清洁袋、洗手液、卫生纸、擦手纸、一次性坐便垫圈、服务指南、免费读物、商务座专项服务单等备品补足配齐，定位放置。

③ 保洁工具、售货车等备品定位放置，不影响旅客使用空间。

(7) 可旋转式座椅转向列车运行方向。

（六）文明服务

(1) 仪容整洁，着装统一，整齐规范。

① 头发干净整齐、颜色自然，不理奇异发型、不剃光头。男性两侧鬓角不得超过耳垂底部，后部不长于衬衣领，不遮盖眉毛、耳朵，不烫发，不留胡须；女性发不过肩，刘海长不遮眉，短发不短于两寸。

② 面部、双手保持清洁，身体外露部位无文身。指甲修剪整齐，长度不超过指尖2 mm，不使用彩色指甲油染指甲。

③ 女性淡妆上岗，唇线与口红的颜色一致；眉毛修剪整齐，眉笔和眼线为黑色或深棕色；眼影的颜色与制服一致；使用清香、淡雅型香水。工作中保持妆容美观，端庄大方。补妆在洗手间或乘务间进行。不浓妆艳抹。

④ 换装统一，衣扣拉链整齐。着裙装时，丝袜统一，无破损。系领带时，衬衣束在裙子或裤子内。外露的皮带为黑色。佩戴的外露饰物款式简洁，限手表一只、戒指一枚，女性还可佩戴发夹、发箍或头花及一副直径不超过3 mm的耳钉。不歪戴帽子，不挽袖子和卷裤脚，不敞胸露怀，不赤足穿鞋，不穿尖头鞋、拖鞋、露趾鞋，鞋跟高度不超过3.5 cm，跟径不小于3.5 cm。

⑤ 佩戴职务标志。胸章牌（长方形职务标志）戴于左胸口袋上方正中，下边沿距口袋1 cm处（无口袋的戴于相应位置），包含单位、姓名、职务、工号等内容。菱形臂章佩戴在上衣左袖肩下四指处。按规定应佩戴制帽的工作人员，在执行职务时戴上制帽，帽徽在制帽折沿上方正中。除列车长外，其他客运乘务人员在车厢内作业时可不戴制帽。

⑥ 餐车加热、供应餐食时，服务人员戴口罩、手套；女性穿围裙。

(2) 表情自然，态度和蔼，用语文明，举止得体，庄重大方。

① 使用普通话，表达准确，口齿清晰。服务语言表达规范、准确，使用“请”“您好”“谢谢”“对不起”“再见”等服务用语。对旅客、货主称呼恰当，统称为“旅客们”“各位旅客”“旅客朋友”，单独称为“先生”“女士”“小朋友”“同志”等。

② 旅客问讯时，面向旅客站立（工作人员办理业务时除外），目视旅客，有问必答，回答准确，解释耐心。遇有失误时，向旅客表示歉意。对旅客的配合与支持，表示感谢。

③ 坐立、行走姿态端正，步伐适中，轻重适宜。在旅客多的地方，先示意，后通行；旅客迎面走过来时，要主动侧身面向旅客让行，不与旅客抢行。列队出（退）勤（乘）时，按规定线路行走，步伐一致，箱（包）在同一侧。

④ 立岗姿势规范，精神饱满。站立时，挺胸收腹，两肩平衡，身体自然挺直，双臂自然下垂，手指并拢贴于裤线上，脚跟靠拢，脚尖略向外张呈“V”形。女性可双手四指并拢，交叉相握，右手叠放在左手之上，自然垂于腹前；左脚靠在右脚内侧，夹角为45°。

⑤ 列车进出站时，在车门口立岗，从列车进入站台开始，开出站台为止，面向站台行注目礼。办理交接时行举手礼，右手五指并拢平展，向内上方举手至帽檐右侧边沿，小臂成45°角。

⑥ 清理卫生时，清扫工具不触碰旅客及携带物品。挪动旅客物品时，征得旅客同意。要踩踏座席、铺位时，须戴鞋套或使用垫布。占用洗脸间洗漱时，礼让旅客。清洁厕所时，作业人员戴保洁专用手套。

⑦ 夜间作业、行走、交谈、开关门要轻。进包房先敲门，离开时应倒退出包房。

⑧ 不高声喧哗、嬉笑打闹、勾肩搭背，不在旅客面前做吃东西、吸烟、剔牙齿等不文明、不礼貌的动作，不对旅客评头论足，接班前和工作中不食用异味食品。餐车对旅客供餐时，不在餐车逗留、闲谈、占用座席、陪客人就餐。

⑨ 客运乘务人员进出车厢时，面向旅客鞠躬致谢。

(3) 温度适宜，环境舒适。

① 通风系统作用良好，车内空气清新，质量符合国家标准。始发前对车厢进行预冷、预热，车内温度保持冬季18～20℃，夏季26～28℃。

② 车内照明符合规定。夜间运行(22：00—7：00)时，座车关闭半夜灯；始发、终到站和客流量大的停站，以及列车途经地区与北京时间存在时差时自行调整。

③ 广播视频。

• 广播常播内容录音化。使用普通话播音，经停少数民族自治地区车站的列车可根据需要增加当地通用的民族语言播音。进出香港的列车可增加粤语播音。直通列车可增加使用英语播报客运作业信息。

• 广播语音清晰，音量适宜，用语准确，不干扰旅客正常休息。自动广播系统播报正确，视频系统性能良好，使用正常。始发前开启广播视频系统播放节目，播放内容符合相关规定并定期更新。

• 广播、视频内容以方便旅行生活为主，介绍宣传安全常识和车辆设备设施的使用方法，提示旅客遵守安全乘车规定，播报前方停站、到站信息等内容，适当插播文艺娱乐、文明礼仪、沿线风光、民俗风情、餐食供应、广告等节目。

(4) 用水供应。

① 饮用水保证供应，途中上水站按规定上水。使用饮水机的备有足量桶装水。

② 列车始发后为旅客送开水，途中有补水服务；售货车配热水瓶，利用售货时为有需求的旅客提供补水服务。

(5) 运行途中，厕所吸污时或未供电时锁闭厕所，其他时间不锁厕所。厕所锁闭时，为特殊情况须使用厕所的旅客提供方便。

(6) 公共区域的电源插座要保证符合标示电压范围的小型电器能正常使用。

(7) 通过图形符号、电子显示、广播、视频、服务指南等方式宣传旅客运输服务信息及客运服务质量标准摘要，引导旅客自助服务。

(8) 卧具终点站收取，贴身卧具一客一换。到站前提醒卧车旅客做好下车准备，不干扰其他旅客。夜间运行，卧车乘务员在边凳值岗，并定时巡视车厢。始发后和夜间客运乘务人员须核对铺位。列车剩余铺位在列车办公席或指定位置公开发售并公布手续费收费标准。

(9) 发现旅客遗失物品妥善保管，设法归还失主，无法归还时编制客运记录交站处理。无法判明旅客下车站时交列车终到站处理。

(10) 根据旅客乘坐列车等级和席别提供相应服务。

① 商务座车配有专职人员，专职人员主动介绍专项服务项目，提供饮品、餐食、小食品、小毛巾、耳塞等服务。

饮品有茶水、饮料，品种不少于6种，茶水全程供应。

逢供餐时间的，免费供应餐食。供餐时间为：早餐8:00以前，正餐11:30—13:00，17:30—19:00。

正餐以冷链为主，配速溶汤，分量适中，可另行配备面点、菜品、佐餐料包等。品种不少于3种，配有清真餐食，定期调整。

选用非油炸类点心，蜜饯、坚果等无壳、无核、无皮、无骨的休闲小食品，品种不少于6种，采用独立小包装。

② "G"字头跨局动车组特、一等座车提供饮品、小食品等服务，全程提供送水服务。

(11) 全面服务，重点照顾。

① 无需求，不干扰。通过广播、电子显示等方式宣传服务设备的使用方法，方便旅客自助服务。有需求，有服务。在各车厢电子显示屏公布中国铁路客户服务中心客户服务电话（区号＋电话号码），实行首问首诉负责制。受理旅客咨询、求助、投诉，及时回应，热情处置，有问必答，回答准确；对旅客提出的问题不能解决时，指引到相应岗位并做好耐心解释。

② 重点关注，优先照顾，保障重点旅客服务。

• 按规范设置无障碍厕所、座椅、专用座席等设施设备，确保这些设施设备作用良好。对重点旅客做到"三知三有"（知座席、知到站、知困难，有登记、有服务、有交接），为有需求的特殊重点旅客联系到站提供担架、轮椅等辅助器具，及时办理站车交接。

• 尊重民族习俗和宗教信仰。经停少数民族自治地区车站的列车可按规定在图形标志中增加当地通用的民族语言文字，可根据需要增加当地通用的民族语言播音。

（七）应急处置

(1) 火灾爆炸、重大疫情、食物中毒、空调失效、设备故障和列车大面积晚点、停运、变更径路、启用热备车底等非正常情况下的应急处置预案健全有效，预案内容分工明确，流程清晰。日常组织培训，定期组织演练，培训演练有记录、有结果、有考核。

(2) 配备照明灯、扩音器等应急物品，电量充足，性能良好。灾害多发季节增备餐料、易于保质的食品、饮用水和应急药品。

(3) 遇火灾爆炸、重大疫情、食物中毒、空调失效、设备故障和列车大面积晚点、停运、变更径路、启用热备车底等非正常情况时，及时启动应急预案，掌握车内旅客人数及到站情况，维持车内秩序，准确通报信息，做好咨询、解释、安抚、生活保障等善后工作。

① 列车晚点15 min以上时，列车长根据调度、本段派班室（值班室）或车站的通报，向旅客公告列车晚点信息，说明晚点原因、晚点时间。广播每次间隔不超过30 min，可利用电子显示屏实时显示。

② 遇列车空调故障，有条件的，将旅客疏散到空调状态良好的车厢；须开启车门通风的，在车门安装防护网，有专人防护。在停车站，开启站台一侧车门；在途中，开启运行方向左侧车门。运行途中劝阻旅客不在连接处停留，临时停车严禁旅客下车。在站停车须组织旅客下车时，站车共同组织。按规定做好旅客到站退还票价差额时的站车交接。

③ 热备车底的乘务人员、随车备品和服务用品同步配置到位。遇启用热备车底时，做好宣传解释，配合车站共同组织旅客换乘其他列车，或者按照车站通报的席位调整计划，组织旅客调整席位，按规定做好站车交接。

④ 遇变更径路时，做好宣传解释，组织不同径路的旅客下车，按规定做好站车交接。

⑤ 车门故障无法自动开启时，手动开启车门，并通知随车机械师处理；无法关闭时，由专人看守并通知随车机械师处理。使用车门紧急解锁拉手后，及时复位。

⑥ 发生烟火报警时，随车机械师、列车长和乘警根据司机通知立即到报警车厢查实确认，查看指定车厢的客室、卫生间，随车机械师重点查看电气设备。若发生客室或设备火情，列车长或随车机械师立即通知司机按规定实施制动停车，并启动应急预案进行处理；若确认因吸烟等非火情导致烟火报警时，由随车机械师做好恢复处理，乘警依法调查，并向旅客通告。

⑦ 旅客受到人身伤害或突发疾病时，积极采取救助措施，按规定办理站车交接，客运乘务员不下车参与处理。必要时可请求在前方所在地有医疗条件的车站临时停车处理。

（八）列车经营

1. 餐饮经营

(1) 餐饮经营符合有关审批、安全规定，证照齐全有效。食品经营单位的食品安全管理制度健全。

(2) 餐车销售的饮、食品符合国家有关规定。销售的商品质价相符，明码标价，一货一签，价签有“CRH”标志，提供发票。餐车、车厢明显位置、售货车、服务指南内有商品价目表和菜单，无变相卖座和只收费不服务情况。

(3) 餐车整洁美观，展示柜布置富有艺术感，与就餐环境相协调；厨房保持清洁，各种用具定位摆放。商品、售货车等不堵通道，不占用旅客使用空间。售货车内外清洁，定位放置，有制动装置和防撞胶条。

(4) 商品柜、冰箱、吧台、橱柜不随意放置私人物品（乘务员随乘携带的餐食等定位存放）。餐食、商品在餐车储藏柜、冰箱内定位放置，不占用旅客使用空间。

(5) 餐车配置的微波炉、电烤箱、咖啡机等厨房电器符合规定的数量、规格和额定功率。

(6) 经营行为规范，文明售货，不捆绑销售商品。非专职售货人员不从事商品销售等经营活动。餐车实行不间断营业，并提供订、送餐服务。销售人员不在车内高声叫卖，频繁穿梭，销售过程中主动避让旅客。夜间运行时，不得进入卧车销售，座车可根据情况适当延长或提前销售时间，但不得超过 1 h。

(7) 有高、中、低不同价位的预包装饮用水、盒饭等饮、食品供应，2 元预包装饮用水和 15 元盒饭不断供（已于 2017 年初取消 15 元盒饭不断供的规定）。尊重外籍旅客和少数民族旅客的饮食习惯。盒饭以冷链为主，热链为辅，常温链仅做应急备用，有清真餐食。

(8) 商品有检验、签收制度，采购、包装、贮存、加工、运输、销售符合食品卫生安全要求。

(9) 不出售无生产单位、生产日期、保质期和过期、变质，以及口香糖、方便面等严重影响列车环境卫生的食品。超过保质期限的食品单独存放，回收销毁。

一次性餐饮用具符合国家卫生及环保要求。

2. 广告经营规范

广告发布的内容、形式、位置等符合有关规范，布局合理，安装牢固，内容健康，与列车环境协调，不挤占铁路图形标志、业务揭示、安全宣传等客运服务内容或位置，不影响安全和服务功能，不损伤车辆设备设施。

（九）高铁快件

(1) 高铁快件集装件按装载方案指定位置码放。码放在车厢内最后一排座椅后的空隙处时，不影响座椅后倾，高度不超过座椅；在中途要更换行驶方向的列车，不使用最后一排座椅后的空隙处存放集装件。利用高铁进行物品运输时，可使用纸箱、集装袋等集装容器；高铁快件集装件可码放在大件行李处、通过台、车厢过道及座椅间隔处等位置，但不码放在座椅上；单节车厢装载的集装件总重量不超过列车允许载重量（二等座车厢标记定员乘以 80 kg）。

(2) 列车乘务人员在运行途中巡视、检查高铁快件集装件码放、外包装、施封等状况。发现高铁快件集装件短少或外包装、施封破损立即报告列车长。短少的，列车长确认后，组织查找，上报运行所在局客调；破损的，会同乘警或其他列车乘务人员共同检查，并拍照留存（含可视的内装高铁快件）。开具客运记录，并通知到站。

(3) 遇列车故障途中须更换车底时，列车长报告高铁快件装载情况。在车站换乘更换乘务组的，救援车乘务组确认集装件换车情况，并办理交接。在区间换乘的，集装件不换至救援车。故障车乘务组随故障车返回的，由故障车乘务组负责途中看管，与动车所所在地高铁车站办理交接。故障车乘务组随救援车继续担当乘务的，铁路局安排专人与乘务组办理集装件交接。

（十）人员素质

(1) 身体健康，五官端正，持有效健康证明。

(2) 具备高中（职高、中专）及以上文化程度，保洁人员可适当降低要求。

(3) 经过岗前安全、技术业务培训，持有效上岗证上岗。从事餐饮服务的人员有卫生知识培训合格证明。广播员有一定文字编写水平，经过广播业务、技能培训并取得合格证书。

(4) 列车长从事列车乘务工作满 2 年。列车值班员从事列车乘务工作满 1 年。列车长、商务座、软卧列车员能够使用简单英语为相关旅客服务。

(5) 熟练使用本岗位相关设备设施，熟知本岗位业务知识和职责，掌握担当列车沿途停站和时刻，沿线长大隧道、桥梁、渡海等线路概况，以及上水、吸污、垃圾投放等作业情况。熟悉本岗位相关应急处置流程，具备应对突发事件的能力。

（十一）基础管理

(1) 管理制度健全，有考核、有记载。定期分析安全和服务质量状况，有整改措施。

(2) 按规定配置业务资料，内容修改及时、正确。除携带铁路电报、客运记录、车内补票移交报告外，车上不携带其他纸质资料台账。

(3) 各工种在列车长的领导下，按岗位责任各负其责，相互协作，落实作业标准，有监督，有检查，有考核。

(4) 业务办理符合规定，票据、台账、报表填写规范，填写内容准确、完整、清晰。配备保险柜，营运进款结算准确，票据、现金及时入柜加锁，到站按规定解款。

(5) 客运乘务人员配备统一乘务箱（包），集中定位摆放；洗漱用具、茶杯等定位摆放。

(6) 库内保洁作业纳入动车所一体化作业管理，动车所满足一体化吸污、保洁等整备作业条件。

(7) 备品柜、储藏柜按车辆设计功能使用，备品定位摆放。单独配置的备品柜与车身固定在一起，并与车内环境相协调。

(8) 定期开展职业技能培训，培训内容适应岗位要求，评判准确。

附录E　高速铁路车站客运标识规范

一、分类

铁路车站客运标识根据承载信息内容的不同，分为定位标识、导向标识、服务标识、警示标识、站名大字五种类型。

1. 定位标识

定位标识是表示车站功能区域所在位置的标识，包括售票处、进站口、检票口、公安值班室、客运值班室、出站口、补票处、卫生间、饮用水、无障碍电梯、综合服务台、站台等。

2. 导向标识

导向标识是为帮助旅客到达各目的地而进行路线方向指引的标识，其承载着引导旅客到达目的地的功能。

3. 服务标识

服务标识是为旅客提供客运车站服务信息的标识，使旅客能清晰地了解车站整体结构和功能布局，各类设备设施位置关系，使用流程和操作方法等。服务标识包括购票须知、安全须知、安检须知、客运杂费收费标准、退改签规则、平面示意图、功能布局图、街区道路图、儿童标高线、“一米线”等。

4. 警示标识

警示标识是表示某种行为被禁止或起提醒作用的标识。警示标识按照功能分为禁止和提示两种类型。

1) 禁止类警示标识

禁止类警示标识是明确禁止旅客的某种行为的标识，如“禁止躺卧”“禁止通行”“禁止倚靠”“禁止吸烟”等。

2) 提示类警示标识

提示类警示标识是提示旅客需要注意的标识，如“小心站台间隙”“当心烫伤”“当心滑倒”“当心触电”“当心碰头”“当心夹手”等。

5. 站名大字

站名大字是使旅客能够明确识别所处铁路客运车站名称的标识，其设置在站房主体建筑顶部。

二、设计原则

为了向旅客提供准确、快捷、便利、明晰的信息服务，铁路车站客运标识的设计与使用要遵循以下原则。

1. 标识本体的醒目性

标识在站内的设置要显而易见，避免遮挡，方便旅客快速辨识。

2. 标识信息的易辨性

标识内容信息要主次分明，清晰明了，符合视觉要求及阅读习惯。

3. 标识布局的合理性

标识位置、形式、数量、设置方式要根据旅客流线和建筑空间效果的要求合理选择。

4. 标识系统的整体性

标识系统要整体规划，须与建筑结构、装修和服务设备设施有机融合，以发挥综合效应。标识材质、形式、规格、色彩要与建筑空间效果相协调。

5. 传递信息的连续性

站内标识的设置要充分考虑旅客流线，合理布局，通过标识之间的前后呼应、信息的关联匹配及连续设置等方式，实现信息持续传递。

三、标识各元素的技术要求

1. 色彩

1) 定位标识

(1) 进站流线定位标识。

进站流线定位标识是表示进站流线上的车站功能区域所在位置的名称标识，如进站口、售票处（自动售票）、检票口等，版面基准色采用蓝色，信息（含图形符号）采用白色。

进站流线定位标识示例如图 E−1 所示。

图 E−1　进站流线定位标识示例

(2) 出站流线定位标识。

出站流线定位标识是表示出站流线上的车站功能区域所在位置的名称标识，如出站口等，版面基准色采用绿色，信息（含图形符号）采用白色。

出站流线定位标识示例如图 E−2 所示。

图 E−2　出站流线定位标识示例

(3) 站台上的车厢定位标识。

站台上的车厢定位标识是站台上用于告知旅客所持车票票面显示车厢的上车位置的标识。根据列车编组、动车组重联情况，以及运行方向，车厢定位标识的色彩构成分为以下几种形式。

① 正向运行、大编组或重联动车车厢定位标识的版面基准色采用黄色，信息采用黑色。

正向运行、大编组或重联动车车厢定位标识示例如图 E−3 所示。

② 正向运行、短编组动车车厢定位标识的版面基准色采用蓝色，信息采用白色。

正向运行、短编组动车车厢定位标识示例如图 E−4 所示。

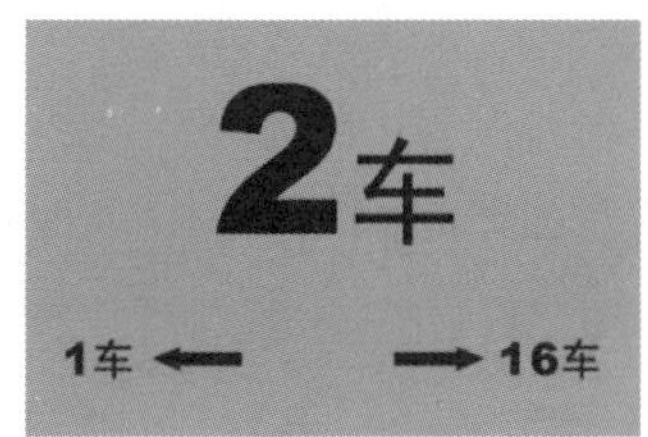

图 E-3 正向运行、大编组或重联动车车厢定位标识示例

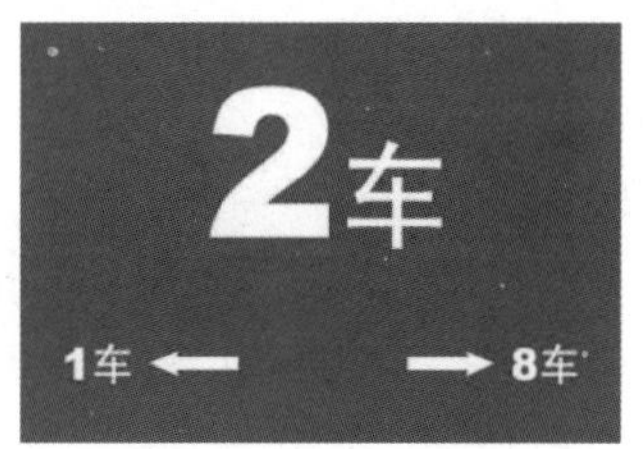

图 E-4 正向运行、短编组动车车厢定位标识示例

③ 反向运行、大编组或重联动车车厢定位标识的版面基准色采用绿色，信息采用黑色。反向运行、大编组或重联动车车厢定位标识示例如图 E-5 所示。

④ 反向运行、短编组动车车厢定位标识的版面基准色采用紫色，信息采用白色。反向运行、短编组动车车厢定位标识示例如图 E-6 所示。

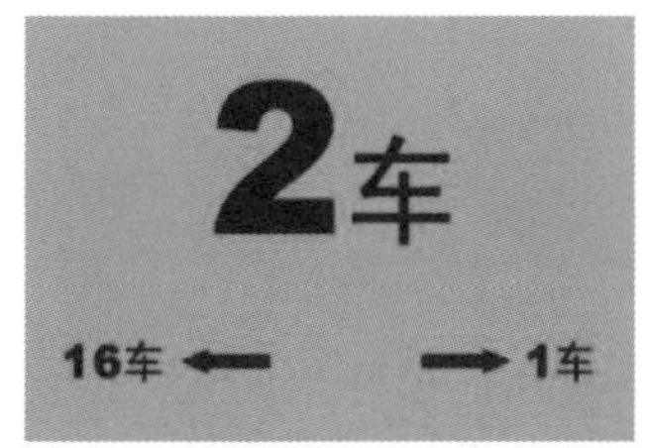

图 E-5 反向运行、大编组或重联动车车厢定位标识示例

图 E-6 反向运行、短编组动车车厢定位标识示例

(4) 出站通道内的站台定位标识建议采用金色。

出站通道内的站台定位标识示例如图 E-7 所示。

3

图 E-7 出站通道内的站台定位标识示例

(5) 其他服务设施定位标识。

其他服务设施定位标识起告知旅客客运值班室、公安值班室、补票处、卫生间、饮用水处、无障碍电梯等设施设备位置的作用。其他服务设施定位标识的版面基准色采用灰色，信息（含图形符号）采用白色。

其他服务设施定位标识示例如图 E-8 所示。

图 E-8 其他服务设施定位标识示例

2) 导向标识

(1) 进站流线导向标识。

进站流线导向标识是对旅客进入车站购票、乘车进行方向指引的标识，其版面基准色采用蓝色，信息（含图形及方向符号）采用白色。

进站流线导向标识示例如图 E-9 所示。

图 E-9 进站流线导向标识示例

(2) 出站流线导向标识。

出站流线导向标识是对旅客下车、检票出站进行方向指引的标识，其版面基准色采用绿色，信息（含图形及方向符号）采用白色。

出站流线导向标识示例如图 E-10 所示。

图 E-10 出站流线导向标识示例

(3) 综合信息导向标识。

综合信息导向标识的版面基准色与标识设置区域主流线色彩一致，如：候车区内综合信息导向标识的色彩与进站流线导向标识的色彩一致；出站通道廊内综合信息导向标识的色彩与出站流线导向标识的色彩一致。枢纽型车站出站通道廊内综合信息导向标识的版面基准色也可采用灰色。

综合信息导向标识示例如图 E-11 所示。

图 E-11 综合信息导向标识示例

3) 服务标识

(1) 服务标识主要包括购票须知、安检须知、安全须知、街区道路图、功能布局图等。其版面基准色采用灰色，信息采用白色。

服务标识示例如图 E-12 所示。

(2) 儿童标高线标识。

儿童标高线标识的版面基准色采用灰色，信息采用白色和红色。

儿童标高线标识如图 E-13 所示。

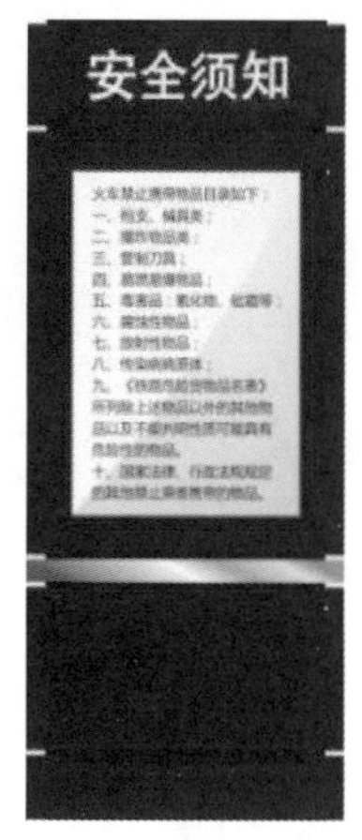

图 E-12　服务标识示例

图 E-13　儿童标高线标识

(3) 售票处和检票口的旅客等待“一米线”标识的版面基准色采用黄色，信息采用黑色。“一米线”标识如图 E-14 所示。

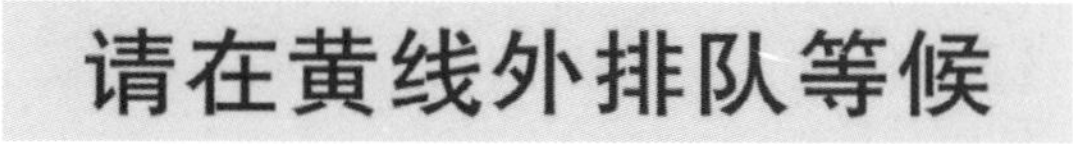

请在黄线外排队等候

图 E-14　“一米线”标识

4) 警示标识

(1) 禁止类标识。

禁止类标识可以结合安装位置和建筑装饰的风格确定版面基准色，建议采用铝板原色，信息采用黑色，图形符号颜色按相关国家标准执行。

警示标识示例如图 E-15 所示。

图 E-15　警示标识示例

(2) 提示类标识。

提示类标识可以结合安装位置和建筑装饰的风格确定版面基准色，建议采用铝板原色，信息采用黑色，图形符号颜色按相关国家标准执行。

提示类标识示例如图 E-16 所示。

图 E-16　提示类标识示例

5) 站名大字

站名大字采用红色。

站名大字示例如图 E-17 所示。

南京南站

图 E-17　站名大字示例

2. 字体

铁路车站客运标识的中文字体采用汉仪中黑简体，英文和数字字体采用 Arial 体，站名大字采用方正隶书 _GBK。

铁路车站客运标识字体说明如图 E-18 所示。

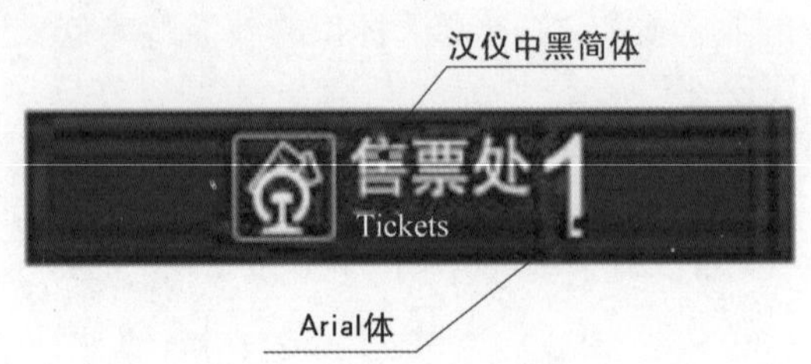

图 E-18　铁路车站客运标识字体说明

站名大字字体说明如图 E-19 所示。

南京南站

方正隶书_GBK

图 E-19　站名大字字体说明

3. 方向符号

铁路车站客运标识采用方向符号指引旅客行进方向。

1) 基本规定

在导向要素中，方向符号应使用最新国家标准中规定的图形。方向符号的角标仅用于箭头图形的定位，在实际使用中并不显现。实际使用中，方向符号不带有边线或独立的衬底色。

铁路车站客运标识的方向符号示例如图 E-20 所示。

2) 尺寸

如图 E-21 所示，a 为角标所处范围的正方形边长。方向符号可等比例放大。

3) 排列顺序

综合引导信息内存在多个方向的信息指引时，方向符号使用的顺序依次为向前(向上)、向左上(向左前)、向左、向左下、向下、向右上(向右前)、向右、向右下。

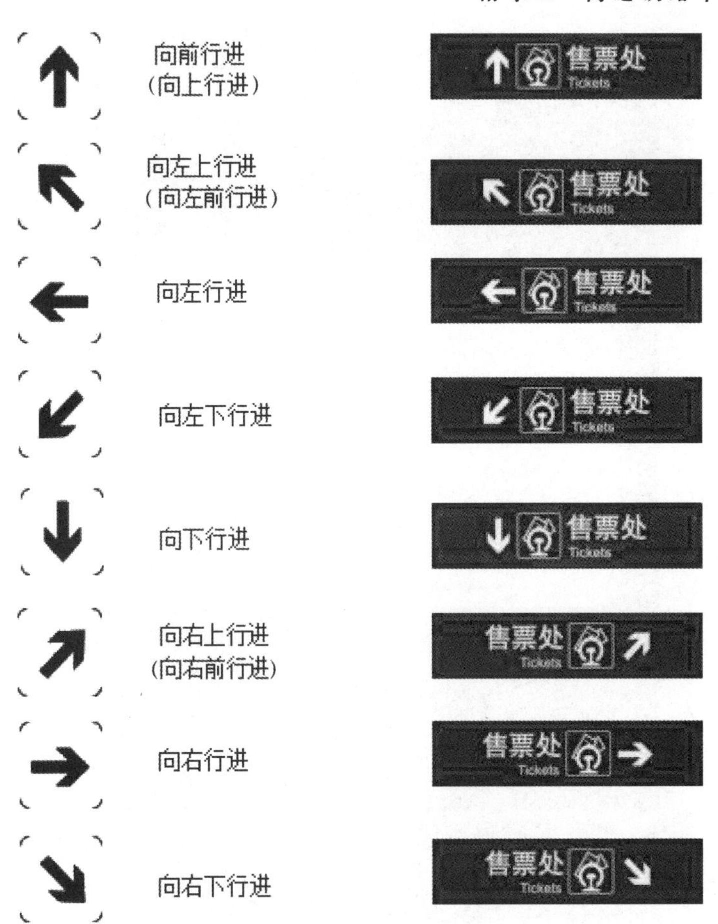

图 E-20　铁路车站客运标识的方向符号示例

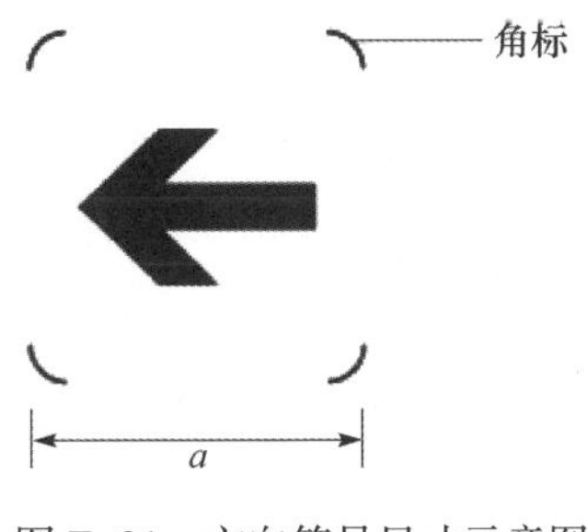

图 E-21　方向符号尺寸示意图

综合引导信息的方向符号使用顺序示例如图 E-22 所示。

4. 图形符号

铁路车站客运标识系统通过图形符号为旅客提供直观的服务信息。

1) 尺寸

图形符号的符号区域为图形符号边线内侧的正方形区域或符号衬底色形成的正方形区域。如图 E-23 所示，图形符号的符号区域的四角为圆角，其边长为图形符号尺寸（用字母 a 表示）。在符号区域内不应添加文字等其他标识元素。在使用边线形成符号区域时，

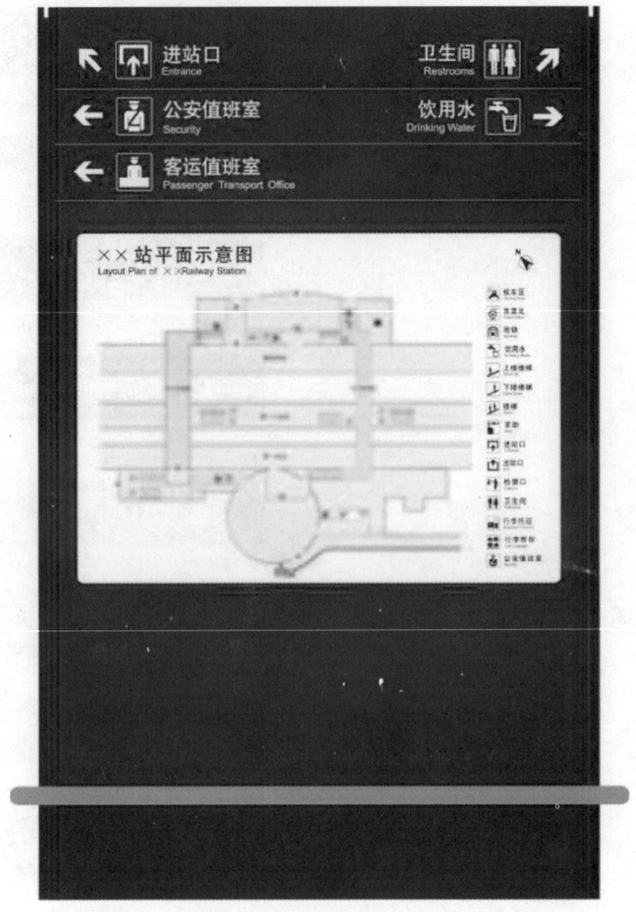

图 E-22　综合引导信息的方向符号使用顺序示例

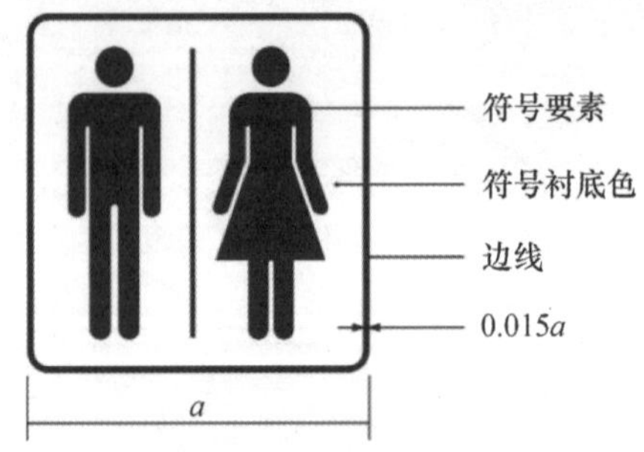

图 E-23　图形符号尺寸示意图

图形符号边线的线宽不应小于 $0.015a$，且不应大于 $0.03a$。

2) 旋转与翻转

(1) 进站口和出站口图形符号应用于导向标识时，图形符号要跟随方向符号的方向旋转 90° 或 180° 。进站口和出站口图形符号旋转示例如图 E-24 所示。

(2) 内、外立面出站口标识如图 E-25 所示。

(3) 如图 E-26 所示，卫生间图形符号要根据男、女卫生间的实际位置进行镜像调整。

(a) 旋转90°

(b) 旋转180°

图 E-24　进站口和出站口图形符号旋转示例

(a) 内立面

(b) 外立面

图 E-25　内、外立面出站口标识

(a) 男卫生间在左，女卫生间在右

(b) 女卫生间在左，男卫生间在右

图 E-26　卫生间图形符号镜像调整

四、点位编号的命名原则

当进站口、售票处、站台、出站口等在同一功能区域内有多个点位时，各点位的标识应进行唯一性编号。

1. 进站口

(1) 当车站只有一个进站口时，直接命名为“进站口”(英文为 Entrance)；多层车站每层只有一个进站口时，命名为“进站口 (1F/2F/B1F 等)”。

进站口编号命名示意图 (车站每层只有一个进站口) 如图 E-27 所示。

进站口标识 (车站每层只有一个进站口) 如图 E-28 所示。

(2) 当车站有多个进站口时，以主站房一侧或者客流主要来源方向进站口为起点顺时针编号，如车站为多层，按此原则分层接序编号。命名时要考虑方向和楼层，将其作为辅助信息纳入进站口命名。

进站口编号命名示意图 (车站每层有多个进站口) 如图 E-29 所示。

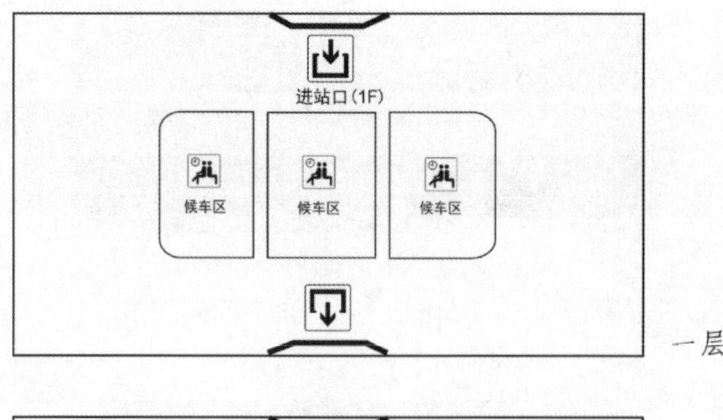

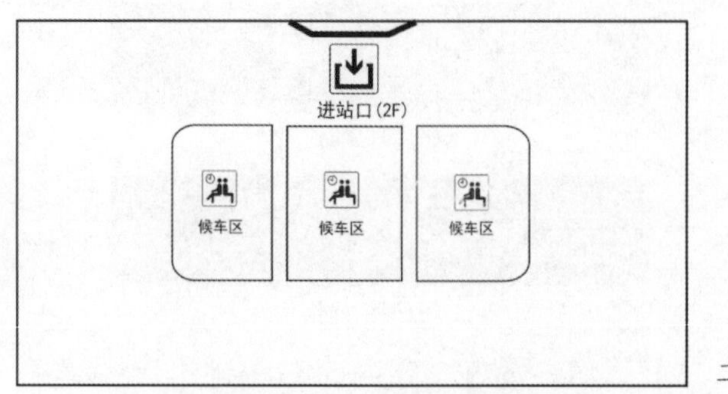

图 E-27　进站口编号命名示意图(车站每层只有一个进站口)

图 E-28　进站口标识(车站每层只有一个进站口)

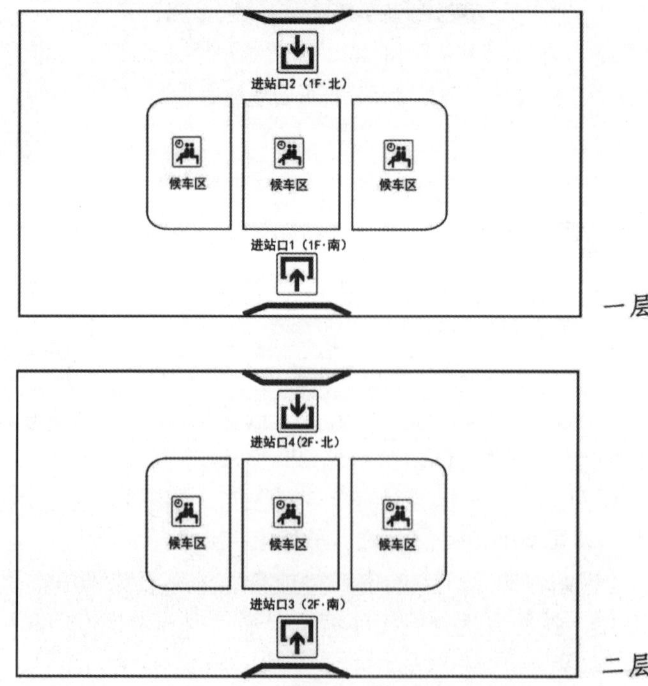

图 E-29　进站口编号命名示意图(车站每层有多个进站口)

进站口标识（车站每层有多个进站口）如图 E-30 所示。

图 E-30　进站口标识（车站每层有多个进站口）

2. 售票处

(1) 当车站只有一个售票处时，直接命名为“售票处”（英文为 Tickets）；多层车站每层只有一个售票处时，命名为“售票处（1F/2F/B1F 等）”。

售票处编号命名示意图（车站每层只有一个售票处）如图 E-31 所示。

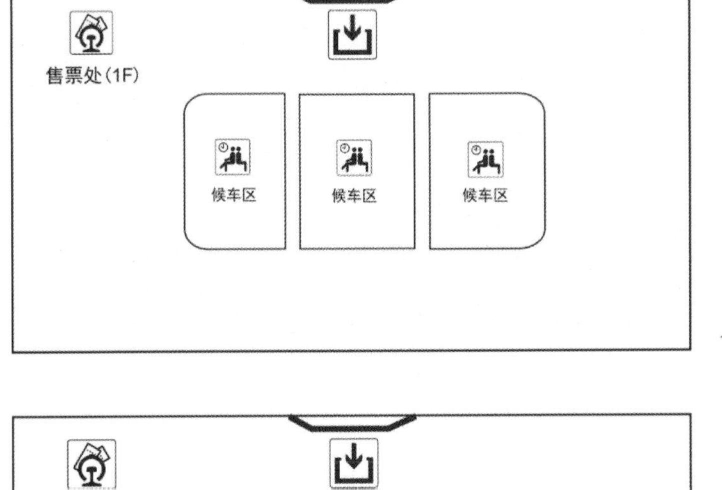

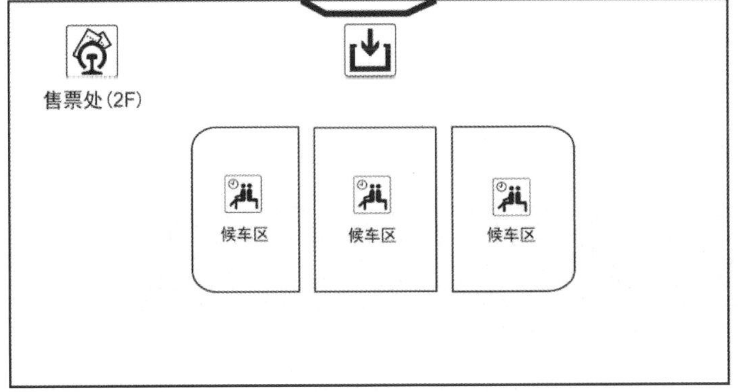

图 E-31　售票处编号命名示意图（车站每层只有一个售票处）

售票处标识（车站每层只有一个售票处）如图 E-32 所示。

图 E-32　售票处标识（车站每层只有一个售票处）

(2) 当车站有多个售票处时，以主站房一侧或者客流主要来源方向售票处为起点顺时针编号，如车站为多层，按此原则分层接序编号。命名时要考虑方向和楼层，将其作为辅助信息纳入售票处命名。

售票处编号命名示意图 (车站每层有多个售票处) 如图 E-33 所示。

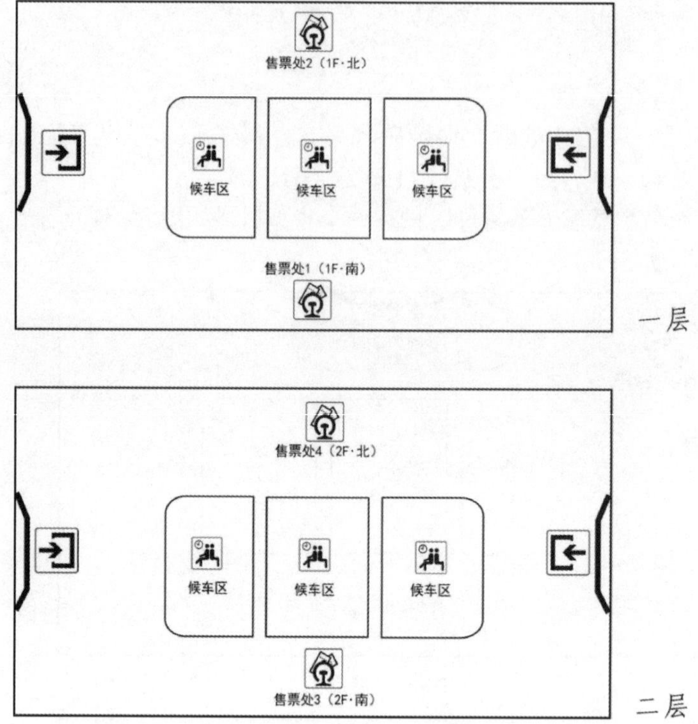

图 E-33　售票处编号命名示意图 (车站每层有多个售票处)

售票处标识 (车站每层有多个售票处) 如图 E-34 所示。

图 E-34　售票处标识 (车站每层有多个售票处)

3. 检票口

(1) 当车站只有一个检票口时，直接命名为“检票口” (英文为 Check in)；多层车站每层只有一个检票口时，命名为“检票口 (1F/2F/B1F 等)”。

检票口编号命名示意图 (车站只有一个检票口) 如图 E-35 所示。

检票口标识 (车站只有一个检票口) 如图 E-36 所示。

(2) 当车站有多个检票口且不对称设置时，从进入或靠近 1 站台的检票口为起点顺时针编号，如车站为多层，按此原则分层接序编号。命名时要考虑楼层，将其作为辅助信息纳入检票口命名。

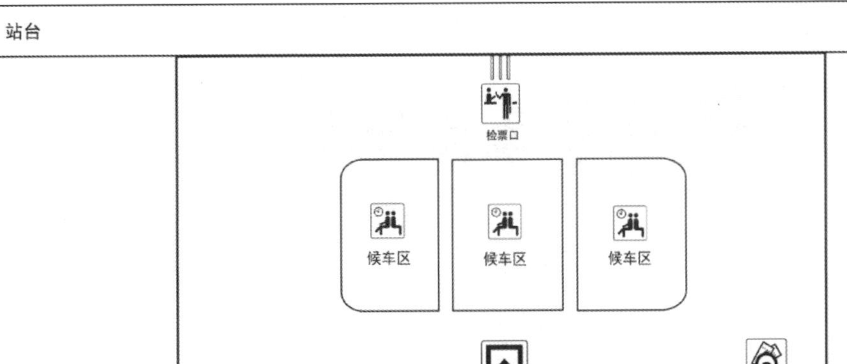

图 E-35　检票口编号命名示意图（车站只有一个检票口）

图 E-36　检票口标识（车站只有一个检票口）

检票口编号命名示意图（车站每层有多个检票口且不对称设置）如图 E-37 所示。

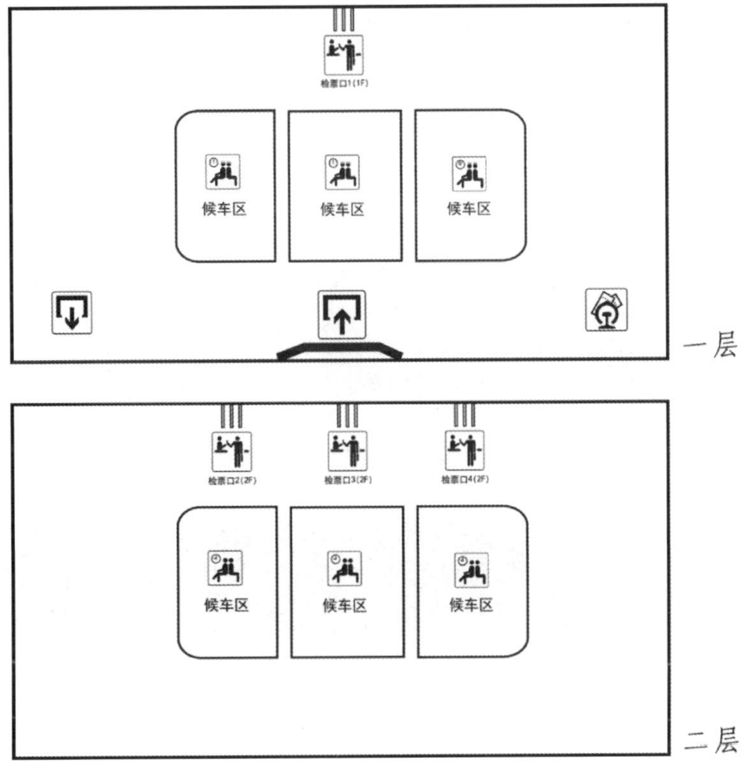

图 E-37　检票口编号命名示意图（车站每层有多个检票口且不对称设置）

检票口标识（车站每层有多个检票口且不对称设置）如图 E-38 所示。

检票口 Check in 1（1F）

图 E-38　检票口标识（车站每层有多个检票口且不对称设置）

(3) 当车站有多个检票口且对称设置时，从进入或靠近 1 站台的检票口开始顺序编号，原则上检票口编号与站台编号一一对应，如“检票口 1A/1B”等。

检票口编号命名示意图（车站有多个检票口且对称设置）如图 E-39 所示。

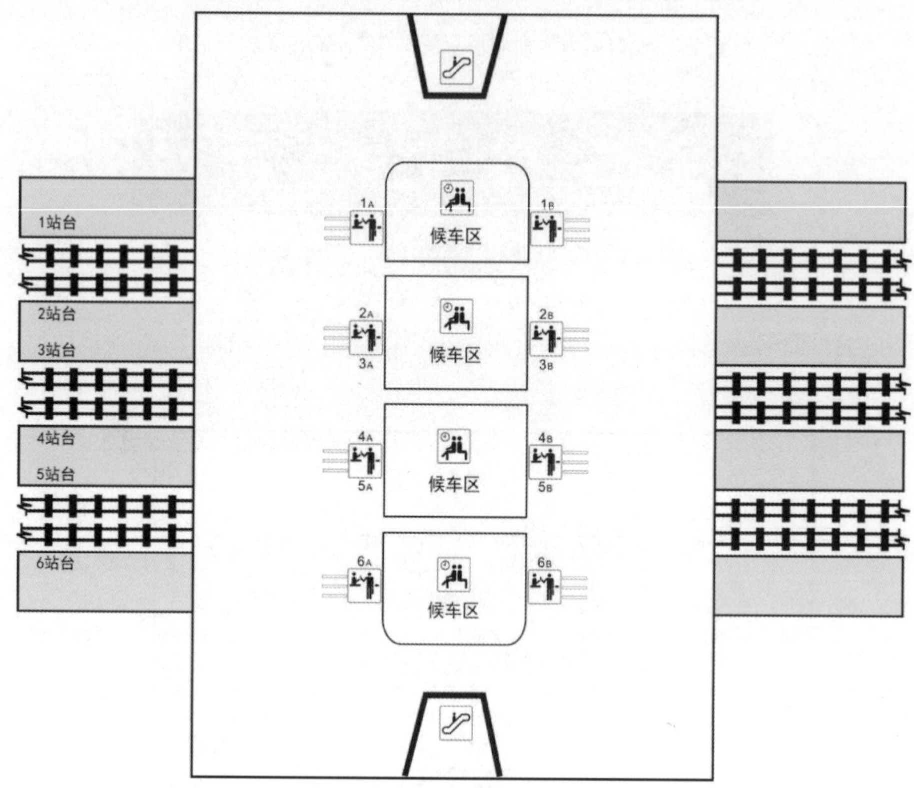

图 E-39　检票口编号命名示意图（车站有多个检票口且对称设置）

检票口标识（车站有多个检票口且对称设置）如图 E-40 所示。

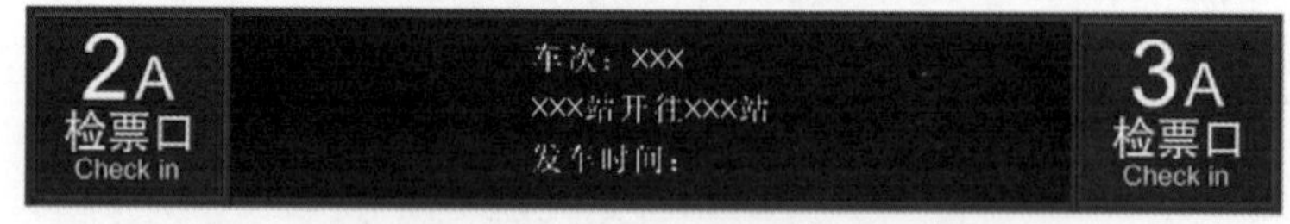

图 E-40　检票口标识（车站有多个检票口且对称设置）

4. 站台

当车站有多个站台时，站台标识应根据站台编号命名。站台编号从基本站台起始（基本站台编为1站台)，其他站台的编号按照距离基本站台的远近依次排列。如设有两个基本站台，主站房一侧或者客流主要来源方向的站台定义为1站台。

站台编号命名示意图如图E−41所示。

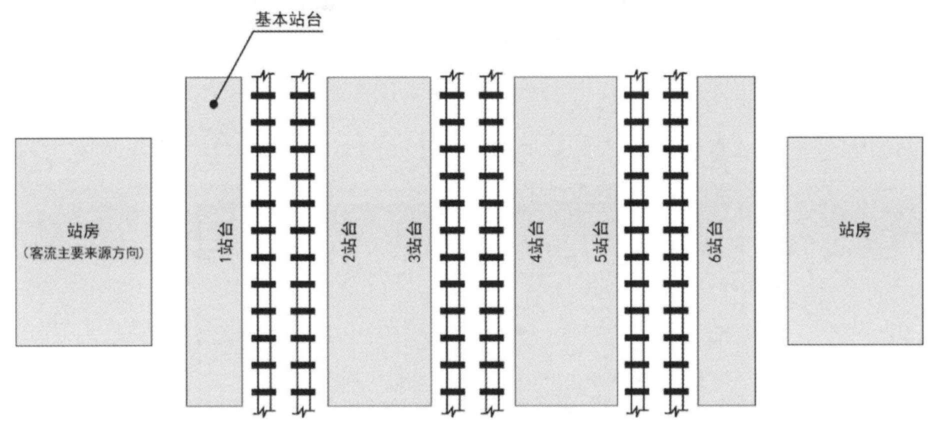

图E−41　站台编号命名示意图

站台标识如图E−42所示。

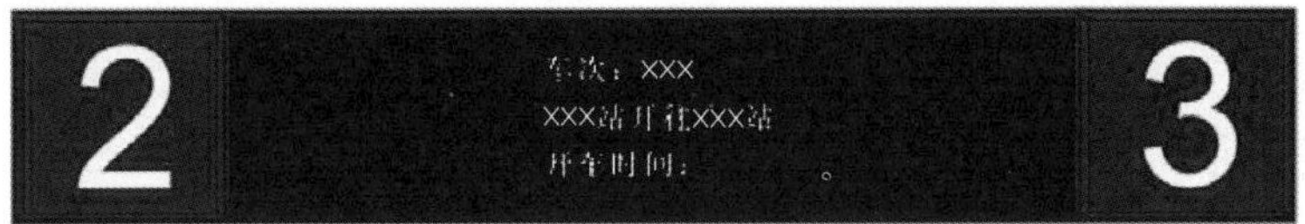

图E−42　站台标识

5. 出站口

(1) 当车站只有一个出站口时，出站口直接命名为“出站口”(英文为Exit)。

出站口编号命名示意图(车站只有一个出站口)如图E−43所示。

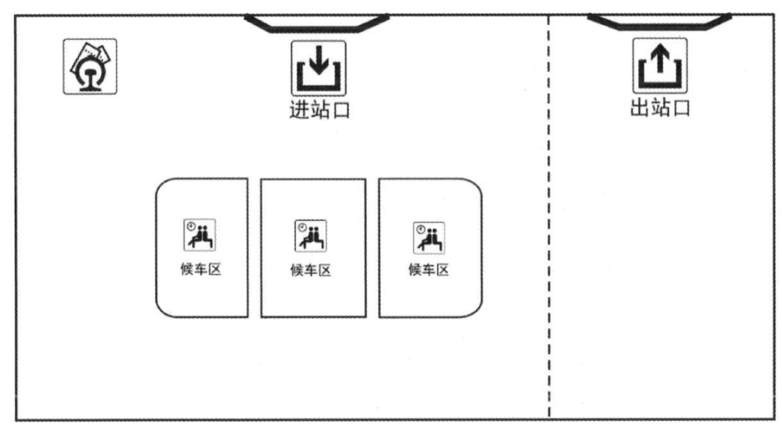

图E−43　出站口编号命名示意图(车站只有一个出站口)

出站口标识(车站只有一个出站口)如图E−44所示。

图 E-44　出站口标识 (车站只有一个出站口)

(2) 当车站有多个出站口时，以 1 站台或靠近 1 站台的出站口为起点顺时针编号。命名时要考虑方向，将其作为辅助信息纳入出站口命名。

出站口编号命名示意图 (车站有多个出站口) 如图 E-45 所示。

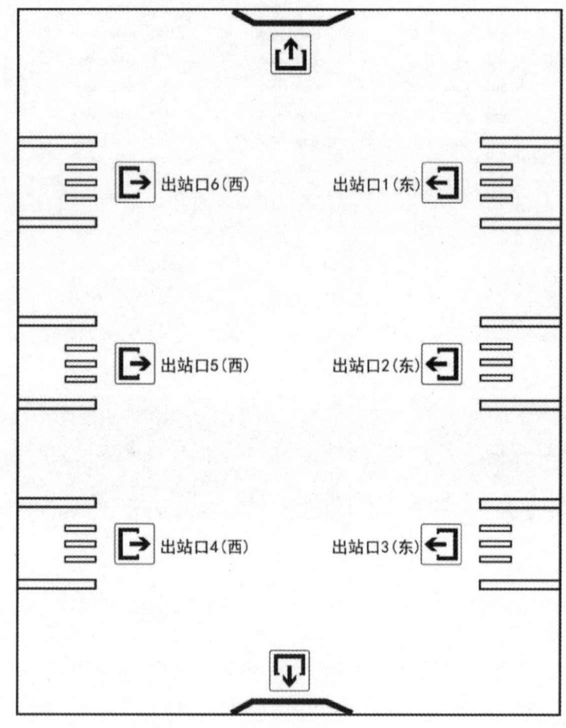

图 E-45　出站口编号命名示意图 (车站有多个出站口)

出站口标识 (车站有多个出站口) 如图 E-46 所示。

图 E-46　出站口标识 (车站有多个出站口)

五、标识组合的技术要求

1. 主辅图形符号组合

图形符号可由一个主图形符号和若干辅助图形符号组合构成，辅助图形符号对主图形符号的含义起到补充说明作用。辅助图形符号应位于主图形符号的右侧，主图形符号与辅助图形符号共用边缘线，两个符号间使用竖线分隔。分隔线的两端不应与符号边线相接，分割线的线宽应不小于符号边线线宽。

主辅图形符号组合示意图如图 E−47 所示。

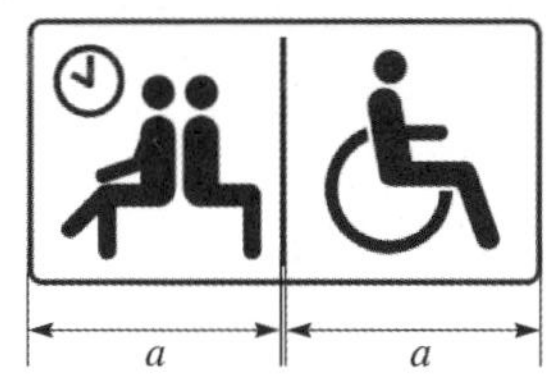

图 E−47　主辅图形符号组合示意图

2. 图形符号与文字组合

(1) 图形符号与文字组合在使用时，文字横向排列且位于图形符号一侧，文字应与图形符号对齐。如图 E−48 所示，文字单行或双行横向排列时的高度（含行间距）是 0.8*a*，文字三行或多于三行时，文字的总高度不应大于图形符号尺寸 *a*。组合中的文字与图形符号外缘的间距不应小于 0.15*a*，文字的间距应保持一致。

图 E−48　图形符号与文字组合的尺寸示意图（文字横向排列且位于图形符号一侧）

(2) 文字横向排列且位于图形符号下方时，文字应以图形符号为参照居中对齐。如图 E−49 所示，组合中的文字与图形符号外缘的间距不应小于 0.15*a*。

图 E−49　图形符号与文字组合的尺寸示意图（文字横向排列且位于图形符号下方）

(3) 文字纵向排列且位于图形符号下方时，文字应与图形符号对齐。如图 E−50 所示，中文从上至下排列，英文按横向排列顺时针旋转 90° 所得结果的样式进行排列；同时使用中文与英文时，中文应位于英文的右侧。

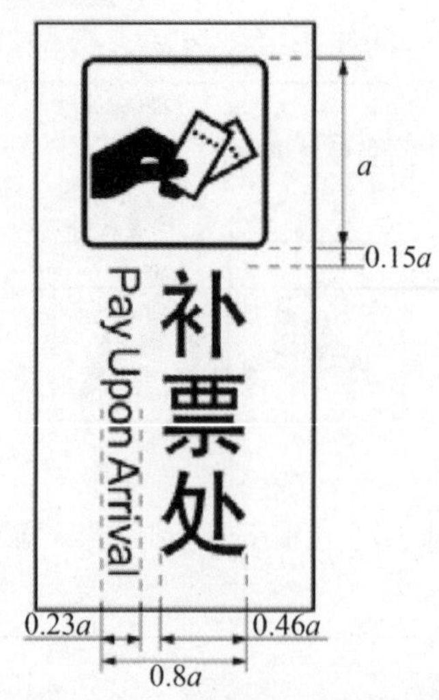

图 E-50　图形符号与文字组合的尺寸示意图 (文字纵向排列且位于图形符号下方)

(4) 如标识中需要加入少数民族文字，可根据国家或地方政府出台的有关文件要求进行版面设计。

3. 图形符号与图形符号组合

如图 E-51 所示，图形符号与图形符号组合使用时，各图形符号应具有相同的符号尺寸 a；图形符号间的距离不应小于 $0.15a$。图形符号与另一图形符号附带的文字相邻时，其间距应等于或小于 $0.3a$，但须大于另一图形符号与其附带的文字的间距。

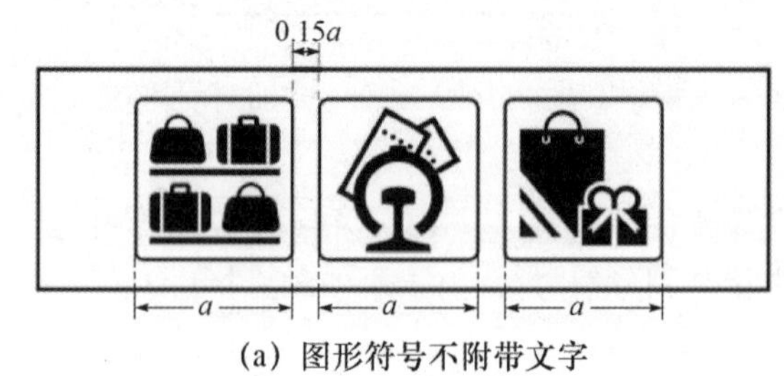

(a) 图形符号不附带文字

(b) 图形符号附带文字

图 E-51　图形符号与图形符合组合的尺寸示意图

4. 图形符号与方向符号组合

(1) 如图 E-52 所示，图形符号与方向符号组合在一起使用时，图形符号与方向符号外缘的距离不应小于 $0.15a$。方向符号的尺寸等于图形符号中图形的尺寸。图形符号、方向符号、文字、数字等标识要素组合使用时，图形符号与方向符号要相邻布置。

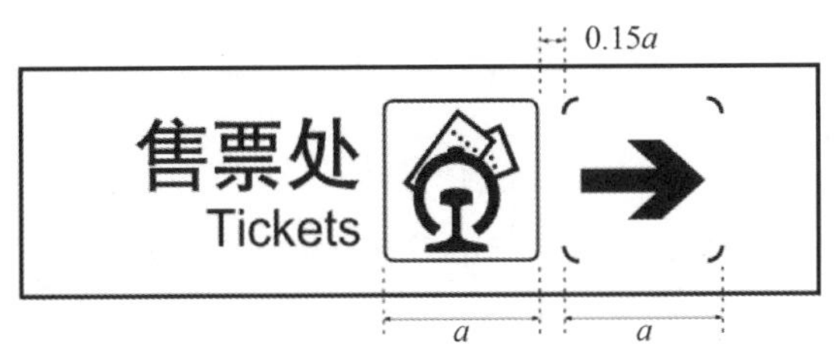

图 E-52　图形符号与方向符号组合的尺寸示意图

(2) 如图 E-53 所示，同一版面中，多个图形符号与方向符号组合使用时 (同一行)，应使用与标识版面齐高的竖线分隔。

图 E-53　多个图形符号与方向符号组合 (位于同一行) 示例

(3) 如图 E-54 所示，同一版面中，多个图形符号与方向符号组合使用 (分行) 时，行与行之间的空白间隔宽度不应小于组内相邻图形符号的间距，且不应大于 0.3*a*。

图 E-54　多个图形符号与方向符号组合使用 (分行) 示例

5. 图形符号与数字组合

如图E-55所示，数字作为编号出现在标识版面中时，数字的高度为图形符号的0.9倍。两个及两个以上的数字为并列关系时，两两之间用符号“ ▪ ”居中分隔。表示一个数字范围时，数字之间用符号“ ▬ ”居中分隔。

符号“ ▪ ”：为正方形，边长应为数字符号笔画宽度的 1.2 倍。

符号“ ▬ ”：为长方形，长宽比为 3 : 1，宽度与数字符号的笔画宽度保持一致。

6. 图形符号与版面的关系

如图 E-56 所示，版面横向排列时，图形符号与版面上下边界的最小间距为 0.2*a*，左右边界的最小间距为 0.25*a*，版面边界与标识各要素的间距不应小于标识各组成要素间的距离。

(a) 数字为并列关系

(b) 两个数字表示一个数字范围

图 E-55 图形符号与数字组合示例

图 E-56 图形符号与版面的关系的示意图

7. 文字、数字与版面的关系

文字、数字与版面的关系的示意图如图 E-57 所示。

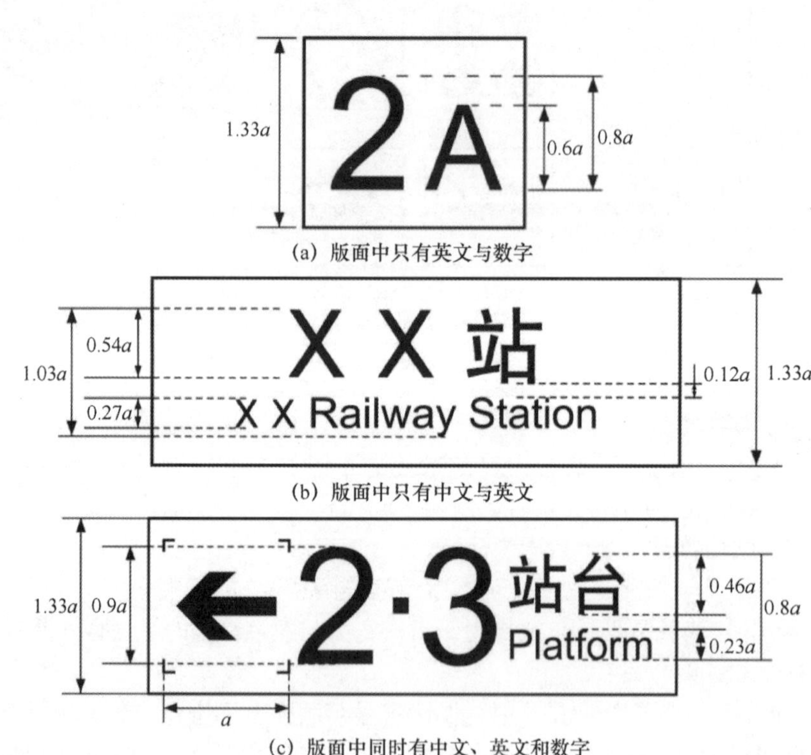

(a) 版面中只有英文与数字

(b) 版面中只有中文与英文

(c) 版面中同时有中文、英文和数字

图 E-57 文字、数字与版面的关系的示意图

8. 特殊版面

(1) 如图 E-58 所示，在版面尺寸允许的情况下，同一版面在设置主要信息的同时，可设置次要信息。次要信息图形符号的边长为主要信息图形符号边长 a 的 0.5 ~ 0.7 倍。

图 E-58　主要信息与次要信息尺寸关系示意图

(2) 当标识受到建筑结构或安装位置的限制，版面无法同时承载所有标识要素时，标识可省略图形符号或文字。

① 如图 E-59 所示，当标识中含有方向符号时，优先省略图形符号。

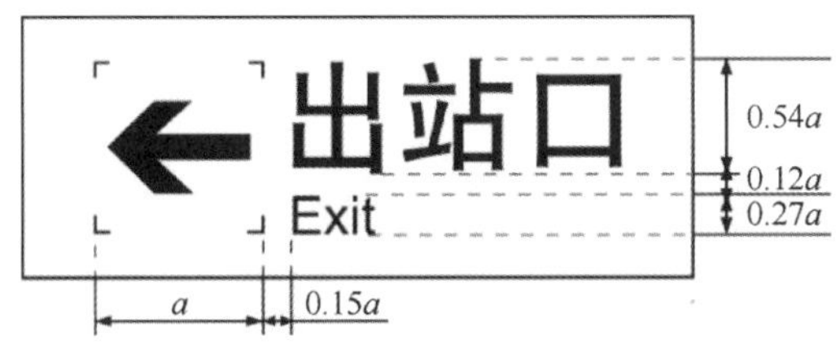

图 E-59　标识中含有方向符号时，省略图形符号的示意图

② 如图 E-60 所示，当标识中不含有方向符号时，优先省略文字。

图 E-60　标识中不含有方向符号时，省略文字的示意图

参考文献

[1] 兰云飞，吕佳，梁晓芳．城市轨道交通服务礼仪：M⁺ Book 版．北京：北京交通大学出版社，2016．
[2] 蓝志江，雷莲桂．高速铁路乘务工作实务．北京：北京交通大学出版社，2015．